한국인의 염불수행과
원효스님

한국인의 염불수행과 원효스님

인쇄일: 2006년 3월 14일 ‖ 발행일: 2006년 3월 22일 ‖ 지은이: 정목 ‖ 펴낸곳: 도서출판 하늘북 ‖ 표지디자인: 방소정 ‖ 본문디자인: 법등심 ‖ 펴낸이: 김현회 ‖ 제작: 이규헌 ‖ 등록: 1999년 11월 1일(등록번호 제 300-2003-138) ‖ 주소: 서울시 종로구 내자동 164번지 ‖ 전화: 02-722-7484 ‖ 전송: 02-730-2646 ‖ 커뮤니티: http://www.lotuskorea.net ‖ E-mail: hanulbook@yahoo.co.kr
ISBN 89-90883-13-X 03220

‖ 값: 10,000원 ‖ 구좌번호 468002-01-108497(국민은행, 예금주 김현회)

한국인의 염불수행과
원효스님

정목 지음

하늘북

서 문

염불의 강물, 그 근원은 부처님이 세상에 계실 때부터 고이기 시작했습니다. 열반하신 이후부터는 그 덕상德相, 그 깨달음의 세계를 그리워하는 염원을 담고 곳곳에서 솟아 흘렀습니다. 시대는 변해도 염불의 강물은 고뇌하는 민중의 염원을 안고 도도히 흐르고 있습니다.

염불은 무거운 죄업을 싣고 고통의 바다를 건너는 배[船]입니다. 염불은 일상 생활인이 닦을 수 있는 최상의 선행善行입니다. 염불은 지관止觀을 일으켜 깨달음을 성취하는 선禪입니다.

민족의 성자 원효스님은 염불의 근원과 그 흐르는 방향을 밝히고 정토의 새벽을 열었습니다. 진실한 믿음으로 염불의 배에 몸을 실으면 악인으로부터 현성賢聖에 이르기까지 다 함께 아미타불 대원의 바다에 이르러 영원히 안락을 누릴 것입니다.

여기 원효스님의 생애와 그 정토사상 그리고 신라를 거쳐 고려, 조선시대 말기까지 흘러온 염불수행의 역사를 총망라하였습니다. 정토를 그리워하는 모든 행자들의 귀감이 되어, 가슴 가슴마다 염불하는 마음으로 안심을 얻고 깨달음 성취하시기 바랍니다.

원효로부터 비롯된 염불의 강물은 마침내 일심의 바다로 흘러갑니다. 한국인의 독창적인 염불소리가 세계만방에 울려 퍼져 아미타 부처님의 무량한 광명 영원히 빛나기를 염원합니다.

나무아미타불

불기 2549년(2005) 상달 보름날

정토원에서 정목 씀

한국인의 염불수행과 원효스님

목　차

서문　　　　／ 4면

제1장 정토의 새벽, 원효

제1절 원효의 생애
1. 원효의 전기　　　　／ 10
2. 밤나무골의 상서로움　　　　／ 12
3. 새벽이 되고자 출가하다　　　　／ 13
4. 원력 깊은 구도행　　　　／ 14
5. 마음 법을 깨닫다　　　　／ 16
6. 요석공주를 만난 인연　　　　／ 18
7. 《금강삼매경》을 강설한 대들보　　　　／ 21
8. 끝없는 보살행　　　　／ 25
9. 깨달음과 사상을 저술하다　　　　／ 28
10. 나무아미타불을 부르시오　　　　／ 30
11. 관상염불을 지도하다　　　　／ 35
12. 성사의 외로운 열반　　　　／ 39
13. 깨달음은 역사가 증명한다　　　　／ 40
14. 원효와 그 시대상황　　　　／ 43

제2절 원효의 저술
1. 온전히 남아 있는 저술　　　　／ 51
2. 부분만 남아 있는 저술　　　　／ 56

제3절 원효의 정토사상
1. 정토의 새벽을 열다　　　　／ 60
2. 일체 경계는 일심　　　　／ 63
3. 정토는 보리심의 꽃　　　　／ 63
4. 정토는 깨달음의 세계　　　　／ 65
5. 정토에 왕생하는 문　　　　／ 67

6. 원효의 염불관 / 70

제2장 신라시대 염불수행

제1절 정토를 염원하여
1. 혜숙스님과 미타사 / 74
2. 광덕과 엄장의 염불수행 / 77
3. 노힐부득과 달달박박 / 79
4. 칭명염불의 공덕 / 84
5. 다섯 비구스님의 즉득왕생 / 85

제2절 승속의 염불결사
1. 발징스님의 만일염불회 / 87
2. 계집종의 염불왕생 / 89

제3장 고려시대 염불수행

제1절 산문의 염불수행
1. 염불수행 50년 / 94
2. 진억대사의 수정결사 / 95
3. 보조국사의 염불관 / 97
4. 원묘국사의 백련결사 / 115
5. 진각국사의 염불삼매 / 118
6. 일연국사의 공덕 / 120

제2절 운묵무기의 실천철학
1. 무기의 인품 / 126
2. 선교관 / 127
3. 오시교 / 128
4. 정토와 염불법문 / 130
5. 불교의 윤리 / 131

제3절 나옹선사의 염불법문
1. 선과 정토의 선지식 / 133

    2. 완주가 / 134
    3. 서왕가 / 135
    4. 승원가 / 138
    5. 염불인에게 보임 / 140

제4장 조선시대 염불수행

제1절 함허선사의 정토사상
    1. 함허와 염불향사 / 144
    2. 아미타불을 찬탄함 / 145
    3. 안락정토를 찬탄함 / 148
    4. 아미타경을 찬탄함 / 151
    5. 염불왕생 영가법어 / 155

제2절 염불수행의 대중화
    1. 서산대사의 염불관 / 159
    2. 명연스님의 《염불보권문》 / 163
    3. 현씨의 신심과 《염불보권문》 / 173
    3. 강원의 간경과 염불 / 175
    4. 진허스님의 《삼문직지》 / 180
    5. 설법시 나무아미타불 제창 / 198
    6. 계모임이 성행하다 / 199

제3절 조선 후기의 염불부흥
    1. 만일염불회의 부흥 / 203
    2. 경허선사의 염불관 / 206
    3. 만해스님, 가짜염불을 경고함 / 213
    4. 통도사 양로염불만일회 / 215
    5. 해인사 만일염불회 / 221
    6. 참선, 교학, 염불의 삼문 / 223
    7. 염불당 폐지와 염불부흥 / 225

제4절 염불은 안심과 깨달음의 길 / 227

맺음말
끝없이 흐르는 염불의 강물　　　／ 231

부록／ 불교 전래와 정토문

제1절　불교 전래
1. 고구려의 불교전래　　　／ 238
2. 백제의 불교전래　　　／ 239
3. 신라의 불교전래　　　／ 241

제2절　한국의 종파 형성
1. 교학의 오종시대　　　／ 245
2. 선종의 구산선문　　　／ 247
3. 오교 양종시대　　　／ 249
4. 선교 양종시대　　　／ 251
5. 선교 통합시대　　　／ 256
6. 대한불교 조계종　　　／ 257
7. 경율론과 수행문　　　／ 260

제3절　정토문의 가르침
1. 근본 경전　　　／ 263
2. 정토의 뜻　　　／ 266
3. 아미타불의 뜻　　　／ 269
4. 정토문의 근원　　　／ 271
5. 정토문의 조사　　　／ 275
6. 정토교의 지위　　　／ 278

제4절　정토문의 수용
1. 전통신앙의 이해　　　／ 282
2. 정토문의 수용 배경　　　／ 284
3. 정토문의 선지식　　　／ 288

제1장

정토의 새벽, 원효

원효스님이 밝힌 일심정토는
서방정토와 유심정토를 다 함께 포용하고,
불법의 씨앗을 민중의 땅에 뿌려
정토의 꽃을 피우는 독창적인 정토사상이다.
민족의 창의성과 자긍심을 드높였을 뿐만 아니라,
순수한 한국불교를 탄생시킨 위대한 업적이다.
원효스님은 일체중생 누구든지 염불로써 일심의 바다요,
부처의 세계에 나아갈 수 있다는 희망을 심어 주었다.

제1절
원효의 생애

1. 원효의 전기

　동방의 붉은 태양이 떠오를 무렵, 삼국의 바다는 업풍業風과 성냄의 불길이 휘몰아치고 욕망의 물결은 밤낮으로 들끓었다. 백제가 침몰하자(660년) 고구려 또한 무너지고(668년) 신라가 마침내 당나라를 축출하여(676년) 통일을 이룩하니, 역사의 실상은 바로 고뇌요 난세였다.
　한 뿌리 민족이 수많은 전쟁으로 인해 피눈물의 고뇌, 죽음의 고통을 서로 주고받으면서 삼국통일을 염원하던 시대, 원효스님은 일찍이 불법에 대한 의혹을 해결하고, 한평생 불교와 민중을 위해 저술과 보살행으로 초지일관하였다.
　원효스님은 세계와 생명의 실상을 공성으로 바라보는 깨달음에 그치지 않고 자신이 증득한 일심의 지혜로써 불교를 더욱 빛나게 하였다. 그것은 오직 한마음의 근원에 돌아가 뭇 생명들에게 이익되도록 하는 것이었다. 그러므로 생사의 동산으로 고삐를 돌려 번뇌의 수풀을 쉬게 하였다. 낮이면 일하고 밤이면 달빛 아래서 금강의 벼루에 대승해의 물을 담아 지혜의 붓으로 중생의 마음을 헤아려, 원융무애한 해설로 억겁의 무명을 밝혔다. 원효스님은 민중의 희망이요, 정토의 새벽이었다.
　원효(元曉, 617~686) 스님의 생애에 대한 자료는 아쉽게도 많이 전해지지 않는다. 고려 숙종 때 대각국사大覺國師 의천義天스님이 건의하여 화쟁국사和諍國師로 추증追贈하고(1101년), 그 뒤 명종 (1171~1197) 때 분황사芬皇寺에 화쟁국사비를 건립하였다고 전하지만, 산실되어 남아 있지 않다. 현재 남아 있는 원효스님의 전기傳記에 관한 자료는 다음의 세 가지 뿐이다.

하나는 고선사 서당화상비高仙寺 誓幢和尙碑이다. 이 비는 원효元曉 스님의 손자 설중업薛仲業이 각간角干의 벼슬에 있던 김언승金彦昇에게 건의하여 후대인 신라 애장왕(800년~808년) 때에 세워진 것으로 추정하고 있다. 김언승은 훗날 헌덕왕(809년~825년)이 되었다. 옛 고선사는 현재 경북 덕동댐 공사로 수몰된 곳에 있었던 절이다. 1915년 그 일부만 발견되어 약간의 기록만 남아 있을 뿐이다.

둘은 《송고승전宋高僧傳》이다. 송나라 승려 찬영(贊寧, 918년~999년)이 왕명을 받아 982년에 시작하여 988년에 30권으로 완성한 것입니다. 그 가운데 《원효전元曉傳》이 있다.

셋은 《삼국유사三國遺事》이다. 《삼국유사》는 《삼국사기三國史記: 1145년 김부식 지음)》와 더불어 한국 고대사를 알 수 있는 소중한 역사서 가운데 하나다. 고려시대 일연(一然, 1206~1283) 스님이 《삼국사기》에 빠진 역사의 사건들을 모아 기록한(1278~1282 무렵) 것이다. 그 내용 내부분은 불교에 관한 기록들이다.

이 가운데 〈원효불기元曉不羈〉편이 있다. '원효불기'란 원효스님은 자유의지를 구속받지 않고 어떤 경계에도 메이지 않으니 걸림이 없다는 뜻이다. 위의 세 자료에 나와 있는 원효스님의 생애에 관련된 기록들을 살펴보고자 한다. 세 곳에 중복된 것은 시대별로 정리하고 비문에서 산실된 부분은 원효스님의 삶을 그리워하는 마음으로 조심스럽게 보충하였다.

2. 밤나무골의 상서로움

원효스님의 속성은 설씨薛氏다. 할아버지는 잉피공仍皮公이라는 벼슬을 하였다. 그 옛날에는 적대연(연못) 옆에 잉피공의 사당이 있었다고 한다. 아버지는 담날내말(신라 17관등의 11위)이라는 벼슬을 하였다. 원효스님은 신라 진평왕 39년(617)에 압량군 불지촌(押梁郡 佛地村: 지금의 경산군 자인면) 밤나무골 사라수 아래서 태어났다. 어렸을 때 이름은 서당誓幢 혹은 신당新幢이라 불렀다. 법명은 원효元曉, 법호는 화쟁和靜이며, 16세 무렵에 출가하였다.

원효스님이 태어난 마을을 불지촌(佛地村: 혹은 구룡) 혹은 발지촌發智村이라고도 불렀는데, 사라수娑羅樹라는 나무와 출생에 관한 이야기가 함께 전해지고 있다. 원효스님이 태어나신 집은 본래 골짜기 서남쪽에 있었다. 애초에 그의 어머니가 흐르는 별이 품에 들어오는 꿈을 꾸고 잉태하였다. 어느 날 그의 어머니가 만삭의 몸으로 마을 부근 골짜기에 있는 밤나무 밑을 지나 가다가 갑자기 산통을 느꼈으나 집으로 돌아갈 수가 없었다.

이에 해산하려 하니 오색구름이 그 거처를 덮으니 상서로운 일이 아닐 수 없었다. 남편이 옷을 나무에 걸고 그 안에서 출산을 하였기에 이 나무를 사라나무라 했다는 것이다. 그 밤나무에 달린 밤알이 또한 이상하여 오랫동안 사라밤이라고 불렀다고 전한다.

예로부터 전해 내려오기를 절을 관리하는 사람이 그 절에서 일하는 종에게 하루 저녁 끼니로 밤 두 알씩을 주었다. 이 종이 적다고 관청에 고소하니 관리가 괴상히 여기고 그 밤을 가져다가 조사를 해보니, 밤 한 알이 발우에 가득 차므로 도리어 한 알씩만 주라고 판결하였다. 이 일 때문에 그 곳을 밤나무골이라 부르게 되었다고 전한다.

원효스님이 출가한 뒤에는 집을 희사하여 절로 삼고 초개사初開
寺라고 이름 하였으며, 사라나무 아래도 절을 짓고 사라사娑羅寺라
이름 하였다고 한다. 사람들이 원효스님의 집안을 서울 사람이라
고 불렀는데, 이것은 할아버지 대를 말하는 것이며, 그 당시는 서
울(경주)과는 조금 떨어진 경산에서 살았다.

《삼국유사》 중에서

3. 새벽이 되고자 출가하다

원효가 태어난 곳은 불지촌佛地村이요
자신의 집을 절로 만들어 초개사라 부른 것
또 스스로 원효元曉라고 불렀다고 한 것
이는 모두 어둠의 동방에 광명의 불교를 열어
정토의 새벽을 알린다는 뜻이도다.

원효란 말 역시 지방어이니 당시 사람들은
시골말로 새벽(塞部: 새부)이라고 불렀으니,
후세 사람들이 그 총명함과 영특함을 일러
스님의 덕은 전생에 심은 것이며
날 때부터 알아서 남달랐다 칭송하였다.

원효는 총각 머리를 할 무렵에 출가 하였으니,
매우 이른, 아마 십오륙 세 정도일 것이요,
스님은 출가 이후 시대의 어둠을 바라보며
스스로 지어 즐겨 부른 노래가 있었으니,

"나는 불교와 이 땅의 새벽이 되리라"

스님은 스스로 주인 되어 걸림 없이 살되
족벌과 계급, 권위를 타파하고
민중과 동아리 되어 함께 역사를 창조하여
정토의 새벽을 열고자 원대한 뜻을 품었으니
이 진실하고 굳은 서원은 마침내
위대한 보살의 원행으로 꽃을 피웠도다.

- 《삼국유사》 〈원효불기〉 편을 읽고 -

4. 원력 깊은 구도행

원효스님은 출가한 뒤 애초부터
스승을 가까이 하거나 멀리함이 없었으니
자비하신 석가모니 부처님이 마치
그림자가 형체 따르듯 하신 것과 같았도다.
실로 느낄 수 있는 마음을 인(因)하니
상응하는 이치가 반드시 그러한 것이니라.

위대하고 또한 위대하도다.
설사 법계를 궁구했다 할지라도
서로가 인가하고 법공의 자리에 올라
전등의 법을 짓고 법륜을 구르게 할 사람
누가 있어 능히 그렇게 할 수 있으리오.

우리 원효스님이 바로 그 사람이로다.

스님의 덕은 전생부터 심은 것이요,
도는 태어날 때부터 이미 알았도다.
마음으로 인하여 스스로 깨달았으니
따로 스승을 쫓는 일이 없었구나.
스님의 성품은 고고하되 크게 자애로우며
두터운 자비는 어두운 거리를 밝혔도다.

괴로움을 없애고 고난으로부터 구제하고자
이미 사홍서원을 일으켰으며,
정밀한 이치를 연마하고자
일체 지자智者의 마음을 궁구하였도다.
경론 뿐 아니라 참서讖書와 외전 등
세상에서 보지 않는 것도 두루 통달하도다.

사물의 이치를 깨달아 걸림 없이 글 짓고
굳건히 나아감에 물러섬이 없으니,
계정혜 삼학에 문득 통달하고
만인을 상대할 만하다 하였도다.
성사의 깨달음은 넓고도 깊었으니
실로 신神의 경지에 오름과 같도다.

- 〈고선사 서당화상비문〉을 보고 -

5. 마음 법을 깨닫다

원효스님은 650년 34세 되던 해 젊은 의상(당시 26세)과 함께 유학을 가기로 마음먹고 서해의 어느 해변을 두리번거렸다. 그런데 바로 떠나지 못하고 이틀 동안 머물렀다. 바로 그 밤에 어둠의 동굴에서 마음 법을 깨달은 후, 당나라로 가던 발길을 되돌려 이 민족의 고뇌를 해결하고자 원력을 일으켰다. 그리고 하늘을 찌르고 저 대륙이 진동하도록 외쳤던 깨달음의 노래가 있다.

心生故種種法生　心滅故龕墳不二
심 생 고 종 종 법 생　심 멸 고 감 분 불 이

**마음이 일어나니 갖가지 법이 드러나고
마음이 사라지니 동굴과 무덤이 둘이 아니라네.**

◆ 원효의 깨달음 ◆

의상스님이 약관(당시 26세)의 나이에 당나라에서 교종敎宗이 성행한다는 말을 듣고, 원효스님과 함께 당나라로 유학을 가기로 뜻을 가졌다. 일행이 신라의 바닷가 당주唐州 경계에 이르러 큰 배를 구하여 바다를 건너려고 하였는데, 갑자기 큰 비가 내려 비바람을 피해 길가의 동굴 속에 들어가 밤을 새우게 되었다.

이튿날 새벽에 깨어보니 바로 무덤 속 해골 옆이었다. 그러나 비가 계속 내려 한걸음도 나아갈 수 없어 하루를 더 머무를 수밖에 없었다. 다시 무덤으로 들어가는 길 안에서 하룻밤을 더 유숙했는데 밤중에 귀신이 나타났다.

이때 원효스님은 크게 깨달은 바가 있어서, "어젯밤에 잘 때는 동굴이라 여겨 편안했는데, 오늘 밤 잠자리는 귀신 소굴이라는 생각에 번민이 많구나. 이러하니 아! 알겠구나. 마음이 일어나니 갖가지 법이 드러나는구나! 그러기에 마음이 사라지니 동굴과 무덤이 둘이 아니네!"라고 외쳤다.

"**이 세상은 오직 마음먹기 나름이요, 온갖 법은 오로지 인식하기 나름이도다. 마음 밖에 달리 법이 없거늘 어찌 밖에서 구할 것인가, 나는 당나라에 가지 않겠소.**"라고 하면서 짐을 챙겨 고향인 신라로 돌아갔다. 그러나 의상스님은 홀로 남아 죽어도 물러서지 않겠다고 다짐하였다.

- 《송고승전》《의상전》 중에서

◆ 마음법을 깨달은 시기 ◆

원효스님이 유학을 가던 길에서 크게 깨닫고 도중에 돌아왔다고 했는데, 이 깨달음의 시기에 대해서는 학자들마다 의견이 다르다. 여기서 그것에 관하여 몇 가지만 살펴보기로 한다.

먼저 유학을 가고자 했던 동기에 대해서 말하면, 645년에 현장법사(600~664)가 인도에서 17년간(629~645까지)의 유학을 마치고 경전 657권을 가지고 당나라에서 돌아왔다. 그 무렵 현장법사로부터 신학문을 배우고자 한 것이었다.

그리하여 8살 아래인 의상(625~702) 스님과 함께 첫 번째 시도를 하였다. 첫 번은 650년에 시도하였으나 실패하고, 다시 두 번째 시도를 하였는데, 대개 이때를 첫 번째의 시도로부터 11년 후인 661년, 나이 45세가 되던 해라고 한다. 그러나 두 번째로 시도한 해를 정확히 밝히지 않은 경우도 있다.

원효스님이 요석공주를 만난 시기는 무열왕대인 654~661년 사이다. 나이 38세로부터 45세까지의 시절이었다. 그렇다면 요석공주를 만난 후에 유학을 시도한 것이 된다. 대개 전해지기로는 요석공주를 만난 후 무애행을 시작했다고 하는데, 무애행이란 진정한 깨달음 이후에 나타나는 것이지 그렇지 않으면 단순한 광기에 불과한 것이다.

또 하나, 1차 시도 후 11년 후에 다시 2차 시도를 하였다는 것은 원효스님의 천부적 능력을 헤아리지 않은 것이다. 그래서 650년에 1차 시도에 실패하고, 바로 그 해의 2차 시도 때 마음 법을 깨닫고 자신에 넘쳐 유학길을 포기한 것으로 보아야 한다.

사실 신학문을 배우기 위해서라면 몰라도 마음 법을 깨닫기 위해서 유학까지 갈 필요는 없었다. 아마 너나없이 유학을 선호하는 것은 자긍심을 잃은 사대주의적 사고도 한몫 했을 것이다. 이러한 점은 오늘날도 마찬가지다.

대개 위대한 성인들은 그 깨달음의 시기가 비슷하고 깨달음의 동기 역시 안간힘을 써서 얻는 것이 아니라 단순하였다. 이것은 선천적 선근과 혈통이 크게 작용하기 때문이다. 성인 혹은 선지식의 비문에 혈통과 출가 이전 가문의 상황을 반드시 기록하는 것은 바로 이러한 이유 때문이다. 원효스님은 그 행적과 저술 및 사상으로 보아 태어날 때부터 비범한 인물이었다. 혜안이 없으면 지혜 있는 자를 알아볼 수 없다.

6. 요석공주를 만난 인연

원효스님은 나면서부터 총명하고 탁월하여 달리 스승을 정하고 그로부터 배우지는 않았다. 그가 운수납자가 되어 수행하고 불교를 널리 홍포한 업적은 여러 곳에 실려 있으므로 여기서는 기이한 일 한 두 가지만 기록하고자 한다. 스님이 어느 날 희귀한 행동을 하며 거리에서 다음과 같이 노래를 불렀다.

"누가 자루 없는 도끼를 나에게 빌려주겠는가[誰許沒柯斧].
내가 하늘을 떠받칠 기둥을 찍으리라[我斫支天柱]."

사람들은 그 노래의 뜻을 이해하거나 알지 못했다. 그러나 태종(무열왕)은 그 노래를 듣고 생각했다.

"이 스님은 필경 귀부인을 얻어서 귀한 아들을 낳고자 하는구나. 나라에 큰 현인이 있으면 이보다 더 좋은 일은 없을 것이다."

이때 요석궁에는 과부가 된 공주가 있어서 왕이 궁의 관리에게 명하여 원효스님을 찾아 데려오라 하였다. 관리가 명령을 받들어 원효스님을 찾으니, 이미 그는 남산에서 내려와 문천교를 지나는 중이었다. 이때 원효스님은 일부러 물에 빠져서 옷을 적셨다. 궁의 관리가 스님을 궁에 데리고 가서 옷을 말리고 그 곳에서 쉬게 하였다. 그 후 공주에게 과연 태기가 있더니 후에 설총을 낳았다.

설총은 나면서부터 지혜롭고 민첩하여 경서와 역사에 널리 통달하니, 신라 10현十賢 중의 한 사람이 되었다. 방언으로 중국과 신라의 각 지방의 풍속과 물건 이름 등도 훤히 알고, 육경六經과 문학을 훈독하고 해석했으니, 지금도 우리나라에서 경을 강의하는 것을 업으로 하는 사람이 전수해서 끊이지 않는다.

원효스님은 계를 잃고 설총을 낳은 후로는 속인의 옷으로 바꾸어 입고 스스로 소성거사小姓居士라고 하였다. 또 우연히 광대들이 가지고 노는 큰 박을 얻었는데, 그 모양이 괴이하였다. 스님은 그 모양을 따라서 도구를 만들어 《화엄경》 속에서 말씀하신 **"일체무애인 일도출생사**[一切無碍人 一道出生死: 일체에 걸림 없는 사람은 단박에 생사를 벗어난다]"라는 문구를 따서 이름을 무애無碍라 하고, 노래를 지어 세상에 유포하였다.

일찍이 이 도구를 가지고 수많은 마을에서 노래하고 춤추면서 교화시키고 읊다가 돌아오니, 이 때문에 가난한 집과 무지몽매한 무리들로 하여금 모두 부처님의 이름을 알게 하고, **나무아미타불**을 부르게 하였으니, 원효스님의 교화야말로 참으로 위대하다 할 것이다.

그가 탄생한 마을 이름을 불지촌佛地村이라 부르고, 절 이름을 초개사初開寺라 하였으며, 스스로 원효라 한 것은 모두 불교를 처음으로 빛나게 했다는 뜻이다. 원효元曉 스님도 역시 지방의 말이니 당시 사람들은 시골말로 새벽이라 불렀다. 그는 일찍이 분황사에 살면서 《화엄경소》를 지었는데, 제4권 〈십회향품〉에 이르러 마침내 붓을 꺾었다. 또 일찍이 공무로 말미암아 몸이 매우 바쁘게 움직였으므로 모든 사람들이 **초지보살**이라고 불렀다.

그가 세상을 떠나자 아들 설총이 그 유해를 부수어 소상으로 생전의 모습을 만들어 분황사에 모시고, 공경하고 사모하여 효도의 뜻을 지극히 나타내었다. 설총이 그때 곁에서 예배하자 소상이 갑자기 돌아보았는데 지금까지도 돌아다 본 그대로 있다.

《삼국유사》

◆ 의식의 혁명을 요구함 ◆

가만히 성사를 그리며 생각해 본다. 무열왕대(654~661)에 낡은 정치, 무질서한 사회현상을 바라보다가 권좌를 향해 의식의 혁명을 요구하며 이런 노래를 불렀다.

誰許沒柯斧 我斫支天柱
누가 자루 없는 도끼를 빌려 주겠는가!
내가 하늘을 받친 기둥을 찍어 버리겠노라!

자루는 지혜요, 도끼는 권력이며, 하늘을 받친 기둥은 세상을 유지하고 이끌어 가는 도의 질서요, 찍어버림은 낡은 질서의 틀을 깨고 새로운 문화를 창조하고자 하는 의식의 혁명을 가리키는 것이다. 그러므로 이 외침은 전쟁에 시달린 민중의 고뇌를 외면하고, **골품제도**(聖骨: 부모가 모두 왕계. 眞骨: 부모 중 한편만 왕족. 무열왕대부터는 진골출신)의 계급사회, 그리고 기득권에 안주하는 정치세력과 승단을 향해 의식의 혁명을 요구하는 사자후다.

이 절규로부터 울려오는 천둥소리를 듣지 못하고 한가로이 봄꿈을 꾸는 사랑노래로 착각하여 원효스님을 파계승으로 폄하하는 것은 안타깝고 부끄러운 일이 아닐 수 없다. 원효스님을 바라보면 때로는 지혜롭고 때로는 바보같고, 때로는 자애롭고 때로는 비범한 그의 행동이 범부의 눈에는 그저 기이하게만 보였을 것이다.

7. 《금강삼매경》을 강설한 대들보

신라시대는 일찍이 경론을 강설하는 법회가 성행하였다. 문무왕대(661~681)에 원효스님은 백고좌법회에 초청받지 못했으나, 《금강삼매경金剛三昧經》 논강에 초대받고 강설한 후, 시기와 질투 허위와 가식이 만연하고, 계급사회를 조장하며 권위에 안주하려는 승단을 향해 뼈있는 노래를 불렀다.

> "지난 날 백 개의 서까래를 고를 때는 비록 끼지 못했지만,
> 이제 대들보 하나를 놓는 데는 나 혼자만이 할 수 있구나!"

◆ 《금강삼매경론金剛三昧經論》 3권의 개요 ◆
이 〈논〉은 책 제목에서 알 수 있듯이 《금강삼매경》에 대한

원효스님의 주석서다. 처음에는 5권을 지었으나 시기하는 무리에 의해 도난당한 것으로 전한다. 그래서 급히 새로 3권으로 《약소略疏》를 지은 것이 현재에 전하고 있다. 내용은 **이각**二角, 즉 **본각**本覺과 **시각**始覺이 원통하여 보살행을 행하는 것으로 되어있다. 이 논은 대개 중국 남북조시대에서 당나라까지 불교계에서 제기되었던 갖가지 교리를 싣고, 그 교설들을 회통한 것이다.

◆ 《금강삼매경》을 강설한 일화 ◆

《송고승전》에는 많은 분량으로, 그리고 《삼국유사》에는 몇 줄 정도로 경을 강설하게 된 동기와 그 당시의 상황을 이렇게 전하고 있다.

『원효스님은 성이 설씨이며 동해 상주 사람이다. 총각머리 할 나이에 머리를 깎고 출가 하였다. 스승을 따라 배우기도 하고 여러 곳을 돌아다니기도 하여 일정함이 없었다. 힘써 뜻을 굽히지 않았으며, 걸림 없이 글을 지었다. 씩씩하고 군세게 나아가며 물러서지 않았다. 계·정·혜 삼학에 통달하였으니, 만인을 상대할만하다 하였다. 오묘한 이치를 깨달아 신의 경지에 들어갔음이 이와 같았다.

일찍이 의상스님과 당나라에 들어가고자 하였으니, 현장법사의 법문을 사모하였기 때문이다. 그러나 그 인연이 어그러지자 마음 일어나는 대로 노닐며 자유롭게 보냈다. 얼마 후엔 말도 안 되는 소리를 지껄이고, 거칠고 이해 못할 행동을 서슴치 않았으며, 거사와 마찬가지로 술집과 기생집을 출입하는 것이, 보지保誌스님이 칼과 쇠 지팡이를 차고 다니는 것과 같았다.

혹은 소(疏: 해설서)를 지어서 《화엄경》을 강설하기도 하고, 혹은 거문고를 뜯으며 사당에서 노래하기도 하였다. 혹은 민가에서 자기도 하고, 혹은 계곡에서 좌선하기도 하였다. 마음 일어나는 대로 자유롭게 지냈으니 일정한 틀에 갇힘이 없었다.

당시에 국왕이 백고좌 《인왕경》 법회를 베풀며 두루 큰 스님들을 찾았다. 원효스님의 고향에서도 명망 있는 그를 추천하였으나, 뭇 스님들이 원효스님을 시기하여 왕에게 받아들이지 말라고 건의를 하였다. 얼마 지난 후 왕비의 머리에 종기가 났는데, 의원의 노력에도 불구하고 효험이 없었다. 그러자 국왕과 왕자 그리고 신하들이 산천의 영험 있는 기도처에 기원하러 가지 않은 곳이 없었다.

어느 날 점술가가 말하기를,

"다른 나라에 사람을 보내어 약을 구한다면 이 병은 치료될 것입니다." 하였다.

이에 국왕은 사신을 보내어 뱃길로 당나라에 들어가 의술을 구해 오도록 명하였다. 사신이 당나라로 가는 도중에 남쪽 큰 바다 가운데서 문득 한 노인이 파도를 헤치고 나타나 훌쩍 배 위로 올라와서는 사신을 데리고 바다 속으로 들어갔다.

사신이 바라보니 궁전이 장엄하고 화려하였다. 용왕을 만나게 되었는데 이름을 '금해'라 하였다. 용왕이 사신에게 말하기를,

"너희 나라 왕비는 '청제왕'의 셋째 딸이다. 우리 궁중에 《금강삼매경》이 있으니 이각二覺이 원통하고 보살행을 보여주는 것이다. 이제 왕비의 병을 증상연增上緣으로 삼아 이 경전을 부촉하노라. 너희 나라로 가서 유포하거라." 하였다.

그리고 30장 가량의 중복되거나 흐트러진 경전을 사신에게 맡기며, 다시 말하기를,

"이 경전이 바다를 건너는 도중에 잘못될까 염려스럽구나." 하였다.

그런 후 용왕이 칼잡이를 시켜 사신의 허벅지를 째고 그 속에 경을 넣은 다음 밀랍 종이로 싸서 약을 발랐더니 원래대로 상처가 보

이지 않았다. 용왕이 말하기를,

"대안大安 성자가 순서를 꿰매고 원효스님을 청하여 《소(疏:해설서)》를 지어 강설한다면 왕비의 병환은 틀림없이 나을 것이니, 설산의 아가타약이라 할지라도 약효가 이것만은 못할 것이니라." 하였다.

용왕이 바다 위까지 배웅하여 마침내 배에 올라 귀국하였다. 그때 국왕이 이 이야기를 듣고 기뻐하여 먼저 대안 성자를 불러 편집하게 하였다. 그런데 대안은 헤아리기 어려운 사람이었다. 모습과 의복이 특이하고 항상 시장터에서 구리로 된 발우를 두드리며 대안! 대안! 하고 소리쳤기 때문에 '대안'이라고 불렀다.

국왕이 대안에게 하명하자 대안이 말하기를,

"그냥 경전만 가져다주십시오. 왕궁에는 들어가고 싶지 않습니다." 하였다.

대안이 경을 받아 배열하여 8품을 이루니 모두 부처님의 뜻에 계합하였다. 대안이 말하기를,

"속히 원효스님에게 가서 강설하도록 하시오. 다른 사람은 안 되오." 하였다.

원효스님이 이 경을 받은 곳은 출생지인 상주였다. 원효스님은 국왕이 보낸 사신에게 말하기를,

"이 경은 본각本覺과 시각始覺을 종지宗旨로 삼았으니, 나를 위하여 소가 끄는 수레를 준비해서 두 뿔 사이에 붓과 벼루를 두시오." 하였다.

원효스님은 처음부터 끝까지 수레 위에서 《소》(해설서) 5권을 완성하였다. 국왕이 날을 택하여 황룡사에서 강설할 것을 부탁하였다. 그 때 야비한 사람들이 지어 놓은 〈소〉를 훔쳐 가버렸다. 그리하여 왕에게 사실을 알리고 3일을 연장하여 다시 3권을 짓고, 〈약소〉라 불렀다.

강설하는 날에는 국왕과 신하, 스님과 신도들이 법당에 구름같이 모여 들었다. 여기서 원효스님은 사자후를 토했는데 위의가 있고 얽힌 것을 풀이하는데 법칙이 있었으며, 찬탄하여 손가락을 튕기자 소리가 허공을 울렸다.

원효스님이 강설을 마칠 무렵 다시 큰 소리로 말하기를,
"지난날 백 개의 서까래를 고를 때는 비록 끼지 못했지만, 이제 대들보 하나를 놓는 데는 나 혼자만이 할 수 있구나."라며 일성을 토하자 참석하였던 큰스님들이 모두 얼굴을 숙이며 부끄러워하였다.

애초에 원효스님의 행동에는 일정함이 없었고, 중생교화에도 일정함이 없었다. 혹은 소반을 던져 대중을 구하기도 하고, 혹은 물을 뿜어 불을 끄기도 하고, 혹은 여러 곳에 모습을 나타내기도 하고, 혹은 사방에 죽음을 알리기도 하였으니, 이 또한 배도盃渡나 보지保誌스님과 같은 부류가 아니겠는가?

원효스님은 성품이 두루 하여 밝지 않은 것이 없었다. 《금강삼매경》〈소疏〉에 광약廣略 두 본이 있는데, 모두 본국(송나라)에서도 유행한다고 한다. 《약소略疏》는 훗날 경을 번역하는 삼장법사가 고쳐 〈논〉으로 삼았다고 한다.』

《송고승전》(권4 원효)

8. 끝없는 보살행

원효스님의 다함없는 보살행은 밤낮이 없고 바쁘게 포교하였다.
어느 날 마을 사람들이 산을 바라보자
하얀 새들이 가득 앉아 있으므로 이상하게 여겨 올라가 보니
그것들은 새가 아니라 흰 헝겊 조각들이었다.

스님이 너무 바쁘게 다니다보니
옷이 소나무에 찢겨서 매달린 모습이 하얀 새들처럼 보였다.

그 후 사람들은 스님이
백 가지 소나무에 옷을 걸었다 하여
백송百松이라 불렀으니
진실로 민중의 희망이요
정토를 밝히는 새벽이었다.
사람들은 이러한 모습을 보고
원효스님을 '초지보살'이라 불렀다.

◆ 사복을 연화세계로 보낸 신통 ◆

서울 만선북리에 있는 과부가 남편도 없이 태기가 있어 아이를 낳았는데, 나이 열두 살이 되어도 말을 못하고 일어나지도 못하므로 사동蛇童이라고 불렀다. (그의 이름은 원래 사복蛇福이다) 어느 날 과부가 사동만 남겨놓고 죽었다. 그때 원효스님은 고선사에 있었다.

사복이 원효스님을 찾아가니 원효스님은 그를 반가이 맞으며 인사를 하였으나 사복은 답례도 하지 않고 이렇게 말했다.

"그대와 나를 위해 옛날에 경전을 싣고 다니던 암소가 이제 죽었으니, 나와 함께 장사지내는 것이 어떻겠는가?"

원효스님은 '좋다'하고 함께 사복의 집으로 갔다. 여기서 사복은 원효스님에게 수계의식(포살)을 행하여 돌아가신 어머니에게 계를 주게 하니, 원효스님은 그 시체 앞에서 수계하고 축원을 하였다.

"세상에 나지 말 것이니 죽는 것이 괴로움이니라. 죽지 말 것이니 세상에 나는 것이 괴로움이니라." 하고, 말하자 사복이 축문이 너무 번거롭다고 하여 원효스님은 고쳐서 말했다.

"죽는 것도 사는 것도 모두 괴로움이니라." 하고 잘라 말했다.

이에 두 사람은 상여를 메고 활리산 동쪽 기슭으로 갔다.

원효스님은 말씀하셨다.

"지혜 있는 호랑이를 지혜의 숲속에 장사지내는 것이 또한 마땅하지 않겠는가." 사복이 이에 게송을 지어 말했다.

"옛날 석가모니 부처님은 사라수 사이에서 열반에 드셨네, 지금 또한 그와 같은 이가 있어 연화장세계로 들어가려 하네."

말을 마치고 띠 풀의 줄기를 뽑으니 그 아래 밝고 맑은 청허한 세계가 있는데, 칠보로 장식한 난간에 누각이 장엄하여 인간 세계가 아닌 것 같았다. 사복이 시체를 업고 그 속에 들어가니 갑자기 그 땅이 합쳐졌다. 이것을 보고 원효스님은 그대로 돌아왔다.

후에 사람들이 그를 위해서 금강산 동쪽에 절을 세우고 절 이름을 도량사라 하여 해마다 3월 14일이면 점찰법회를 여는 것을 상례로 삼았다고 한다. 사복이 세상에 나타낸 일은 오직 이것뿐이다. 그런데 민간에서는 황당한 이야기를 덧붙였다. 가소로운 일이다.

《삼국유사》

◆ 걸림없는 보살행 ◆

원효스님은 일찍이 분황사에 머무를 때 《화엄소》를 짓다가 제4 〈십회향품〉에 이르러 마침내 붓을 쉬고 말았다고 하니, 이것은 깨달음이란 고뇌하는 중생을 향해 회향하는 삶이라는 것을 상징적으로 보여주는 것이다. 원효스님의 삶은 일정한 거처가 없이 마음 가는대로 유행하였으며, 비범한 언행에 사람들이 이상히 여겼다.

일반인들처럼 술집과 기생집을 출입하는 것이 양나라 보지(保誌: 신통으로 유명함)스님이 칼과 쇠 지팡이를 차고 다니는 것과 같았다. 거문고를 뜯으며 사당에서 노래하기도 하고, 민가에서 잠을 청하기도 하고, 계곡에서 좌선하기도 하였다. 마음 내키는 대로 하니 도무지 어디에도 구애받음이 없었다. 애초 행동함에 있어 변화가 많았고 중생교화에 일정함이 없이 자유자재하였다.

게으름을 꾸짖어 정진케 하고 능히 신통한 일을 보이되 법에 집착함이 없었다. 쟁반을 던져 당나라 선성사 화재를 막아 대중을 구하기도 하고, 물을 뿜어 불을 끄기도 하고, 물을 부어 연못을 만들기도 하였다. 여러 곳에서 동시에 모습을 드러내기도 하고, 사방에 죽음을 알리기도 하고, 남쪽에서 강설하고 봉우리에 이르러 허공을 오르기도 하였으니 보통 스님들과는 크게 달랐다. 그러나 그 성품이 두루 하여 밝지 않은 것이 없었다.

그의 비범한 일들을 감히 형상화할 수 없었고 원력은 원대하여 더욱 알 수 없었다. 원효스님의 삶은 끝없는 보살행이라 바쁘기 그지없었으니 백송百松이라 불렸고, 그의 언행은 가히 헤아릴 수 없어 초지보살이라 일컬으며 부른 것은 조금도 지나친 말이 아니었다.

9. 깨달음과 사상을 저술하다

원효스님은 왕성 서북쪽의 작은 절에 머물면서 외전과 더불어 수많은 경론을 열람하고 해설하며, 자신의 깨달음과 그 사상 및 실천원리를 저술하였다. 그 중에서도 《십문화쟁론十門和諍論》이 뛰어났다.

석가모니 부처님이 세상에 계실 때는 원만하고 두루 하신 말씀에 의지하였기 때문에 의혹이 일어나지 않았다. 그러나 성인이 가신지 오래된 지금에는 사람들의 번뇌가 무겁고 깊어서, 삿된 견해가 비처럼 어지러이 흩뿌리고 쓸데없는 공론이 구름처럼 흩어졌다.

어떤 사람은 나만이 옳다하고 다른 사람은 모두 다 그르다고 한다. 서로가 자신의 주장만을 내세운다. 떠도는 말들이 꼬리에 꼬리를 물고 끝없이 이어지니 말이 말들을 만들어 내놓았다.

원효스님은 이런 일들을 안타깝게 여겨 다툼을 화해하고자 붓을 들어 저술하였다. 그 글은 산을 바라보고 깊은 골짜기로 돌아간 것 같았고, 나무를 지나 큰 숲을 보게 한 것과 같았다.

비유하자면 청색과 쪽 풀은 본체가 같고, 얼음과 물은 그 근원이 같으며, 거울이 수많은 형상을 받아들이고, 물이 천 갈래로 갈라지는 것과 같았다. 갖가지 비유를 들어 다툼을 화해하고 융통하게 서술하여 그 이름을 《십문화쟁론十門和諍論》이라 하였다. 그러자 사람들이 칭찬하지 않는 이가 없었다. 모두 말하기를 '참 훌륭하다' 하였다.

《십문화쟁론》은 이와 같은 10문으로 구성되었다.

1. 삼승일승화쟁문(三乘一乘和諍門)
2. 공유이집화쟁문(空有異執和諍門)
3. 불성유무화쟁문(佛性有無和諍門)
4. 인법이집화쟁문(人法異執和諍門)
5. 삼성이의화쟁문(三性異義和諍門)
6. 오성성불의화쟁문(五性成佛義和諍門)
7. 이장이의화쟁문(二障異義和諍門)
8. 열반이의화쟁문(涅槃異義和諍門)
9. 불신이의화쟁문(佛身異義和諍門)
10. 불성이의화쟁문(佛性異義和諍門)

원효스님은 여기서 자신이 저술한 의도를 '**백가의 서로 다른 쟁론을 화해시켜 한 맛인 법의 바다로 들어가게 한다**[和百家之異諍 歸一

味之法海]'라고 밝힘으로써 화쟁사상의 논리를 천명하였다.

《화엄종요華嚴宗要》는 이치는 비록 하나를 으뜸으로 하지만 이해와 실천에 따라서 수행계위를 논하였으니, 다 함께 찬탄하고 춤추며 기뻐하였다.

이것이 중국에까지 전해졌으며 삼장법사도 보배로 귀중히 여겼다. 〈고선사 서당화상비〉에서 극찬하였던 《십문화쟁론》은 단편만 남아 있고, 일심사상을 설했을 것으로 짐작되는 《화엄경소》는 전10권 중에 안타깝게도 서문과 권3 한 권만 남아 있어서 전체 내용을 파악할 수 없게 되었다. 그러나 여러 저술에서 원효스님의 일관된 사상이 역력히 나타나고 있다.

원효스님은 자신이 깨달은 일심과 더불어 《기신론》의 논리를 인용하여 사상을 집약한 것으로 본다. 대승의 유일한 법으로 "일심법一心法"을 세우고 교문은 진여문에 의지하여 지행止行을 닦고, 생멸문에 의지하여 관행觀行을 일으키는 일심이문一心二門을 정립하였다. 그리고 일심이문에 의거하여 다툼을 화해함으로써 회통하게 하고 몸소 실천하였다.

불법에 귀의한 모든 사람들은 다 함께 여래장如來藏을 품었으니, 보리심의 원을 세워 광대한 일심의 바다, 그 근원으로 돌아가야 한다는 당위성을 집필하여, 만인을 인도하고 몸소 보살행을 보였던 것이다.

10. 나무아미타불을 부르시오

원효는 천촌만락을 두루 유행하되
박을 손에 들고 노래하며 춤추며 교화하네.

순박하나 우매한 사람들에게
모두 부처님 명호를 알게 하고
함께 아미타불을 부르게 하니
자비한 은혜는 참으로 위대하네.
민중에게 부처님의 명호를 가르친 방편
금생에 깊이 새겨야 할 교훈일세.

통일과 희망을 염원하는 민중들이여
그때나 지금이나 영원히 부를 노래는
믿음으로 부르는 나무아미타불이니
불자는 부처님 명호를 불러야 하네.
극악의 죄인이라도 진실로 참회하고
부처님과 정토를 한없이 염원하여
일념으로 부르고 십념으로 정진하면
반드시 일심정토에 왕생한다 하셨네.

◆ 칭명염불 ◆

《아미타경》에서 『사리불아, 만약에 선남자善男子 선여인善女人이 아미타불에 대한 말씀을 듣고 명호를 잡아 지녀〔執持名號〕, 혹은 일일 혹은 이일 삼일 사일 오일 육일 칠일 동안 한마음으로 흐트러지지 아니하면〔一心不亂〕, 그 사람이 죽음에 이르는 때에 아미타 부처님이 여러 성중과 함께 그 앞에 나타나시니라. 이 사람은 목숨이 다하는 때에도 마음이 뒤바뀌지 아니하니 아미타불의 극락국토에 곧장 왕생하게 되느니라.』라고 하셨다.

칭명염불 방법은 집지명호執持名號 일심불란一心不亂이다. 염불법에 대한 진실한 믿음을 일으켜서 명호를 마음 머리에 잡아 지녀 일심으로 부르면, 저 '나무아미타불'이라는 진실한 소리에 **보리심**菩提心·**원생심**願生心·**지성심**至誠心이 더불어 실려 있다는 것이다. 그러므로 칭명염불은 '아미타'의 뜻을 깊이 인식하고 오로지 명호를 부르는 일심칭명一心稱名 뿐이다. 칭명염불에서 일념一念은 한 숨 쉬는 동안 명호를 부르는 것이며, 십념十念은 끊임없이 부르는 것이다.

염불법을 이와 같이 간단명료하게 밝히고 실천하도록 한 것은, 오직 범부가 행하기 쉽도록 가르쳐 믿음을 성취하고 안심을 얻도록 보이신 자비 방편 때문이다. 오로지 일심칭명一心稱名하여 염불삼매念佛三昧를 성취하면 가히 헤아릴 수없는 무량한 이익을 얻는다. 염불은 장애가 없다. 염불로써 현실 가운데서 무량한 이익을 얻을 뿐 아니라, 마침내 생사윤회를 벗어난다. 그러므로 언제나 '나무아미타불' 일구를 쉼 없이 생각하고 쉼 없이 부르는 정진이 요구된다.

◆ 염불삼매 ◆

삼매(三昧=, samadhi)는 등지等持라고 번역한다. 삼매는 마음이 들뜨거나 가라앉지 않고 평등하고 편안하게 하여 하나의 대상에 머물게 한다는 뜻이다. 삼매를 정정正定이라고 하는 경우는 마음을 한 곳에 바르게 두어 고요하게 한다는 뜻이며, 심일경성心一境性이라고 하는 경우는 마음을 하나의 대상에 집중하여 산란하지 않게 한다는 의미다.

염불삼매念佛三昧는 칭명과 관상을 통해 얻는 삼매三昧를 통틀어 말하는데, 대개 관상염불에서 부처님의 모습을 보는 것을 관불삼매觀佛三昧, 칭명염불에서 아미타불의 자비광명에 대하여 진실한 믿음을 성취하는 것을 염불삼매念佛三昧라고 한다. 염불삼매는 일심칭명一心稱名하는 염불로써 바로 자신이 무량한 광명 안에서 호흡하고 있다는 생각을 끊이지 않는 심적 상태다. 믿음이 깊은 염불삼매를 얻으면 '나무아미타불'이라는 염불 소리가 절로 나온다. 믿음 깊은 염불삼매를 통해 자비광명에 대한 결정신심決定信心을 성취한다.

염불삼매로 인해 자비광명은 수승한 연緣이 되어 감응感應이 일어난다. 중생이 행을 일으켜 입으로 항상 부처님을 부르면 부처님이 곧 그 소리를 들으신다. 몸이 항상 부처님께 예경하면 부처님이 곧 그 행을 보신다. 마음도 항상 부처님을 생각하면 부처님이 곧 그 마음을 아신다. 중생이 부처님을 생각하면 부처님 역시 중생을 생각하신다.

염불인과 부처님의 삼업이 서로 떨어지지 않는다. 그러므로 친연親緣이라 이름 한다. 중생이 부처님 뵙기를 원하면 부처님이 곧 생각에 응하여 눈앞에 나타나신다. 그러므로 근연近緣이라 이름 한다. 중생이 부르고 생각하면 곧 여러 겁의 죄가 소멸되어 목숨이 다하는 때에 부처님이 성중과 더불어 자연히 오시어 영접해 주시니, 여러 삿된 업에 묶여 있으나 장애될 것이 없다. 그러므로 증상연增上緣이라 이름 한다.

염불삼매를 얻기 때문에 오로지 우러러 향하는 신앙의 빛이 자비광명에 섭수됨으로써 죄업이 소멸되어 영원히 윤회를 벗어날 수 있다는 확신으로 안심安心을 얻는다. 안심을 얻기 때문에 인과법을 믿고 공덕을 쌓는다. 염불삼매는 결정신심을 성취하고 안심을 얻어, 악을 버리고 선을 행하게 하는 최상의 방편이다. 염불삼매는 염불행자가 깨달음을 성취할 수 있는 조건을 확보하는 것이며, 생사를 벗어나는 길이다. 염불삼매가 곧 생사해탈이다.

염불삼매를 얻으면 그 가운데서 응신應身이나 화신化身의 감응感應이 자주 일어나는데, 이것은 진실한 믿음에 자비광명이 감응感應하는 삼매의 작용이므로 너무 집착할 것은 없다. 칭명염불은 믿음을 일으키고, 결정신심決定信心을 성취하여 물러서지 않도록 하는 방편이며, 안심安心을 얻는 안심법이다. 염불하는 마음으로 삼매를 얻고 믿음을 성취하여 생사해탈에 대한 믿음으로 안심을 얻기 때문에 안심법이다.

염불인은 자신이 부처님의 무량한 자비광명 안에서 호흡하고 있다는 것을 진실로 믿는 삶이여야 한다. 자비광명에 대한 진실한 믿음을 일으켜서 염불삼매를 얻으면 설령 죄악이 깊다 하여도 악도에 떨어지지 않으므로 두려울 것이 없다. 언제나 자비광명 안에서 호흡하고 있음을 진실로 믿고 일체의 경계가 광명의 물결이요, 아미타불의 화신임을 깊이 믿으면, 절로 그 은혜에 감사할 줄 알게 된다.

일체 인연의 은혜에 감사하는 마음을 일으키는 이것이 염불수행으로 얻는 지혜다. 무량한 자비광명이 일체를 비추고 있음을 믿고 신앙의 빛으로 관하면, 삶 전체가 신앙이니, 날마다 일체 생명이 부처님의 화신이요, 처처가 정토 아님이 없는 세계로 나아간다.

여기서 비로소 자비광명의 은혜를 진실로 깨닫고 해탈의 자유를 얻을 수 있다. 더 나아가 관상염불觀相念佛로써 이해와 실천이 지극하면 법과 자신이 하나 되는 일심광명一心光明을 성취하여 대상을 섬기는 종교마저도 초월하는 경지에 이르게 될 것이다.

◆ 염불과 칭명 ◆

《관무량수경》〈하품하생〉에서, 『하품하생의 사람은 착하지 않은 업을 짓고, 오역죄와 십악을 모두 갖추고 있는 어리석은 사람으로 악업에 의해 마땅히 악도에 떨어져 여러 겁의 고통을 끝없이 받겠지만, 목숨이 다하는 때에 이르러, 선지식이 갖가지 안심과 위로를 베풀고 묘법을 설하여 '염불念佛하라' 함에도 고통의 핍박으로 인해 부처님을 생각하지 못하니, 착한 벗이 '그대가 만약 염불이 되지 않는다면 마땅히 무량수불을 부르라' 하고 말했을 때, 지극한 마음으로 소리를 끊이지 않고 십념十念을 구족하여 나무아미타불을 부르니, 부처님의 명호를 부르기 때문에 생각 생각 가운데 80억겁 생사의 죄를 소멸하는 중생이다.』라고 하셨다.

번뇌가 깊고 업장이 두텁기 때문에 정토의 경계나 부처님의 상호를 도무지 생각할 수 없다. 그러나 임종시라도 참회와 믿음의 뜻을 실어 나무아미타불 명호를 부르면 50억겁 80억겁의 생사의 죄가 소멸된다고 하였다. 그런데 《관무량수경》에서 염불念佛과 칭명稱名의 뜻을 분명히 하고 있다는데 주목할 필요가 있다.

염불은 부처님을 생각하는 것이고, 칭명은 '나무아미타불' 명호를 부르는 것이라 하였다. 때문에 염불을 전체적으로 말할 때는 '명호를 생각하고 부르라'고 한다. 깨달음에 들어가는 문은 어떠한 방편 혹은 수행문을 선택하든지 지관止觀에 의지해야 한다. 이러한 점은 염불수행에서도 분명하게 분별하고 있다.

칭명은 믿음을 성취하는 방편이며, 관상염불觀相念佛은 정토의 경계를 관찰하여 깨달음을 성취하는 염불수행의 선禪이다. 그러나 칭명염불을 하더라도 '아미타'라는 명호의 뜻을 분명하게 인식하여, 무량한 자비광명을 진실로 믿고 불러야 안심과 깨달음을 얻는 계기를 만날 수 있다. 부처님의 지혜를 깊이 이해하지 못하더라도 진실한 믿음 그 자리에 자비광명이 감응하는 것이다. 불성佛性은 실체로써 존재하는 것이 아니라, 신심이 불성이다. 부처를 생각하면 부처의 삶으로 변해 가고, 부처를 관하면 그 순간부터 바로 부처가 된다.

11. 관상염불을 지도하다

원효스님은 자신의 깨달음을 바탕으로 수많은 경론을 해설하였을 뿐만 아니라 정토와 염불의 깊은 뜻을 전하고 염불수행 법을 가르치기도 하였다. 천촌만락을 유행하며 칭명염불을 권하는가 하면 출가 수행자들에게는 관상염불을 지도하였다.

《삼국유사》의 기록에 의하면 근처에서 염불수행을 하는 엄장이 찾아와 왕생할 수 있는 염불수행 법을 묻자 **삽관법**(挿觀法: 삽을 관하는 법)을 지도하였다는 것이다. 이 염불법은 지관止觀을 일으켜 고요한 마음으로 경계를 관찰하는 **관상염불**觀相念佛이다.

◆ 관상염불 ◆

관상염불觀相念佛은 마음을 쉬고 정토의 경계를 관찰하는 지관止觀 수행이다. 관찰할 법은 '아미타'이다. 아미타는 자연의 청정광명인 의보依報와 생명의 청정광명인 정보正報가 있다. 그 청정광명이 무량하고 영원하기 때문에 무량광 무량수라고 한다.

칭명염불稱名念佛은 공空에 대한 이해가 부족하여 이치를 따라 보리심을 일으키지 못하는 하배가 행하지만, 관상염불은 공관이 확립된 중배와 상배가 행한다. 그러나 하배라 하더라도 진실한 믿음으로 염불하면 염불삼매를 얻고, 그 가운데서 부처의 몸[佛身] 혹은 32상相 80수형호隨形好, 그리고 육도중생의 모습 등을 본다.

이러한 현상은 모두 염불하는 마음에 부처님의 지혜가 감응感應하여 나타나는 응화신應化身이다. 공관空觀이 확립된 상배와 중배는 지관止觀으로 보신불의 경계를 관찰觀察한다. 이것이 관상염불이다. 즉 십해十解 초발심주 이상의 수행자는 분제상分際相을 여읜 보신報身의 경계를 관찰함으로써 관불삼매觀佛三昧 가운데서 무량한 상호, 무량한 덕상, 무량한 광명인 보신불報身佛의 경계를 본다.

관상염불은 보신報身의 경계를 깊이 관찰觀察함으로써 관불삼매를 성취하고 법신法身의 경계를 감득感得하여 '일체 경계는 일심인 지혜'를 증득하도록 인도한다. 관상염불은 지관의 수행인 선禪이다.

◆ 관불삼매 ◆

《관무량수경》의 정선관定善觀 가운데 제9 〈진신관眞身觀〉에서 부처님은 아난과 위제희 부인에게 이와 같이 말씀하셨다.

『이 모습(佛像: 32상 80종호 등의 화신)이 이루어졌으면, 다음에는 다시 무량수불의 신상광명身相光明을 관하라. 아난아, 마땅히 알아야 한다. 무량수불의 몸은 100천 만억 야마천의 염부단 금색金色과 같다. 부처님 몸의 크기는 60만억 나유타 항하사유순이며, 미간의 백호는 오른쪽으로 아름답게 휘어 감아져 다섯 봉우리 수미산과 같다.

부처님의 눈은 네 개의 큰 바다와 같은데 청색과 백색이 분명하다. 몸의 모든 털구멍에서는 광명을 솟아내는데 수미산과 같다. 저 무량수불의 원광圓光은 100억 삼천대천세계와 같다. 원광 가운데는 100만억 나유타 항하사의 화신불化身佛이 있다. 하나하나 화신불 가운데 역시 헤아릴 수 없는 화신의 보살들이 모시고 있다.

무량수불은 8만 4천의 모습[相]이 있다. 하나하나 모습[相] 가운데 각기 8만 4천의 훌륭한 호(好: 隨形好)가 있다. 하나하나 호好 가운데 다시 8만 4천의 광명光明이 있다. 하나하나 광명은 시방세계 염불중생을 두루 비추어 섭취하고 버리지 않는다. 그 광명과 상호와 화신불은 말로 다할 수가 없다. 다만 마땅히 생각하여 마음의 눈으로 볼 뿐이다.

이러한 경계를 보는 자는 곧 시방의 일체 부처님을 볼 것이다. 모든 부처님을 보기 때문에 관불삼매觀佛三昧라 이름 한다. 이 관을 지으면 일체 부처님의 몸을 관함이라고 이름 할 것이다. 부처님의 몸을 관하기 때문에 역시 부처님의 마음을 본다. 부처님의 마음은 대자비이니 무연無緣의 자비로써 모든 중생을 섭수하신다.

이 관을 지으면 몸을 버리고 다른 세상에서 모든 부처님 앞에서 무생인無生忍을 얻을 것이다. 이러하기 때문에 지혜로운 자는 마땅히 마음을 모아 무량수불을 자세히 관하라. 무량수불을 관하는 자는 하나의 상호로부터 들어가되, 단지 미간眉間의 백호白毫를 관하여 지극히 또렷하게 하여라. 미간의 백호상을 보면 8만 4천의 상호가 자연히 나타날 것이다.

무량수불을 보는 자는 곧 시방의 무량한 모든 부처님을 볼 것이다. 무량한 모든 부처님을 볼 수 있기 때문에 모든 부처님 앞에서 수기授記를 얻을 것이다. 이것을 변관일체색신상遍觀一切色身相이라 하고 제9관이라 이름 한다. 이 관을 짓는 것을 정관正觀이라 하고, 만약 다른 관을 지으면 사관邪觀이라 한다』 하셨다.

◆ 진신관眞身觀 ◆

법신法身은 모습이 없어 중생의 눈으로 볼 수가 없으나, 그 덕상德相은 수승한 모습으로 나타난다. 그러므로 이理를 바탕으로 경계〔事〕를 관觀하게 함으로써 스스로 무량한 자비광명 안에 존재하고 있음을 알도록 한다. 관상염불에서 진신관眞身觀은 무량한 상호, 무량한 덕상, 무량한 광명인 보신報身의 경계를 관찰하는 것이다.

관찰을 심화하여 산란한 마음을 쉬고 법法을 받아들여 마음과 경계가 일치되면, 밝은 거울과 같이 무심하고 무량한 광명으로 충만한 보신불의 경계를 체험하는데, 이것을 관불삼매觀佛三昧라고 부른다. 이 관불삼매로써 아미타불의 진신眞身인 진실상을 보고 무생법인無生法忍을 얻으면 바로 정각正覺이다.

그러나 한걸음 더 나아가 일체 경계는 일심一心인 지혜를 증득해야 한다. 일심의 근원에 돌아가면 자연히 동체대비심同體大悲心을 일으킬 수 있기 때문이다. 일체 중생이 부처요, 한 생명임을 깨달아 보살의 광대한 원행을 구현하는 하는 것이다. 이것이 수행의 완성인 일심광명一心光明이다.

12. 성사의 외로운 열반

원효스님은 통일신라 신문왕 6년인 686년 3월 30일 혈사穴寺에서 열반하였으니 세수 70세였다. 바로 절의 서쪽 봉우리에 임시로 감실을 만들어 안치하였다. 여러 날이 지나지 않아서 말을 타고 온 무리들이 떼를 지어 유골을 훔쳐 가려 하였다.

아들 설총薛聰이 울음을 머금고 매번 성사의 경상經床에 이르러 경을 펼쳐 읽으며 모시다가 혈사의 법당 동쪽 가까운 산에서 조촐한 다비식을 받들어 행하였다.

다음 날 아침 해가 떠오를 무렵, 설총이 유해를 모아 부수고 소상塑像을 빚어 생전의 모습처럼 분황사에 안치하였다. 어버이요, 스승이신 성사를 영원히 공경하고 사모하는 뜻을 나타낸 것이다. 봉안을 마치고 설총이 예배한 후 몇 걸음 나오다 못내 아쉬워 고개를 돌리자, 소상塑像이 문득 돌아보았는데 오랫동안 돌아 본 그 모습대로 있었다고 전한다.

원효스님이 일찍이 머물렀던 혈사 옆에는 설총의 집터가 있었다. 전하기로는 당시에 불법에 능한 9인이 있었는데, 모두 대사大師라 불렀으며, 원효대사가 그 처음에 기록되어 있었다. 대사大師는 불교를 일으킨 선지식을 부르는 말이다.

원효스님을 회상하며 가만히 생각해 본다. 스님의 열반 의례는 화려한 다비식도 없었다. 사리탑을 세운 흔적도 찾아볼 수 없으니, 사리를 찾느라 분주한 일도 없었을 것이다. 아마 사자獅子는 죽어서도 두려운 존재이니 뭇 짐승들이 함부로 덤벼들지 못하는 격이었을 것이다. 부처님은 불괴신不壞身이라 하였으니, 그 정신이 천만대로 이어져 영원히 살아 있다는 말이다. 원효스님 역시 그러하다.

이제 형상을 쫓는 자들의 사리탑이며, 공덕비가 세월의 무상을 견디지 못하고 무너져 내리고 있을 때, 스님의 형체 없는 일심의 지혜, 자비 광명이야말로 이 땅에 다시 살아날 것이다. 원효스님은 스스로 일심법을 깨달은 의식의 혁명가였다. 세계와 생명의 실상을 통찰한 철학가였다. 불법대해를 자유롭게 넘나들며 수많은 경론을 해설한 사상가였다.

예토와 정토를 넘나들며 중생의 마음을 환히 헤아린 법신보살이었다. 역사와 고뇌의 흐름을 꿰뚫어 보는 역사가였다. 일심의 깨달음으로 생사의 바다에 몸을 던져 고뇌하는 범부와 고락을 함께 한 대승보살이었다. 그러므로 언제나 마음은 지혜롭고 자애로우나 행동은 비범하였으니, 범부의 눈에는 그저 기이하게만 보일 뿐이었다. 우리 곁에 다시 빛으로 오시기를 간절히 염원해 본다.

13. 깨달음은 역사가 증명한다

아마 779년(신라 혜공왕15년)에 일어난 일인 것 같다. 원효스님의 후손이요, 손자인 설중업薛仲業이 사신으로 바다를 건너 일본으로 갔다. 높은 지위의 재상을 만나 이야기를 나누다가 중업이 원효스님의 어진 후손임을 알고서 매우 기뻐하였다.

일본 땅에서 여러 사람들이 정토로 왕생할 것을 기약하며 원효스님의 신묘한 저술을 머리에 이고서 잠시도 놓지 않았는데, 그 손자를 만나 보았으니 재상이 너무도 기뻐하는 것이었다. 그리고 3일 밤이나 찾아와 칭송하는 글을 바쳤다.

그런 일이 있은 뒤 12년이나 흘렀다. 비록 몸소 예를 드리고 친히 받들지는 못했더라도 성사의 신이함을 아는 자는 공경함이 있었다. 또한, 법음을 전하고자 하는 자로서 봉덕사 법사인 삼장신장三藏神將이 있었다. 그는 성사의 자비스런 화해와 더불어 마음의 공적함을 알고 법의 무생無生을 본 것이었다.

속인과 승려 모두 성사에 대해 칭송하기를 승려 가운데서 용이요, 법의 왕이라고 받들었다. 불법을 만나 행하면서 성인이 있어서 깃발을 잡고 단절이 없었는데, 이제 추모할 분 원효성사 밖에 쫓을 분이 없었다. 더욱이 다른 사람들이 칭송한 글을 보건데 이제 성사의 덕을 새겨야 할 조짐을 깨달았으니,

"어찌 다시 천 갈래 흩어짐이 있을 것인가!"하였다.

중업仲業이 원성왕 시대(785~798년 사이)에 성사의 100주기를 생각하면서 몸소 추모 사업을 생각하다가 상심하여 괴롭고 어려움이 두 배나 됨을 느꼈다. 그러나 곧 몸과 마음을 채찍질하고 진흙과 띠 집을 빚어 원효성사의 옛 거사 형상을 만들어 3월에 안치하게 되었다. 그러자 사람들이 폭주하고 옆의 들판으로 구름처럼 달려 들어가 형상을 바라보고 진심으로 예를 드렸다. 그런 뒤에야 나라에서 관심을 보였다.

김언승(金彦昇: 헌덕왕 808~825)이라는 관료가 있었는데 각간角干이라는 벼슬(800~808년 사이)을 하고 있었다. 그가 원효성사에 대해서 이르기를,

"바다와 높은 신의 정기를 타고 났고 하늘과 땅의 빼어남을 다고 났습니다. 부모의 교훈을 이었고 기백은 3천을 감당하고 마음은 6월을 뛰어 넘었습니다. 덕과 뜻은 바다와 같아 말로 다 형용할 수 없습니다. 저 산속을 보니 대덕 봉덕사 스님들이 계십니다. 비로소 명을 내리니 받들어 행하십시오. 마음과 목숨을 맡기고 뜻을 정성껏 하며 법을 높이고 사람을 중히 여겨 뜻을 기리시기 바랍니다. 영험한 자취는 문자가 아니고서는 그 일을 진술할 수가 없으니 기록이 아니고서 어찌 그 연유를 드러낼 수 있으리오. 그

래서 스님들로 하여금 비문을 짓게 하고 일을 도모하도록 하는 것입니다."라고 말하였다.

그러자 명을 받은 스님들이 스스로 법도를 구하는 데도 무능하고 학문도 보잘 것 없다 하여 사양하였으나, 끝내 면하지 못하여 일을 착수하기로 다짐하였다. 원효성사에 대한 글을 지어,

"티끌 같은 세월이 흘러도 썩지 않고 겨자씨 같은 무수한 세월에도 길이 존재하리라."하고, 그 사이에 이르기를,

"위대하도다. 법의 본체여! 형체가 없는 곳이 없습니다. 시방에 몸을 드러내고 세 가지 신통함을 구족하였습니다. 원효대사는 불지에서 태어나 일생 동안 참된 말씀과 바른 이치를 궁구하였습니다. 이 세상과 저 세상을 자유자재로 넘나들었으나 붉은 화살이 그를 겨냥하고, 알 수 없는 소리와 기이한 행동으로 수없이 많은 비판을 받다가 환속하여 거사가 되었습니다.

담백한 바다와 같은 지혜로 해동의 상부에서 국가의 기강을 바로 잡았으니 진실로 문무를 겸비하였습니다. 슬픔을 이기지 못하여 춤을 추며 슬피 울기도 하였으니 정이 두터웠습니다. 씩씩한 이야기는 성스러움에 다하고 활달한 언설은 신이함에 통하였습니다.

다시 혈사를 수선하여 머물렀으니 길이 궁궐을 하직하고 한 번 굽힘을 끊지 않았습니다. 일정한 장소를 즐기며 도를 즐겼습니다. 천만대 이어갈 행적과 저술을 남겨 모두 다 은혜를 입었습니다."라고 기록하였다.

성사를 회상하며 이렇게 생각해 본다. 원효성사가 열반에 드시자 설총이 효를 다하여 다비식을 치르고 소상塑像을 안치하였다. 그 후 100년이 흐른 뒤 손자 중업仲業이 힘써 마침내 비석을 세우게 되었다. 원효스님을 대사라고 부르게 된 것은 손자 중업이 추모 사업을 도모할 때부터였다.

'혈육의 후손이 아니었으면 성사의 자취와 그 큰 뜻이 남아 있었을까?'하는 의문을 가지지 않을 수 없다. 혈육인 후손에 의해 빛을 드러냈으니 참으로 묘하고 묘한 인연이었다.

고려 숙종 때인 1101년 대각국사 의천이 건의하여 화쟁국사和諍國師로 추증하였으니 지혜로운 자만이 성사를 알아볼 수 있었다. 그 뒤 명종 시대(1171~1197)에 분황사에 화쟁국사비和諍國師碑를 건립함으로써 마침내 열반 후 500여년 만에 성사의 공덕을 다시 실감할 수 있게 되었다. 시대의 어둠이 빛을 가렸지만, 결국 깨달음은 역사가 증명하였다. 그러나 이 비는 남아 있지 않으니 애석함에 할 말을 잃는다.

올해 3월 그믐날은 혼자서 열반 일을 추모하며 후학의 우둔함과 허물을 참회하고 예를 드렸다. 고스란히 남아 있는 사상이라도 바르게 전하고자 더욱 정진할 것이다. 성사의 옛터를 향해 예를 올리며 각오를 굳건히 다짐한다.

성사시여!

정녕 사바세계와 정토가 공존한다면 성사는 이 하늘 아래 어느 곳엔가 머물고 계실 것입니다. 진실한 믿음으로 성사의 깊은 뜻을 관하오니, 빛으로 감응하시어 인도하여 주시기를 염원합니다.

나무석가모니불 나무아미타불 나무화쟁국사

- 고선사 서당화상비문 조각을 바라보면서 -

14. 원효와 그 시대상황

- **555년**(진흥왕 16년) 10월 왕이 북한산을 순시, 국경을 설정하고 〈진흥왕순수비眞興王巡狩碑〉를 세움.

- **562년**(진흥왕 23년) 대가야를 통합, 가야가 모두 멸망. 7월 백제가 신라 변경을 공격.
- **566년**(진흥왕 27년) 기원사祇園寺, 실제사實際寺를 짓고, 거대한 가람 황룡사를 낙성함.
- **576년**(진지왕 1년) 화랑花郎을 제도화 함. 577년10월 백제가 서쪽 변방을 공격함.
- **589년**(진평왕 11년) 원광圓光법사(성은 朴씨)가 진나라로 유학을 떠남. 590년 수나라가 진陳을 멸망시킴. 592년 수나라 때 정토교에 박학한 정영사 혜원(慧遠, 523~592)스님 원적.
- **595년**(진평왕17년) 김유신金庾信이 출생. 일본에서는 성덕태자가 섭정(593~621)하면서 불교를 옹호.
- **597년**(진평왕 19년) 11월 중국 천태종의 지자대사가 원적.
- **600년**(진평왕 22년) 최초로 미타사를 창건했던 혜숙과 안함이 풍랑으로 중국 유학길에서 실패. 원광법사가 수나라에서 귀국.
- **602년**(진평왕 24년) 8월 원광법사로부터 세속오계를 받은 귀산과 추항이 백제와 싸우다가 전사. 603년 고구려가 신라의 북한산성을 공격하고, 605년 8월 신라는 백제를 공격. 607년 고구려는 백제의 송산성, 백두성을 공격함.
- **608년**(진평왕 30년) 고구려와 전쟁이 자주 일어나자 왕이 원광법사로 하여금 수나라에 보내는 걸사표乞師表를 짓게 함.
- **609년**(진평왕 31년) 수나라 도작(道綽, 562~645)스님이 정토교에 귀의.
- **612년**(진평왕 34년) 1월 수나라 양제가 113만 대군을 이끌고 고구려를 2차 침공. 7월 을지문덕이 살수에서 수나라 30만 대군을 섬멸(살수대첩)함. 원측(圓測)법사가 출생.
- **613년**(진평왕 35년) 7월 수나라 사신 왕세의가 황룡사에서 백고

좌 법회를 베풀자 원광법사가 경전을 강설함. 수나라 양제가 우문술 등의 장수를 거느리고 고구려를 3차 침공함. 616년 백제는 신라 모산성을 공격함.

- **617년**(진평왕 39년) 〈원효 1세〉 원효가 경북 경산의 시골 밤나무골에서 출생. 신분은 6두품이니, 양친이 왕계인 성골聖骨도 아니고, 한 쪽만 왕계인 진골眞骨 출신도 아님.
- **618년**(진평왕 40년) 〈원효 2세〉 신라가 백제 가잠성을 탈환함. 고구려가 수나라의 4차 침입을 격퇴함. 3월에는 수나라가 멸망하고 5월에 당나라가 건국 됨.
- **621년**(진평왕 43년) 〈원효 5세〉 6두품인 설계두가 골품제를 비판하고 당나라로 건너감. 623년 백제가 신라 녹로현을 공격함.
- **625년**(진평왕 47년) 〈원효 9세〉 의상義湘이 출생함. 신라는 고구려가 조공의 길을 막는다고 당나라에 호소함.
- **626년**(진평왕 48년) 〈원효 10세〉 원측(15세)스님이 당나라로 유학을 떠남.
- **627년**(진평왕 49년) 〈원효 11세〉 7월 백제가 서북방을 공격하고, 628년 2월 신라의 가잠성을 공격함.
- **628년**(진평왕 50년) 〈원효 12세〉 신라에서 굶주림으로 자녀를 매매하는 일이 발생함. 629년 김유신(35세)이 고구려 랑비성을 격파함.
- **630년**(진평왕 52년) 〈원효 14세〉 원광법사가 황룡사에서 원적 (84세 이상).
- **632년**(선덕여왕 1년) 〈원효 16세〉 이 무렵에 원효(상투머리를 올릴 무렵)가 출가함. 선덕여왕이 등극함. 분황사를 완성함. 633년 백제가 신라 서곡성을 공격함.
- **636년**(선덕여왕 5년) 〈원효 20세〉 자장慈藏스님이 제자 10명과

함께 당나라로 유학을 떠남. 3월 왕이 병이 나자 황룡사에서 백고좌를 행하여 《인왕경》을 강설하고 100인의 승려를 출가시킴. 백제가 5월에 독산성을 공격함.

- **638년**(선덕여왕 7년) 〈원효 22세〉 선종의 6조 혜능慧能스님이 출생함. 신라가 고구려의 침입을 격파함.
- **642년**(선덕여왕 11년) 〈원효 26세〉 7월 백제 의자왕이 군사를 일으켜 신라의 40여 성을 공격함. 8월에는 고구려와 함께 당항성을 치고, 신라의 당나라 교통로를 차단, 전쟁에서 김춘추의 맏사위 부부가 전사함. 10월 고구려에서 연개소문이 영류왕을 죽이고 보장왕을 세우는 반란이 발생함. 김춘추(김유신과 동시대 화랑으로 비슷한 나이)가 고구려에 구원군을 요청했으나 실패. 김유신(48세)이 압독주 군주가 됨.
- **643년**(선덕여왕 12년) 〈원효 27세〉 3월 자장율사가 왕의 명에 따라 급히 귀국, 부처님 사리 100과, 부처님의 금란가사, 경론 4백 함 등을 가지고 옴. 김유신이 백제의 7성을 탈취함.
- **645년**(선덕여왕 14년) 〈원효 29세〉 의상스님이 출가함. 4월 당나라 태종이 고구려를 크게 공격함. 9월에 안시성 전투에서 당군을 격퇴함. 5월 백제가 신라를 공격하여 7성을 탈환함. 1월 당나라 현장법사가 인도 유학(629년부터 645년까지 17년간)을 마치고 장안으로 돌아옴. 그 후 75부 1,335권을 번역함.
- **647년**(선덕여왕 16년) 〈원효 31세〉 세계 최고의 첨성대瞻星臺를 건립함. 1월 비담과 염종이 여왕통치에 불만을 품고 반란을 일으키자 김유신이 진압함. 반란 중에 선덕여왕이 피살됨.
- **648년**(진덕여왕 2년) 〈원효 32세〉 겨울 김춘추가 아들 김인문을 당나라에 보내 백제 협공을 요청.
- **649년**(진덕여왕 3년) 〈원효 33세〉 김춘추와 자장율사의 건의로

당나라 관복을 받아 드려 중국의 의관衣冠을 입기 시작. 8월 김유신이 직산 일대에서 백제군을 격파하고, 백제는 7성을 탈환하는 전투가 치열했음. 장안 홍법사에서 정토신앙을 홍포하고, 《정토론》을 저술한 가재迦才법사가 원적.

- **650년**(진덕여왕 4년) 〈**원효 34세**〉 원효스님이 의상스님과 함께 당나라 유학을 시도하였으나 요동에서 실패. 6월 고구려가 도교를 우대하자, 보덕이 백제 완산주 고대산으로 망명. 이 무렵 고구려 승려 보덕에게서 《열반경》 등을 배움. 바로 이 해에, 원효스님이 의상스님과 함께 다시 유학을 가던 도중 직산의 무덤에서 크게 깨닫고 유학을 단념하고 돌아옴. 그 후 주로 분황사에서 불교를 대중화하기 위한 저술 활동에 힘씀.

- **654년**(무열왕 1년) 〈원효 38세〉 진덕여왕이 죽고, 김춘추가 태종 무열왕으로 즉위. 왕의 골품 세습이 성골에서 진골로 바뀜.

- **655년**(무열왕 2년) 〈원효 39세〉 9월 왕의 둘째 사위 김흠운이 백제를 공격하다가 전사. 10월 왕이 셋째 딸 지조를 김유신(61세)에게 출가시킴. 이전에 김춘추는 김유신(가야국계통의 김씨)의 셋째 누이 문희와 혼인.

- **660년**(무열왕 7년) 〈원효 44세〉 1월 김유신이 상대등에 오름. 7월 김유신이 소정방의 당군과 연합하여 황산벌에서 계백을 격파하고, 사비성을 함락하여 백제를 멸망시킴.

- **654년~661년**(무열왕대) 〈원효 38세~45세〉 원효스님이 요석궁 공주와 인연이 되어 설총을 낳음. 이후 소성거사小性居士라 자칭하며 저술과 불교 대중화에 전념.

- **661년**(문무왕 1년) 〈원효 45세〉 무열왕이 죽고 문무왕이 즉위. 의상(37세)스님이 당나라 화엄종 지엄智嚴대사 문하에 유학을 감

- **662년**(문무왕 2년) 〈원효 46세〉 2월 원효가 김유신의 고려 원

정에 종군 당나라 장수 소정방이 보낸 암호문을 해독하여 공을 세움. 663년 나당연합군에 의해 백제 남은 군대를 완전 장악.

- **664년**(문무왕 4년) 〈원효 48세〉 2월 중국 법상종의 현장玄奘스님 원적.
- **667년**(문무왕 7년) 〈원효 51세〉 신라의 승려 순경順憬이 제자를 중국에 보내 원효스님이 밝힌 현장스님의 논리적 모순을 지적.
- **668년**(문무왕 8년) 〈원효 52세〉 나당연합군에 의해 고구려가 멸망. 10월 중국 화엄종의 지엄대사가 원적.
- **670년**(문무왕 10년) 〈원효 54세〉 의상스님이 당나라에서 귀국. 신라와 당나라가 대립이 격화되어, 신라 백제 고구려 군민의 항쟁이 시작됨.
- **671년**(문무왕11년) 〈원효 55세〉 원효스님이 행명사에서 《판비량론》을 저술.
- **673년**(문무왕 13년) 〈원효 57세〉 7월 김유신(79세)이 죽음.
- **675년**(문무왕 15년) 〈원효 59세〉 신라가 경기도 양주 부근에서 당군을 격파. 선종의 5조 홍인(弘忍: 602~675)대사가 원적.
- **676년**(문무왕 16년) 〈원효 60세〉 2월 의상스님이 왕명을 받들어 영주 부석사를 창건. 11월 신라가 당나라 군대를 격파하여 완전히 축출하고 대동강 이남에서 삼국통일을 완성.
- **661년~681년**(문무왕대) 〈원효 45세~65세 무렵〉 원효스님이 《금강삼매경론》을 저술하고 강설함. 이 무렵 대안大安법사와 친분을 맺음. 이 무렵 영취산의 낭지朗智스님으로부터 《법화경》을 배움. 염불법으로 광덕스님, 엄장스님 등을 교화.
- **681년**(문무왕 21년) 〈원효 65세〉 문무왕이 죽었는데, 유언에 따라 동해의 큰 바위 가운데 화장한 유골을 봉안. 신문왕이 즉위. 이 무렵 설총이 화왕계(花王戒: 모란과 왕을 비유한 우화)를

지음. 정토교를 홍포하던 선도(善道: 613~681)대사가 원적.

- **682년**(신문왕 2년) 〈원효 66세〉 원효스님은 이후부터 저술에 전념하였고, 《화엄경》〈십회향품〉에서 붓을 꺾음. 만년에는 궁궐에서 떨어진 혈사穴寺로 거처를 옮겨 유유자적.
- **686년**(신문왕 6년) 〈원효 70세〉 원효스님이 3월 30일 혈사에서 원적. 설총이 유해를 부수어 상을 조성하여 분황사에 모심.
- **686년**(신문왕 6년) 7월 원측이 당나라 불수기사에서 원적. 702년에 의상(義相, 625~702)스님이 원적. 712년 중국 화엄종의 3조 법장(法藏, 643~712)스님이 원적. 713년에 선종의 6조 혜능(慧能, 638~713)스님이 원적.
- **735년**(성덕왕 34년) 원효스님의 《유마경소》를 일본에서 서사.
- **751년**(경덕왕 10년) 대상大相 김대성이 불국사를 창건.
- **766년**(혜공왕 2년) 5월 진표眞表율사가 금산사에 미륵장육상을 주조.
- **770년**(혜공왕 6년) 경덕왕신종(봉덕사종=에밀레종)을 주조.
- **779년**(혜공왕 15년) 원효의 손자 설중업이 일본에 사신으로 건너가 조부의 훌륭한 인품에 대한 소식을 들음. 이때 이미 **원효의 《무량수경종요》**가 일본에 전해짐.
- **806년**(애장왕 7년) 불사佛寺의 새로운 창건을 금함.
- **800년~808년**(애장왕대) 손자 설중업이 건의하고 김언승이 후원하여 고선사에 《서당화상비》를 건립.
- **821년**(헌덕왕 13년) 도의선사(道義禪師: 784년에 당나라로 건너감)가 서당지장西堂智藏의 법을 받고 당나라에서 귀국하여 최초로 선법禪法을 전함. 그는 설악산 진전사에서 은거하다가 제자 염거廉居스님에게 법을 전한 뒤 원적. 867년 4월 임제종의 의현(義玄, ?~867)스님이 원적.

- **918년**(고려 건국) 6월 왕건이 궁예 부하들의 추대를 받아 고려 건국.
- **935년**(경순왕 9년) 신라 992년의 역사가 멸망하고 고려에 합병.
- **1101년**(고려숙종6년) 대각국사 의천(1055~1101)스님의 건의로 원효를 화쟁국사和靜國師로 추증.
- **1158년**(의종12년) 보조지눌(1158~1210)이 출생, 8세에 출가. 1200년부터 송광산 길상사(조계산 송광사)에서 11년간 선풍을 일으킴.
- **1171년~1197년**(고려 명종대) 분황사에 원효스님의 화쟁국사비를 건립.

제2절
원효의 저술

원효스님이 남긴 위대한 업적은 민중을 위한 보살의 삶과 더불어 방대한 저술이다. 원효스님의 저술에 관해서는 학자들마다 약간씩 견해 차이를 보이고 있다. 책명은 다르지만 내용이 동일한 것으로 추정되는 점을 고려하면 대개 80여부 150여권 정도다. 그러나 안타깝게도 이들 가운데 온전히 현존하는 저술은 15부 23권에 불과하고, 일부분 혹은 단편만 남아 있는 것이 12종 가량이다. 먼저 온전히 남아 있는 저술의 목록과 내용을 대강만 살펴보겠다.

1. 온전히 남아 있는 저술
1) 《대혜도경종요大慧度經宗要》 1권
반야의 중요한 뜻을 서술하였다. 반야를 실상반야實相般若와 관조반야觀照般若의 둘로 나누어 설명하였는데, 여래장如來藏이 곧 실상반야라고 하였다. 그 구성은 (1) 대의를 서술함[述大意] (2) 경의 근본을 나타냄[顯經宗] (3) 제목을 해석함[釋題名] (4) 경을 설한 연기를 밝힘[明緣起] (5) 모든 경전 가운데서 차지하는 위치[判教] (6) 경문을 해석함[消文]. 이 6문으로 분별하여 논하였다.

2) 《법화경종요法華經宗要》 1권
《법화경》의 종지와 대요를 논하였다. 원효스님의 저술 가운데서도 간단명료하게 해설한 대표적 역작이라고 칭송하는 저술이다. 그 구성은 (1) 대의大意를 서술함 (2) 경종經宗을 판별함 (3) 말의 쓰임詮用을 밝힘 (4) 경의 제목經題을 해석함 (5) 교판教判상의 위치를 밝힘 (6) 경문의 뜻을 해석함. 6문으로 분별하여 논하였다.

3) 《금강삼매경론金剛三昧經論》 3권

《금강삼매경》에 대한 주석서다. 처음에는 5권을 지었으나 도난당하고 새로 3권으로 〈약소略疏〉를 지은 것이 현재에 전한다. 〈소疏〉를 지을 당시 소의 두 뿔 사이에 필묵을 두고 지었다 하여 각승角乘이라고 부르기도 한다. 내용은 이각二角, 즉 본각本覺과 시각始覺이 원통하여 보살행을 실천하는 것으로 되어 있다. 이〈논〉은 중국 남북조시대로부터 당나라까지 중국불교에서 제기되었던 교리를 고루 싣고, 이러한 모든 교설들을 회통하였다.

4) 《열반경종요涅槃經宗要》 2권 1책

《열반경》의 요지를 조직적으로 해설한 개요서다. 내용은 대의大意를 간략히 말하고, 다음으로 넓게 분별하여 조직적으로 논술하였다. 넓게 분별하는데 (1) 인연문因緣門 (2) 열반문涅槃門과 불성문佛性門 (3) 가르침의 체를 밝힘[明教體] (4) 교판教判에 대한 비판인 교적[教迹]. 이 4문으로 크게 나누어 설명하였다.

5) 《미륵상생경종요彌勒上生經宗要》 1권

《미륵상생경》의 대의와 종치 및 이 경이 대승과 소승 어디에 속하는지를 밝혔다. 다른 미륵경전들과의 관계 및 이 경의 몇 가지 내용상의 문제도 해설하였다. 내용은 (1) 대의大意 (2) 종치宗致 (3) 이장시비二藏是非 (4) 삼경동이三經同異 (5) 생신처소生身處

所 (6) 출세시절出世時節 (7) 이세유무二世有無 (8) 삼회증감三會增減 (9) 발심구근發心久近 (10) 증과전후證果前後. 이 10문으로 나누어 해설하였다.

6) 《보살계본지범요기菩薩戒本持犯要記》 1권

대승보살계大乘菩薩戒를 설한 경전들을 섭렵한 뒤 대승의 윤리관을 제시하기 위하여 저술한 계율 해설서다. 특히 《달마계본達磨戒本》을 중시하여 의지하였다. 전체를 서문과 본문으로 나누고, 본문은 (1) 경중문輕重門 (2) 심천문深淺門 (3) 구경지범문究竟持犯門. 이 3문으로 나누어 해설하였다. 원효는 이 저술의 의도를 밝히면서, "스스로에 대한 경책으로 삼기 위하여 이 책을 짓는다."고 하였다.

7) 《대승기신론소大乘起信論疏》 2권

《대승기신론》에 대한 주석서다. 《대승기신론》은 마명(馬鳴, 불멸후 600년경, 중인도 마갈타국)의 저술로 전해지고 있는데, 대승의 바른 믿음을 일으키는 논서라는 뜻이다. 《기신론》은 1. 종체를 나타냄[標宗體] 2. 제목을 해석함[釋題名] 3. 본문을 해석함[依文顯義]의 3문으로 구성되었고, 본문을 해석하는 데서 다시 (1) 인연분因緣分 (2) 입의분立義分 (3) 해석분解釋分 (4) 수행신심분修行信心分 (5) 권수이익분勸修利益分의 5부분으로 나누어졌다.

원효스님은 그 해설서인 《기신론소》와 《별기》를 지어 그 뜻을 이해하기 쉽도록 풀이하고, 자신의 일심사상을 역설하였다. 여기에 일심이문一心二門 삼대[體相用] 등 원효스님의 사상적 기초가 모두 들어 있다. 원효스님의 《기신론소》 2권은 예로부터 혜원(慧遠, 334~416 동진), 현수(賢首, 643~712 당나라)의 주석과 함께

《기신론》 3대소의 하나로 《해동소》라고 부른다.

  8) 《대승기신론별기大乘起信論別記》 1권
  《기신론해동소起信論海東疏》의 초고草稿에 해당하며 《해동별기海東別記》라고 부른다. 이 책은 《기신론》의 본문인 (1) 인연분因緣分 (2) 입의분立義分 (3) 해석분解釋分 (4) 수행신심분修行信心分 (5) 권수이익분勸修利益分 가운데 일심이문一心二門 삼대[體相用] 등 이론적인 핵심 곧 입의분과 해석분만을 주석하였다. 원효사상의 이론적 기초를 살필 수 있는 대표적인 저술이다.

  9) 《대승기신론소기회본大乘起信論疏記會本》 6권 1책
  《대승기신론》의 〈소疏〉와 〈별기別記〉를 합쳐서 편찬한 책이다. 해인사海印寺 소장본으로써 《대승기신론소》의 가장 완전한 판본이다. 위의 《대승기신론별기》에 누락된 수행신심분修行信心分과 권수이익분勸修利益分이 《기회본》에는 빠짐없이 수록되어 있다.

  10) 《이장의二障義》 1권 1책
  수행 중에 나타나는 미혹한 번뇌장煩惱障과 소지장所知障의 두 장애를 해설한 저술이다. (1) 명의를 해석하고[釋明] (2) 체상을 논하고[出體] (3)장애의 공능을 말하고[明障功能] (4) 제문의 상섭을 밝히고[明諸門相攝] (5)다스려 끊음을 밝히고[明治斷] (6)총괄하여 결택함[總決擇]. 이 6문으로 나누어 해설하였다. 이 서술은 각각의 이론이 《기신론》과 밀접한 관계를 맺고 있어서 《기신론이장장二障章》이라고도 부른다.

11) 《발심수행장發心修行章》 1권

처음 출가한 수행자를 위하여 발심에 관해 지은 글이다. 이 책은 불교전문강원의 사미과沙彌科 교과목의 하나이고, 수행인의 필독서로 읽히고 있다. 내용은 (1) 애욕을 끊고 수행할 것 (2) 참된 수행자가 될 것 (3) 늙은 몸은 닦을 수가 없으니 부지런히 수행할 것 등이다. 보조지눌普照知訥 스님의 《계초심학인문誡初心學人文》야운野雲의 《자경문自警文》과 함께 《초발심자경문初發心自警文》이라는 이름으로 보급되고 있다.

12) 《대승육정참회大乘六情懺悔》 1권

참회는 지은 죄업에 대하여 용서를 구하며[懺] 뉘우치는 일[悔]이다. 참회법에는 몸과 말과 뜻으로 죄업을 뉘우치는 사事참회와 죄업의 실상을 관하여 뉘우치는 이理참회가 있다. 여기서는 이참회를 통해 죄업의 공성을 믿고 알아 그 실상을 사유하여 육정(六情: 안·이·비·설·신·의)의 방일을 참회함으로써 업식을 소멸하고 일체의 경계는 일심임을 깨닫는 법을 설하고 있다.

13) 《무량수경종요無量壽經宗要》 1권

일심사상으로 중생심성衆生心性과 정토의 인과를 논하였다. 정토는 마침내 돌아가야 할 일심一心의 세계라는 점과 정토에 왕생하는 인因으로써 보리심정인菩提心正因 등을 밝혔다. 전체를 대의大意, 경의 종치[經之宗致], 약인분별約人分別, 취문해석就文解釋의 네 부분으로 나누었는데 취문해석은 전하지 않는다. 이 《무량수경종요》는 정토사상의 전반적인 부문을 다루었으며, 특히 상배와 중배의 관행觀行을 해설한 부분은 관상염불을 말하는 것으로 주의 깊게 살펴볼 필요가 있다.

14) 《아미타경소阿彌陀經疏》 1권

《아미타경》을 대의大意와 종치宗致 그리고 해석解釋의 3문으로 나누어 해설하였다. 그 대의大意는 중생들의 심성은 상相이나 성性을 떠난 것으로써 바다와 같고 허공과 같다는 내용과 동정動靜은 다 한바탕 꿈과 같아서 깨닫고 보면, 예토와 정토는 본래 일심이며 생사와 열반도 궁극에는 둘이 아니라고 하는 일심정토 사상을 밝히고 있다. 이 〈소〉에서는 경의 뜻에 따라 칭명염불을 중심으로 다루고 있다. 칭명염불 역시 일체 중생이 일심의 바다에 나아갈 수 있도록 펴 보이신 부처님의 대자비 방편이라는 것이다.

15) 《미타증성게彌陀證性偈》 3게송

아미타불阿彌陀佛을 칭송한 7언言 8구句의 3게송이 있다. 제1게는 아미타 부처님의 발심, 제2게는 서원으로 고려말 보조국사普照國師의 《법집별행록절요병입사기法集別行錄節要並入私記》에 전한다. 제3게는 성품을 증득하고 중생을 위하여 본원력을 회향하는 과정을 읊었는데, 보조국사의 수선사修禪社와 양대 산맥을 이루던 백련사百蓮社의 개조 요세了世의 비문에 전하는 것이다. 요세는 보살도를 실천하는 선오후수문先悟後修門을 밝힌 것이라 하였으며, 입적入寂 시에 미타증성게를 불렀다고 전한다.

2. 부분만 남아 있는 저술

원효스님의 저술 가운데 **일부분 혹은 단편만 남아 있는 것이 12종** 가량이다. 이러한 계기에 옛 선지식이 연구하였던 경의 이름과 그 내용에 대해서 약간만이라도 이해하는 것은 매우 뜻 깊은 일이다. 대승의 핵심이 되는 경전들은 거의 다루었으니 실로 경탄하고 엎드려 경배하지 않을 수 없다. 목록은 대개 아래와 같다.

1) 《화엄경소華嚴經疏》 전10권 중 1권

전 10권 가운데 서문과 제3권 〈여래광명각품如來光明覺品〉만 남아 있다. 대본으로 삼은 것은 진역晉譯 60권 본이다. 이 책은 일심一心과 요익중생饒益衆生 곧 원효의 근본 사상이 전편에 깔려 있으며, 원효의 대표작이라 할 수 있다.

2) 《영락본업경소瓔珞本業經疏》 3권 중 서문과 하권

《보살영락본업경菩薩瓔珞本業經》에 대한 주석서다. 원래는 3권이었으나 현재는 서문 하권 〈현성학관품賢聖學觀品〉 제9〈관심품關心品〉부터 〈불모품佛母品〉〈인과품因果品〉 등이 남아 있다. 원효스님의 보살윤리에 관한 사상을 나타낸 저술이다. 특히 원효스님은 다툼[諍]을 말하고, 다툼이 없는 것[無諍]으로써 부처의 본질을 삼았다.

3) 《해심밀경소解深密經疏》 3권 중 서문

유식학唯識學의 근본 경전인 《해심밀경》의 해설서다. 원효스님의 유식사상을 자세히 살필 수 있는 중요한 전적인데, 안타깝게도 서문序文만 남아 있다.

4) 《판비량론判比量論》 1권 중 일부, 발문

인명삼량因明三量 가운데 비량比量의 형식을 통하여 유식唯識의 교섭을 판론判論한 저술이다. 원래 25장으로 되어 있었으나 현재 전하는 것은 후반부의 19장 105행 정도이며, 전체가 일련번호 순서로 되어 있었다. 7에서 14까지와 그 뒤에 발견된 10행 가량이 남아있어 내용의 개요를 알 수 있다. 이 책은 불교의 인식논리학認識論理學의 체제상에 있어서 매우 중요하며 원효의 중심사상인 화쟁사상을 엿볼 수 있는 중요한 저술로 평가된다.

5) 《중변분별론소中邊分別論疏》 4권 중 권3

불교 유식학唯識學관계 논서인 《중변분별론》의 해설서다. 본래 인도의 승려로서 섭론종의 개조인 진제(眞諦, 499~569)가 한역한 《중변분별론》에 의지해서 주석하였다. 진제의 2권 본은 〈상품相品〉〈장품障品〉〈진실품眞實品〉〈대치품對治品〉〈수주품修住品〉〈득과품得果品〉〈무상품無上品〉 등의 7품으로 분류되어 있으나, 원효의 소는 〈대치품〉〈수주품〉〈득과품〉 만이 현재 전한다. 유식사상에 기초하면서 여러 경과 논을 인용하여 간명하고 조직적으로 해설한 저술이다.

6) 《십문화쟁론十門和諍論》 2권 중 일부

불교의 모든 이론을 모아서 10문으로 분류하여 정리한 원효사상의 총결산적인 저술이다. 원문은 상권 9. 10. 15. 16의 4장과 불분명한 1장만 해인사에 남아 있다. 전체 구성은 대개 이렇다.

1. 삼승일승화쟁문(三乘一乘和諍門)
2. 공유이집화쟁문(空有異執和諍門)
3. 불성유무화쟁문(佛性有無和諍門)
4. 인법이집화쟁문(人法異執和諍門)
5. 삼성이의화쟁문(三性異義和諍門)
6. 오성성불의화쟁문(五性成佛義和諍門)

7. 이장이의화쟁문(二障異義和諍門)
8. 열반이의화쟁문(涅槃異義和諍門)
9. 불신이의화쟁문(佛身異義和諍門)
10. 불성이의화쟁문(佛性異義和諍門)

이와 같은 10문으로 구성되었다.

원효스님은 여기서 자신이 저술한 의도를 "백가의 서로 다른 쟁론을 화해시켜 한 맛인 법의 바다로 돌아가게 한다[和百家之異諍 歸一味之法海]" 라고 밝힘으로써 화쟁사상의 논리를 천명하였다.

7) 《범망경보살계본사기梵網經菩薩戒本私記》 2권 중 권상

불교의 계율에 관하여 해설한 저술이다. 원래 상하 2권이었으나 하권은 없어지고 상권만 남아 있다. 여기에는 보살계본의 처음부터 십중금계十重禁戒의 끝까지 수록되어 있어 원효스님의 다른 계율관계 저서와 비교할 때 현행되고 있는 계율의 핵심 부분을 다루었다고 할 수 있다. 전체 내용은 제목을 해석한 것[釋題名字]과 본문을 해석한 것[入文解釋]의 두 부분으로 나누어 해석하였다.

이 외에도 **《반야심경소》《승만경소》《금광명경소》《무애가》** 등이 단편적으로 남아 있다. 정토경전의 부류는 **《무량수경종요》《아미타경소》《미타증성계》**가 온전히 남아 있어서 무척 다행한 일로 생각하며 《종요》는 일본에서 보존되다가 뒤늦게 알려졌으니, 실로 예사롭지 않은 사건이다. 이 셋만으로도 내용이 풍부하여 원효스님의 정토사상을 이해하기에 충분하다.

《유심안락도遊心安樂道》가 있기는 하지만 원효스님이 직접 저술한 것이 아니라고 한다. 그러나 원효스님의 사상과 동일하거나 유사한 내용이 많기 때문에 정토사상을 이해하는데 참고하면 유익할 것이다.

제3절
원효의 정토사상

1. 정토의 새벽을 열다

　원효元曉스님은 모든 수행문이 **상홍불도**上弘佛道 **하화중생**下化衆生을 구현할 수 있는 통일된 신행체계를 획립하고자 하였다. 그리하여 자신의 깨달음과 더불어 《대승기신론》을 중심으로 수많은 경론을 열람하고, 부처님의 일대교설에 대하여 불교는 부처님의 지혜를 믿는 종교이며, 그 믿음의 궁극은 일체 경계는 일심인 지혜라 하였다.
　일심은 믿음의 대상인 동시에 마침내 성취해야 할 법이라는 것이다. 그리고 대승의 유일한 법法으로써 일심一心을 세우고 일심이문一心二門 삼대[體相用]의 신행체계를 정립하였다. 또한 자신이 정립한 신행체계에 의하여 스스로 닦아 나아가거나, 자비광명에 의지하거나, 모든 수행문과 불법에 귀의한 일체 중생이 다 함께 보리심의 원願을 품고 일심의 광대한 바다로 향하도록 화쟁和諍과 회통會通의 논리를 전개하였다. 일심의 근원에 돌아가면 자연히 동체대비심同體大悲心을 일으킬 수 있기 때문이다. 일체 중생이 부처요, 한 생명임을 깨달아 보살의 광대한 원행을 구현하는 것이다. 이것이 수행의 완성인 일심광명一心光明이다.
　원효스님은 자비광명에 의지하거나, 스스로 닦아 나아가거나, 모든 수행문의 궁극은 **일체 경계는 일심**인 지혜를 증득하는 것이라 하였다. 그리고 일체 경계는 일심이라는 부처님의 지혜를 우러러 믿어야 한다고 하였다. 종교적 신념으로써 부처의 세계에 나아갈 수 있고, 깨달음도 성취할 수 있다는 것이다. **정토**淨土는 아미타불이 원행을 일으켜 성취한 세계로써 자연과 생명이 청정하여 마음이 편안하고 즐거운 세계다. 정토문은 진실한 **믿음**으로 정토를 **염원**念願하여 **염불행**念佛行을 실천함으로써 아미타불의 **본원력**本願力에 힘입어 정토에 왕생하도록 인도하는 가르침이다.

부처님이 세상에 출현하시어, "일체중생을 구제하리라" 하신 근본 뜻을 담고 있다. 정토는 일체 중생이 마침내 돌아갈 곳이지만, 범부에게는 자신의 현실과 거리가 먼 종교적 세계에 불과하다. 그러나 원효스님은 일체 중생이 정토에 왕생하며, **보리심**菩提心을 **정인**正因으로 삼아 **십해초발심주**十解初發心住에 오르면 현실 가운데서 정토의 경계를 감득할 수 있음을 밝혔다. 왕생往生할 수 있음을 밝혔다. 정토는 종교적 신념으로 염원해야 할 아미타불의 세계인 동시에 자비광명에 의지하여 성취할 수 있는 **깨달음의 세계**라는 것이다. 원효스님이 말하는 정토는 곧 일심의 바다로 향하는 깨달음의 세계이니, 바로 **일심정토**一心淨土다.

원효스님이 밝힌 **일심정토**一心淨土는 서방정토西方淨土와 유심정토唯心淨土를 다 함께 포용하고, 불법의 씨앗을 민중의 땅에 뿌려 정토의 꽃을 피우는 독창적인 정토사상이다. 민족의 창의성과 자긍심을 드높였을 뿐만 아니라, 순수한 한국불교를 탄생시킨 위대한 업적이다. 원효스님은 일체중생 누구든지 염불로써 일심의 바다요, 부처의 세계에 나아갈 수 있다는 희망을 심어 주었다.

그리고 깨달음으로 성취한 국토가 아미타불의 정토 혹은 법신보살의 정토는 아니더라도, 조금 깨달은 보살의 삶으로 최선을 다하는 국토라면 그것 역시 이 땅의 어둠을 밝히는 정토요, **일심정토에**

나아가는 길이라고 확신하였다. 원효스님의 염불은 다 함께 닦고, 모두가 일심의 바다로 향하며 이익을 얻는 대중적이고 생산적인 불교다.

원효스님의 일심정토 사상과 염불은 **일체 중생에게 안심과 희망을 부여**하며 부처님의 근본 뜻을 온전히 전하는 대승불교의 꽃이라고 말하지 않을 수 없다. 원효스님은 세계와 생명의 실상을 공성空性으로 바라보는 깨달음에 그치지 않고, 자신이 깨달은 일심一心의 지혜로써 불교를 더욱 빛나게 하였으니, 그것은 오직 한마음의 근원에 돌아가 뭇 생명에게 이익 되도록 하는 것이었다.

원효스님이 역설한 **일심의 도**道는 곧장 부처가 되는 것도 아니고, 불법의 큰 바다를 자유롭게 헤엄치며 경론 해설하기를 산더미처럼 쌓는 것도 아니었다. 그렇다고 해서 자신의 안락에 안주하는 것은 더욱 아니었다. 원효스님의 일심은 곧 **실천철학**이다. 그러므로 고뇌하는 범부들이 요원하게만 생각하는 그 깨달음의 세계를 바로 지금 현실적 고통이 끝없는 삶의 현장에 펼쳐 감로수를 뿌리고 갈증을 쉬게 하였다.

죄악으로 괴로워하는 범부들에게 **안심과 희망**을 부여하고, 믿음을 일으켜 물러서지 않도록 하였다. 바다와 같이 넓고 깊은 마음으로 민중의 숨결을 온몸으로 체험하며 **보살의 원행**을 실천하였으니, 스스로 빛이 되어 시대의 어둠을 밝혔다.

생사의 바다에 뛰어 들어 민중과 희로애락을 함께 하며, 걸림 없는 삶, 진실한 마음, 방편의 지혜로써 고통과 번뇌를 치유하였다. 중생을 제도한다고 말하지만 사실 한 생각 차이일 뿐이고, 모두가 그 근원은 동일하다. 일체 중생이 부처요, 그들의 호흡이 자신의 생명과 다름없는 한 생명, 일심이다. 원효는 정토의 새벽이요, 민중의 희망이었다.

2. 일체 경계는 일심

원효스님은 《무량수경종요》에서 이렇게 밝혔다.

『중생심의 바탕[衆生心性]은 밝게 통하여 막힘이 없다. 크기는 허공과 같고 맑기는 거대한 바다와 같다. 허공과 같기 때문에 그 체성이 평등하여 차별된 모습이 없는데 어찌 깨끗하고 더러운 곳이 있겠는가! 거대한 바다와 같기 때문에 그 본성이 빛나고 부드러워 능히 인연을 따를 뿐 거역하지 않으니 어찌 움직이고 고요할 때가 없겠는가!

이치가 이러하니 때로는 번뇌의 업풍業風으로 인因하여 오탁五濁의 세계에 빠져 바람따라 구르기도 하고, 고통의 물결에 잠기어 오랫동안 흐르기도 한다. 때로는 선근善根에 힘입어서 네 가지 번뇌[四流]를 끊어 다시 이 사바세계에 돌아오지 않고 저 열반의 언덕에 도달하여 영원히 고요해지기도 한다. 이러한 움직임과 고요함도 모두 커다란 꿈속의 일과 같아서 깨달음으로 말한다면 이것도 없고 저것도 없다. 예토와 정토는 본래 일심이요, 생사와 열반도 궁극에는 둘이 아니다[穢土淨國 本來一心, 生死涅槃 終無二際].』

3. 정토는 보리심의 꽃

원효는 《무량수경종요》에서 이렇게 밝혔다.

『<경>에서 말씀하신 정인正因이란 보리심菩提心을 말한다. 무상보리심을 일으킨다는 것은 세간의 부富와 즐거움[樂] 및 이승二乘의 열반을 돌아보지 않고 한결같이 삼신보리三身菩提를 지원하는 것이니, 이를 무상보리의 마음이라 부른다. 총괄적으로 표시하면 비록 그러하지만 그 가운데 두 가지가 있다. 첫째는 일을 따라 발심하는 수사발심이요, 둘째는 이치를 따라 발심하는 순리발심이다.』

1) 수사발심隨事發心

일을 따라 발심한다는 것은, '번뇌가 무수하지만 모두 끊기를 원하고, 선법이 무량하지만 모두 닦기를 원하고, 중생이 무변하지만 모두 제도하기를 원한다. 이 세 가지 일을 결정하여 기약하고 원하는 것이다.' '처음의 원은 여래의 단덕정인斷德正因이요, 다음의 원은 여래의 지덕정인智德正因이요, 세 번째 원은 여래의 은덕정인恩德正因이다.' 삼덕이 합하여 무상보리의 과果가 된다. 곧 이 삼심三心은 모두가 무상보리의 인因이 되는 것이다. 인과 과가 비록 다르지만 넓고 긴 양은 나란하고 평등하여 남음이 없으니 포괄하지 않음이 없기 때문이다.

저 <경>에서 말씀하시기를, '발심發心과 필경畢竟은 서로 차별이 없으나 이와 같은 두 마음 가운데 앞의 마음이 어렵다. 스스로는 제도하지 못했지만 먼저 남을 제도하니, 이러한 까닭에 나는 초발심에 경례하노라.' 하신 것과 같다.

이 마음의 열매가 되는 과보는 비록 보리이지만 그러나 꽃이 되는 과보는 정토에 있다. 왜 그런가 하면 보리심의 양은 광대하고 끝이 없으며 길고도 멀어 무한하다. 그러므로 능히 광대하고 가없는 의보의 정토와 장원하고 무량한 정보의 수명을 감득한다.

보리심을 제외하고는 저 의보와 정보를 능히 감당할 수 없으므로 이 마음을 설하여 정토왕생의 정인正因으로 삼았다. 이것은 수사발심의 모습을 밝힌 것이다.

2) 순리발심順理發心

이치를 따라 발심한다는 것은 일체의 법이 모두 환幻과 같고 꿈과 같아서 유有도 아니고 무無도 아니므로 말을 떠나고 생각으로 헤아릴 수 없는 경계임을 믿고 알아[信解], 이 신해에 의지하여 광대한 마음을 일으키는 것이다.

비록 번뇌와 선법善法이 있음을 보지는 못했지만 능히 끊고 능히 닦을 것이 없음을 버리지 않는다. 때문에 비록 모두 끊고 모두 닦기를 원하지만 무원삼매無願三昧를 어기지 않는다. 비록 무량한 중생을 모두 제도하고자 원하지만 능히 제도하는 주체와 제도 받는 객체가 있다는 생각을 따로 두지 않는다. 그러므로 능히 공空과 무상無相을 따르게 된다.

저 <경>에서 말씀하시기를, '이와 같이 무량한 중생을 멸도滅度하지만 실로 멸도를 얻은 중생이 없느니라.'하시며 널리 설하신 것과 같기 때문이다. 이와 같은 발심은 불가사의하다. 이것이 순리발심을 밝혀 살펴 본 것이다. 수사발심은 물러남의 뜻이 있으므로 부정성인不定性人도 능히 발심할 수 있다. 그러나 순리발심은 물러남이 없으므로 보살성인菩薩性人이 능히 발심할 수 있다.

이와 같은 발심은 공덕이 끝이 없어서 설사 모든 부처님이 겁을 다하여 저 모든 공덕을 연설하신다 하여도 오히려 능히 다하지 못한다. 정인正因의 모습은 대략 이와 같이 말하였다.

4. 정토는 깨달음의 세계

원효스님은 정토의 뜻을 《무량수경종요》에서 이렇게 밝혔다.

『지금 이 <경>은 대승보살의 삶에 대한 가르침의 모범된 말씀

[菩薩藏教之格言]이며, 정토의 인과를 밝히는 진실한 경전이다. 원원願과 행行이 비밀하고 심오함을 밝혔으며, 과보의 공덕이 오래도록 멀리 베풀어짐을 드러내 보였다. 정토의 모습은 18가지의 원만하고 청정한 공덕을 갖춘 18원정으로 장엄되어 있어서 삼계의 모습보다 뛰어난 것이 아득히 먼 차이를 보인다.

눈·귀·코·혀·몸의 오근과 상호의 모습은 욕계 제육천의 천인들과 비교해도 따라 올 수가 없을 정도로 뛰어나다. 맛있는 음식이 이루어지고 진리의 즐거움이 있어서 모든 사람들이 몸과 마음을 수양하니 어느 누가 아침에 배고프고 저녁에 목마른 고통이 있겠는가! 옥으로 된 수풀의 향기로운 바람은 따뜻함과 청량함을 항상 맞추어 주니, 겨울의 추위와 여름의 더위에 대한 짜증이 본래 없다.

무리지은 성중들이 함께 모여 때때로 맑고, 시원하고, 달고, 부드러운 8가지 공덕을 머금은 팔공덕수의 연꽃 못에서 목욕을 하니, 이로 말미암아 한 사람이라도 싫어할 흰머리 주름살을 영원히 멀리한다. 훌륭한 도반들이 서로 따르며 자주 시방의 부처님 세계에 왕래하니 여기서 위로하기 힘든 근심과 노고를 멀리 보내 버린다.

그런데 하물며 설법의 메아리를 듣고 형상을 초월한 무상無相의 경계에 들어가고, 부처님의 광명을 보고 생사를 초월하는 태어남 없음을 깨닫는 것은 더 말할 것이 있겠는가!

태어남 없음을 깨달았기 때문에 태어나지 않음도 없고, 무상無相의 경계에 들어갔기 때문에 형상 아닌 것도 없게 된다. 정토는 지극히 청정하고 지극히 즐거우나 마음과 뜻으로 헤아릴 수 있는 경계가 아니다. 끝이 없고 한계가 없으니 어찌 말로써 능히 다할 수 있겠는가!』

5. 정토에 왕생하는 문

《무량수경종요》에서 정토의 경계를 이와 같이 분별하였다.
『청정[淨門]하고 청정하지 않은 문[不淨門]을 밝히는 데는 간략히 네 가지를 서로 대조하여 올라가고 내려가는 것을 나타내었다. 말하자면 인과를 상대하고, 한결같고 한결같지 않음을 상대하고, 순수함과 섞여 있음을 상대하고, 바르게 결정됨과 바르게 결정되지 않음을 상대하였기 때문이다. 정문과 부정문에는 네 단계의 차원이 있다.』

1) 원만문圓滿門 = 인과 상대문因果 相對押門

이것은 원인과 과보를 서로 대조하는 문이다. 말하자면 금강(金剛: 부처 이전의 지위) 이전의 보살이 머무는 곳은 과보토라 이름하고 정토라 이름 하지 않는다. 아직 고제苦諦의 과보인 근심을 벗어나지 못했기 때문이다. 오직 부처님이 계시는 곳만을 정토라 이름 하는데 일체의 괴로움과 근심이 남김없이 소멸되었기 때문이다.

이러한 뜻에 의거하기 때문에《인왕경仁王經》에서 말씀하시기를,『삼현 십성은 과보토에 머물고 오직 부처님 한 분만이 정토에 계신다. 일체중생은 잠시 과보토에 머물다가 금강金剛의 근원에 오르게 되면 정토에 머물게 된다.』라고 하셨다.

2) 일향문一向門 = 일향불일향 상대문一向不一向 相對押門

이것은 한결같고 한결같지 않음을 서로 대조하는 문이다. 제8지 이상의 보살이 사는 곳은 그 이하에 비하면 정토라 이름 할 수 있다. 한결같이 삼계의 일을 벗어났기 때문이다. 또한 4가지 한결같은 뜻을 갖추었기 때문이다.

　제7지 이전의 일체중생이 사는 곳은 정토라 이름 하지 않는데 한결같이 삼계를 벗어난 것이 아니기 때문이다. 혹 원력에 힘입어 삼계를 벗어났다 하더라도 한결같은 4구를 갖추지 못했기 때문이다. 말하자면 한결같이 잃지 않음[常], 한결같이 즐거움[樂], 한결같이 자재함[我], 한결같이 청정함[淨]이다.

　제7지 이전의 수행자가 관[觀]으로부터 벗어날 때는 4가지 한결같음을 향하다가도 어떤 때는 과보로서의 무기심[無記心]이 일어나고, 제7 말나식의 네 가지 의혹이 비슷한 때에 나타나 움직이게 된다. 그러므로 한결같이 청정하고 한결같이 잃지 않음이 되지 않는다.

　제8지 이상의 보살은 이와 같지 않다. 이러한 뜻에 의거하기 때문에 《섭대승론》에서 말하기를, 『출출세선법의 공능이 일으킨 것이다.』라 하였으며, 《섭론석攝論釋》에서 말하기를 『이승선二乘善은 출세라 이름하고 제8지 이상의 보살로부터 불지까지는 출출세라 이름 한다. 출세법은 세간법에 상대하여 다스리는 것을 말하고, 출출세법은 출세법에 상대하여 다스리는 것이다. 공능은 4가지 연緣으로 모습을 삼는다. 출출세선법의 공능으로부터 이 정토를 일으키므로 집제로써 인因을 삼지 않는다.』하고 널리 설하였다.

3) 순정문純淨門 = 순잡 상대문純雜 相對門

　이것은 순수함과 섞여 있음을 서로 대조하는 문이다. 범부와 이승(성문, 연각)이 섞여서 사는 곳은 청정한 세계라고 이름 할 수 없다. 오직 대지(大地: 초지이상)에 들어간 보살이 사는 곳만을 청정한 세계라 이름 할 수 있다. 저 곳은 순수한 청정이 아니며, 이곳이 순수한 청정이기 때문이다.

　이러한 뜻에 의거하기 때문에 《유가론》에서 말하기를, 『세계가 무량하지만 그 곳에는 두 가지가 있다. 말하자면 청정하고 청정하지 않은 곳이다. 청정한 세계 가운데는 지옥·축생·아귀가 없다. 또한 욕계·색계·무색계가 없고 순수한 보살대중이 그 가운데 머물러 살고 있다. 이러하기 때문에 이름하여 청정한 세계라고 말한다.

이미 제3지(논에서 설한 초지보살)에 들어간 보살은 원력으로 말미암아 저 세계에 몸을 받아 태어날 수 있다. 이생異生 및 이생이 아닌 성문과 독각은 없다. 만약 이생이 아닌 보살이라면 저 세계에 태어날 수 있다.』라고 하였다.

4) 정정취문正定聚門 = 정정비정정 상대문正定非正定 相對門

바르게 결정된 사람과 바르게 결정되지 않은 사람을 서로 대조하는 문이다. 삼취중생의 고통이 일어나는 땅을 예토라 하고, 오직 정정취正定聚만이 사는 곳을 정토라 이름 한다. 정토 가운데는 사과四果의 성문도 있고, 또한 네 가지 지혜를 의혹하는 범부도 있다. 그러나 다만 사정취와 부정취는 없을 뿐이다.』

◆ 원효스님은 일체중생은 누구든지 염불로써 일심의 바다, 부처의 세계에 나아갈 수 있다는 희망을 심어 주었다. 그리고 깨달음으로 성취한 국토가 아미타불의 정토 혹은 법신보살의 정토가 아니더라도, 조금 깨달은 보살의 삶으로 최선을 다하는 국토라면 그것 역시 이 땅의 어둠을 밝히는 정토요, 일심정토에 나아가는 길이라고 확신하였다.

6. 원효의 염불관

1) 칭명염불

원효스님은 **보리심**에 대하여 《무량수경종요》에서 이렇게 밝혔다. 『이 마음의 열매가 되는 과보는 비록 보리지만, 그러나 꽃이 되는 과보는 정토에 있다. 왜 그런가 하면 보리심의 양은 광대하고 끝이 없으며 길고도 멀어 무한하기 때문이다. 그러므로 능히 광대하고 가없는 의보의 정토와 장원하고 무량한 정보의 수명을 감득한다. 보리심을 제외하고는 저 의보와 정보를 능히 감당할 수 없으므로 이 마음을 설하여 정토왕생의 정인으로 삼았다.』고 하였다.

《무량수경》에서는 칭명염불을 행하되 **보리심**菩提心, **원생심**願生心, **지성심**至誠心으로 행하도록 하였다. 원효스님은 정토에 왕생하는 데는 발보리심을 **정인**正因으로 삼고, 칭명염불稱名念佛을 **조인**助因으로 삼았다. 염불수행도 보리심을 일으켜야 정토에서 대승의 꽃을 피울 수 있음을 역설한 것이다.

그렇다면 보리심이 무엇인지도 모르는 범부는 어떻게 발심할 수 있는가?라는 의문에 대하여 《아미타경소》에서 이렇게 밝혔다.

『'사리불아, 가히 적은 선근복덕의 인연으로는 저 나라에 왕생할 수 없느니라.' 하신 것은 대보리심으로 많은 선근을 섭수하여 그것을 인연으로 삼아 정토에 왕생할 수 있음을 나타내 보이고자 하기 때문이다.』라고 하였다.

범부는 선근공덕으로 염불법에 대한 진실한 믿음을 일으키는 그것이 곧 발보리심이라고 하였다. 원효스님은 불법을 깊이 이해하지 못하더라도 믿음이 깊으면, 그 진실한 믿음을 씨앗으로 하여 정토에 왕생할 수 있다고 역설함으로써 죄업으로 고뇌하는 범부 중생들에게 희망을 부여하였다.

칭명염불에 대하여 《아미타경소》에서, 『이것은 정토왕생의 조인助因을 밝히는 것으로 집지명호執持名號 일심불란一心不亂을 말하는 것이다. 이유는 아미타 부처님의 불가사의한 공덕을 성취한 명호이기 때문이다. 일일 내지 칠일이라고 하는 것은 수승한 사람은 속히 이루고 열등한 사람은 더디게 성숙되기 때문이다.』라고 하였다.

명호名號에 대하여 《아미타경소》에서, 『불설佛說은 금구金口로부터 말씀하신 것이어서 천대를 지나도 끊어지지 않는 가르침이라는 뜻이요, 아미타는 참다운 덕을 싸안고 있음을 세운 것으로 만겁에도 다함이 없는 이름이다.』라 하였다.

칭명염불은 **믿음을 성취하는 방편**이다. 《기신론소》에서, 『<경>에서 '만일 어떤 사람이 오로지 서방극락세계의 아미타불阿彌陀佛을 생각하며, 그가 닦은 선근善根으로 회향하여 저 세계에 태어나기를 원하고 구하면, 즉득왕생卽得往生하게 되어, 항상 부처님을 친견하기 때문에 끝내 물러남이 없을 것이다.'라고 하신 것은 믿음을 성취하고 물러서지 않는 방편을 보인 것이다.』라고 하였기 때문이다.

2) 관상염불

관상염불은 어떤 수행인가? 관觀이란 생각을 쉬고 마음을 모아 일정한 경계를 응시하여 관찰하는 것이다. 상相이란 관할 법법이다. 관상염불에서 **관할 법법은 '아미타'**이다 '아미타'는 정토의 경계[相]인 의보依報와 정보正報를 포함하고 있다. **의보는 자연의 청정광명**이며, **정보는 생명의 청정광명**이다. 의보를 관찰함은 자연의 별상과 총상을 관찰하는 것이다. 정보를 관찰함은 **화신**化身과 **보신**報身의 경계를 관찰하는 것이다.

이러한 까닭에 관상염불이라 부르고, 염불은 유념유상有念有相의 수행이며, 마음을 정토에 두는 도라고 한다. 정토는 분명히 깨달음의 세계다. 그러므로 정토의 경계를 믿고 이해하는 만큼 깨달음의 세계가 다가오고, 여기서 복과 지혜는 증장한다.

관상염불은 지관止觀에 의하여 경계를 관찰하고 깨달음을 성취하는 선禪이다. 원효스님은 중배와 상배가 행하는 관상염불에 대하여 정보 가운데 보신불의 경계를 관찰하도록 한다. 원효스님의 관상염불은 자연의 청정광명보다 부처의 몸을 관찰하는 불신관佛身觀에 초점을 맞추고 있다. 인간의 삶과 이해관계가 깊은 생명에 대한 바른 인식이 선행되어야 한다는 것이다.

그래서 원효스님의 관상염불은 무엇보다 남녀, 육도중생 등 생명을 마주할 때에 차별상을 버리고 평등한 마음으로 관찰하게 한다. 깨달음으로 바라보면 자연과 생명 일체가 아미타불의 화신이다. **원효스님의 염불관**은 칭명稱名은 믿음을 성취하는 **방편**方便이요, **안심법**安心法이며, 관상觀相은 깨달음을 성취하는 지관止觀의 수행인 선禪이다.

번뇌가 심중한 범부는 일심으로 아미타불의 명호名號를 생각[念]하고 부름으로써 자비광명에 대한 **결정신심**決定信心을 성취하여 본원력에 힘입어 윤회를 벗어난다는 확신으로 안심을 얻고, 인과법을 믿어 악을 버리고 선을 행한다. 바로 여기서 복과 지혜는 증장한다. 선근이 깊고 예리한 근기는 관행觀行을 일으켜 보신報身의 경계境界를 관찰觀察함으로써 **깨달음**을 성취하고 보살도를 실천하여 일심一心의 바다로 나아간다. 이와 같이 원효스님은 범부로부터 현성에 이르기까지 다 함께 염불의 한 길[門]을 통해 일심정토에 나아갈 수 있도록 회통하였다.

제2장

신라시대 염불수행

우리들 선지식!
정토의 꽃을 피우고자
민중의 땅에 염불의 씨앗을 뿌렸네.
원효는 낱낱이 풀어 쉽게 일러 주며
부처의 명호를 부르니 모두가 따랐네.

민중의 땅에
뿌리내린 염불의 나무
오랜 성상 비바람에도 흔들리지 않았으니
오탁악세의 광풍이 휘몰아치는 이 시대
의지할 곳은 불교의 근본인 염불뿐이네.

제1절
정토를 염원하여

1. 혜숙惠宿스님과 미타사

1) 최초의 염불수행

우리나라에 아미타불의 명호를 부르는 염불이 언제부터 시작되었는가라는 의문을 제기할 때는 대개 **《삼국유사》권 제5 육면비서승조**에 실려 있는 혜숙스님과 미타사에 대한 기록을 들어 최초의 염불수행이 민중의 땅에 뿌리내린 시효라고 한다.

그 내용은 이렇다.

『신라 애장왕 시대(808년), 아간阿干이라는 벼슬을 하는 귀진의 집은 혜숙스님이 창건한 미타사彌陀寺로 부터 멀지 않았으므로 귀진스님이 언제나 그 절에 가서 염불하였고, 이 때 그 집 종인 육면도 주인을 따라가서 염불하였다. 이렇게 하기를 9년 을미년 정월 21일 아미타부처님께 예배하다가 법당의 대들보를 뚫고 하늘로 올라가 버렸다.』

《삼국유사》

◆ **애장왕 9년**(808) 무렵에 혜숙스님이 창건한 **미타사**에서 육면이라는 계집종이 **아미타불 염불**을 지극히 하다가 서방의 극락세계로 승천하였다는 내용이다. 그런데 미타사를 창건한 **혜숙스님**은 그보다 앞선 **신라 진평왕**(579~632) 시대의 스님이었다. 여기서 한국의 아미타불 염불수행은 늦어도 **600년대 무렵부터** 시작되었던 것으로 짐작할 수 있다. 또 하나 염불을 하다가 극락정토에 **즉득왕생**

(卽得往生: 곧장 왕생하다)하였다는 기록을 볼 수가 있다.

2) 자비의 화신 혜숙스님

미타사를 창건한 혜숙스님은 어떤 성품의 수행자였을까? **《삼국유사》** 권 제4 이혜동진二惠同塵조에는 혜숙스님에 대하여 이렇게 적고 있다.

『혜숙스님이 화랑花郞인 호세랑의 무리 가운데서 자취를 감추자 호세랑은 화랑도의 명부에서 혜숙의 이름을 지워버렸고, 혜숙은 안강현 적곡촌에 숨어서 생활한지 20여년이나 되었다. 그때 국선國仙 구감공이 일찍이 적곡촌 들에 가서 하루 동안 사냥을 하니, 혜숙이 길가에 나아가서 말고삐를 잡고 청했다.

"보잘것없는 저도 따라가기를 원하오니 어떻겠습니까?" 하자, 구감공이 허락하였다.

그는 이리저리 뛰고 달리며 옷을 벗어젖히고 서로 앞을 다투니 구감공이 보고 기뻐하였다. 앉아 쉬면서 피로를 풀며 고기를 굽고 삶아서, 서로 먹기를 권하는데 혜숙스님도 같이 먹으면서 조금도 싫어하는 빛이 없더니, 이윽고 공의 앞에 나아가서 말했다.

"지금 맛있고 싱싱한 고기가 여기 있으니, 좀 더 드시면 어떻겠습니까?"하니, 공이 좋다고 말하였다.

혜숙이 사람들을 물리치고 자기 허벅지 살을 베어서 소반에 올려놓아 바치니, 옷에 붉은 피가 줄줄 흘렀다. 구감공이 깜짝 놀라서,

"어째서 이런 짓을 하느냐?"고 소리쳤습니다.

그러자 혜숙스님이 말했습니다.

"처음에 제가 생각하기에 공은 어진 사람이어서 능히 자기 몸을 생각하여 그러한 마음이 다른 생명에까지 미치리라 하여 따라왔던 것입니다. 그러나 이제 공이 좋아하는 것을 살펴보니 오직

죽이는 것만을 몹시 즐겨 해서 남을 해쳐 자기 몸만 기를 뿐이니, 어찌 어진 사람이나 군자가 할 일이겠습니까. 이는 우리와 같은 부처님의 제자가 아닙니다."라고 말하고, 옷을 뿌리치고 가버렸다.

구감공이 크게 부끄러워하여 혜숙스님이 먹던 것을 보니, 소반 위에 고기 살점이 하나도 없어지지 않았다. 공이 몹시 이상히 여겨 돌아와 조정에 아뢰었다. 진평왕이 듣고 신하를 보내어 그를 맞아 오게 하였다. 신하가 혜숙스님을 찾아가니 스님이 여자의 침상에 누워서 자는 것을 보이니, 신하는 이를 더럽게 여겨 그대로 돌아가는데 7, 8리쯤 가다가 도중에서 혜숙스님을 만나게 되었다. 신하는 스님에게 어디서 오느냐고 물으니 혜숙스님이 대답하였다.

"성안에 있는 신도 집에 가서 7일재를 마치고 오는 길이요" 하자, 신하가 그 말을 왕에게 아뢰니, 다시 사람을 보내어서 그 신도 집을 조사해 보니 그 일도 또한 사실이었다.

그런 일이 있은 후 얼마 안 되어 혜숙스님이 갑자기 죽었다. 마을 사람들이 이현 동쪽에 장사지냈는데, 그때 그 마을 사람으로서 이현 서쪽에서 오는 이가 있었다. 그는 도중에서 혜숙스님을 만나 어디로 가느냐고 물으니 대답하기를, '이곳에 오랫동안 살았기 때문에 다른 지방으로 유람하러 간다.'하여 서로 인사를 하고 헤어졌는데, 반리쯤 가다가 구름을 타고 가버렸다.

그 사람이 고개 동쪽에 이르러 장사지내던 사람들이 아직 흩어지지 않은 것을 보고서, 그 까닭을 자세히 이야기하고, 무덤을 헤쳐 보니 다만 짚신 한 짝이 있을 뿐이었다. 지금 안강현 북쪽에 혜숙사라는 절이 있으니 곧 그가 살던 곳이라 하며 부도 탑도 있다.』

《해동고승전》에는 다음과 같은 기록이 있다.

『승려 안함은 속성이 김씨요, 시부 이찬의 손자다. 나면서부터 도리를 깨달았고 성품이 맑고 허심탄회하였다. 진평왕 22년(600년)에 고승 혜숙스님과 도반이 되기를 약속하고, 뗏목을 타고 이포진(중국의 항구)으로 가는 도중에 섭도 아래를 지나 가다가 갑자기 풍랑을 만나 뗏목을 되돌려서 물가에 대었다.

이듬해(601년)에 임금이 교지를 내려 법기法器를 이룰만한 자를 뽑아 중국에 파견하여 학문을 닦게 하고자 하였을 때, 마침내 안함스님이 명을 받들어 가게 되었다. 안함은 선덕왕 9년(640년) 9월 23일 만선도량에서 입적하니 향년 62세였다. 그 달에 신라 사신이 중국으로부터 돌아오다가 우연히 법사를 만나니, 그는 푸른 물결위에 자리를 펴고 앉아 기쁘게 서쪽으로 향해 가더라고 하였다.』

2. 광덕과 엄장의 염불수행

《삼국유사》의 기록이다.

『문무왕(661~681) 때에 광덕廣德스님과 엄장嚴莊스님이 있었는데 두 사람은 서로 사이가 좋아 밤낮으로 약속했다.

"먼저 극락세계로 돌아가는 이는 모름지기 서로 알리도록 하자"는 것이었다.

광덕스님은 분황사 서리에 숨어 살면서 짚신 삼는 것을 업으로 삼으면서 처자를 데리고 살았다. 엄장은 남악에 암자를 짓고 살면서 나무를 베어 숯을 만들고 농사를 지었다.

어느 날, 해 그림자는 붉은 빛을 띠고 소나무 그늘이 고요히 저물었는데 창밖에서 소리가 났다.

"나는 이미 서쪽으로 가니 그대는 잘 살다가 속히 나를 따라오라." 하였다.

엄장스님이 문을 밀치고 나가보니 구름 밖에 하늘의 음악소리가 들리고 밝은 빛이 땅에 드리웠다. 이튿날 광덕스님이 사는 곳으로 찾아갔더니 광덕스님은 과연 죽어있었다. 이에 그의 아내와 함께 유해를 거두어 장사를 마치고 부인에게 말하기를,

"남편이 죽었으니 나와 함께 있는 것이 어떻겠소?" 하였다.

광덕의 아내도 좋다고 하여 그 집에 머물렀다. 밤에 자는데 동침하려 하자 부인은 이를 거절하며 말하기를,

"스님께서 서방정토를 구하는 것은 마치 나무에 올라가 물고기를 구하는 것과 같습니다."라고 하였다.

엄장스님이 놀라고 괴이하게 여겨 묻기를,

"광덕도 이미 그랬거니 내 또한 어찌 안 되겠는가?"라고 하였다. 부인이 대답하기를,

"스님은 나와 함께 10여년을 같이 살았지만 일찍이 하룻밤도 자리를 함께 하지 않았거늘 더구나 어찌 몸을 더럽혔겠습니까. 다만 밤마다 단정히 앉아서 한결같은 목소리로 나무아미타불을 불렀습니다. 혹은 **16관법**을 만들어 미혹을 깨치고 달관하여 밝은 달이 창에 비치면 때때로 그 빛 위에 올라 가부좌를 하였습니다. 정성을 기울임이 이와 같았으니 비록 서방정토로 가지 않으려고 한들 어디로 가겠습니까. 대체로 천리 길을 가는 사람은 그 첫 발자국부터 알 수가 있는 일입니다." 라고 하였다.

엄장스님은 이 말을 듣고 부끄러워 물러나 그 길로 원효법사의 처소로 가서 왕생할 수 있는 중요한 방법을 간곡하게 구했다. 원효스님은 **삽관법**(揷觀法: 혹자는 쟁관법이라고도 하는데, 일하면서 삽을 관하는 법이 아닐까?)을 지어 그를 지도했다.

엄장은 이에 몸을 깨끗이 하고 잘못을 뉘우쳐 스스로 꾸짖고, 일심으로 도를 닦으니 역시 서방정토로 가게 되었다. 그 부인은

바로 분황사의 계집종이었으니 대개 관세음보살 19응신의 중의 한 분이라 하였다. 광덕에게는 일찍이 노래가 있었다.

달아, 이제 서방까지 가시나이까?
무량수불 전에 말씀 아뢰소서!
맹서 깊으신 무량수불 전에 두 손 모아 사뢰기를
원왕생 원왕생 이라고
그리워하는 사람이 있다고 아뢰소서!
아아, 이 몸 남겨두고 어찌 48대원을 성취하실까

◆ 광덕스님이 행한 **16관법** 및 엄장스님이 행한 **삽관법**은 **관상염불**이다. 원효스님은 《무량수경종요》에서 칭명염불과 더불어 관상염불을 깊이 있게 다루었으므로 원효스님이 지도한 이 염불법은 바로 관상염불이다. 관상염불에서 **관할 법法은 '아미타'**이다. 아미타는 정토의 경계[相]인 의보依報와 정보正報를 포함하고 있다.
　의보는 자연의 청정광명이며, **정보는 생명의 청정광명**이다. 의보를 관찰함은 자연의 총상과 별상을 관찰하는 수행이요, 정보를 관찰함은 화신化身과 보신報身의 경계를 관찰하는 수행이다.

3. 노힐부득과 달달박박

《삼국유사》의 기록이다.
『신라 성덕여왕시대(709년)의 일이다. 신라시대 구사군의 북쪽에 산봉우리가 기이하고 빼어났으며, 그 산 줄기가 수 백리에 뻗쳐있는 아름다운 산이 있었는데, 그 산을 백월산白月山이라 하였다. 이 산의 동쪽에 3천보쯤 되는 곳에 선천촌이 있고 마을에는 두 사람이 살고 있었다. 그 한 사람은 노힐부득이요, 또 한 사람은 달달박박이었다.

이들은 모두 풍채와 골격이 범상치 않았고 속세를 초월한 사상을 가지고 있어서 서로 좋은 친구였다. 나이 스무 살이 되자 마을 동북쪽 고개 밖에 있는 법적방(지금의 창원)에 가서 머리를 깎고 스님이 되었다. 얼마 되지 않아 서남쪽 치산촌 법종곡 승도촌에 옛 절이 있는데 정신수양을 할 만하다는 말을 듣고 함께 가서 대불전大佛田, 소불전小佛田의 두 마을에 각각 살았다.

부득은 회진암에 살았고 박박은 유리광사에서 살았다. 이들은 모두 처자를 데리고 와서 살면서 농사를 짓고 서로 왕래하며, 정신을 수양하고 평안히 마음을 길러 속세를 초월하고 싶은 생각을 잠시도 잊지 않았다. 그들은 몸과 세상의 무상無常함을 느껴 서로 말하기를,

"기름진 밭과 풍년 든 해는 참으로 좋으나 의식이 맘대로 생기고 자연히 배부르고 따뜻함을 얻는 것만 못하구나. 또 부인과 집이 참으로 좋으나 연화장세계에서 부처님과 앵무새나 공작새와 함께 놀면서 서로 즐기는 것만 못하구나. 더구나 불도를 배우게 되면 응당 부처가 되고 참된 것을 닦으면 반드시 참된 것을 얻는 법 아닌가. 지금 우리들은 이미 머리를 깎고 스님이 되었으니, 마땅히 몸에 얽매여 있는 것을 벗어 버리고 무상無上의 도를 이루어야 할 것인데, 어찌 이 혼탁한 속에 파묻혀 세속의 무리들과 같이 지내야 되겠는가."라고 하였다.

이들은 드디어 인간세상을 떠나서 장차 깊은 골짜기에 숨으려 했다. 어느 날 밤 꿈에 백호의 빛이 서쪽에서 오더니 빛 속에서 금빛 탈이 내려와서 두 사람의 이마를 쓰다듬어 주었다. 꿈에서

깨어 이야기를 하니 두 사람의 말이 똑같으므로 이들은 한참동안 감탄하다가, 드디어 백월산 무등곡으로 들어갔다.

박박스님은 북쪽 고개의 사자암을 차지하여 판잣집 8척방을 만들고 살았으므로 판방板房이라 하고, 부득스님은 동쪽 고개의 무더기 돌 아래 물이 있는 곳을 차지하고 역시 방을 만들어 살았으므로 뇌방磊房이라고 하였다. 이들은 각각 암자에 살면서 부득은 **미륵불**을 성심껏 구했고, 박박은 **아미타불**을 경례하고 염송하였다.

3년이 못되어 709년 4월 8일은 성덕왕 즉위 8년, 해는 저물어 가는데 나이는 스무 살에 가깝고 얼굴이 매우 아름다운 한 낭자가 난초 향기를 풍기면서 갑자기 북쪽 암자에 와서 잠을 자고 가기를 청하면서, 글을 지어 바쳤다.

나그네 가는 길에 해는 저물고 청산은 어두우니
길은 막히고 성 또한 머나머니 인가가 아득하네.
오늘밤은 암자에서 잠을 청하노니
자비스런 스님이시여 노하지 마소서

박박은 말했다.
"절은 깨끗해야 하는 곳이니 그대가 가까이 올 곳이 아니요, 어서 다른 데로 가고 여기서 머물지 마시오." 하고 문을 닫고 들어갔다. 그러자 낭자는 부득스님을 찾아가서 전과 같이 청하니 부득이 말하기를,
"그대는 이 밤중에 어디서 왔는가."라고 하였다.

낭자가 말하기를,
"담연하기가 태허太虛와 같은데 어찌 오고 감이 있겠습니까. 다만 어진 선비의 바라는 바 뜻이 깊고, 덕행이 높고 굳다는 말을

듣고 장차 도와서 보리를 이루고자 왔을 뿐입니다."라고 말하며, 게송 하나를 주었다.

> 해도 저문 깊은 산길에
> 가도 가도 인가는 보이지 않고
> 대나무와 소나무 그늘은 그윽한데
> 계곡 물소리 더욱 새롭네.
> 잠잘 곳 찾는 것은 길 잃어서가 아니니
> 존경스런 스님 인도하려 함일세.
> 원컨대 오직 내 청만 들어주고
> 다시 길손이 누군지 묻지를 마오.

부득스님은 이 말을 듣고 몹시 놀라면서 말하기를,
"이 곳은 여인과 함께 있을 곳이 아니나 중생을 따르는 것도 역시 보살행의 하나일 것이요, 더구나 깊은 산골짜기에 날이 어두웠으니 어찌 소홀히 대접할 수 있겠소" 하였다.

이에 그를 맞이하여 인사를 하고 암자 안에 머물게 했다. 밤이 깊어지자 부득은 마음을 맑게 하고 지조를 닦아 희미한 등불이 비치는 벽 밑에서 고요히 염불을 하였다. 밤이 늦어지자 낭자는 부득을 불러 말하기를,

"제가 불행히도 마침 산고가 있으니 원컨대 스님께서는 짚자리를 준비해 주셨으면 합니다." 하였다.

부득스님이 불쌍히 여겨 거절하지 못하고 은근히 촛불을 비치니, 낭자는 이미 해산을 끝내고 또 다시 목욕하기를 청했다. 부득스님은 부끄러움과 두려움이 마음속에 얽혔으나 불쌍히 여기는 마음이 그보다 더해서 마지못하여 목욕통을 준비해서 낭자를 통 안

에 앉히고 물을 데워 목욕을 시키니, 이미 통 가운데 물에서 향기가 강하게 풍기면서 금물로 변했다. 부득스님이 크게 놀라자 낭자가 말하기를,

"우리 스승께서도 이 물에 목욕하는 것이 좋겠습니다."하자, 부득이 마지못해서 그 말대로 하였다.

그러자 갑자기 정신이 상쾌해 지는 것을 깨닫고, 살결이 금빛으로 되고 그 옆을 보니 졸지에 연화대 하나가 생겼다. 낭자가 부득스님에게 앉기를 권하면서 말하기를,

"나는 관세음보살인데 여기 와서 대사를 도와 대 보리를 이루도록 한 것이요"하였다. 그리고 말을 마치더니 홀연히 사라졌다.

한편 박박이 생각하기를 부득이 오늘 밤에 반드시 계를 더럽혔을 것이니 비웃어 주리라 하고 가서 보니, 부득은 연화대에 앉아 미륵존상이 되어 광명을 발하고, 그 몸은 금빛으로 단장되어 있었다.

자기도 모르게 머리를 조아려 절하고, 말하기를,

"어떻게 해서 이렇게 되었습니까?"하자, 부득이 그 까닭을 자세히 말해주니 박박은 탄식하며 이렇게 말하였다.

"나는 마음속에 가린 것이 있어서 다행히 부처님을 만났어도 오히려 대우하지 못했으나, 큰 덕이 있고 어진 그대가 나보다 먼저 이루었소, 부디 옛날의 교분을 잊지 마시고 일을 함께 하여 주시기 바랍니다."하자, 부득이 말하기를,

"통속에 금물이 아직 남았으니 목욕함이 좋겠습니다."하였다.

박박도 목욕을 하여 부득과 같이 **무량수**를 이루었으니 두 부처가 서로 엄연히 마주하고 있었다. 산 아래 마을 사람들이 이 말을 듣고 다투어 와서 우러러 보고 감탄하기를 참으로 드문 일이라 했다. 두 부처는 그들에게 불법의 요지를 설명하고 나서 온몸이 구름을 타고 가버렸다.

경덕왕 즉위 14년(755년) 왕이 이 일을 듣고, 757년에 신하를 보내서 큰 절을 세우고 이름을 백월산 남사南寺라 했다. 764년 7월 15일에 절이 완성되자 다시 미륵존상을 만들어 금당에 모시고 편액에 **현신성도미륵지전**現身成道 彌勒之殿이라고 썼다. 또 아미타불상을 만들어 강당에 모셨는데 남은 금물이 모자라 몸에 전부 바르지 못했기 때문에 아미타불상에는 역시 얼룩진 흔적이 있었다. 그 편액은 **현신성도무량수전**現身成道 無量壽殿이라고 썼다.』

4. 칭명염불의 공덕

《삼국유사》의 기록이다.

『신라 경덕왕대(742~765)의 일이다. 남산 동쪽 산기슭에 피리촌이 있고 그 마을에 피리사란 절이 있었다. 그 절에 이상한 스님이 있었는데 성명은 말하지 않았다. 늘 **아미타불**을 염하여 그 소리가 성안에까지 들려서 360방坊 17만 호에서 그 소리를 듣지 않은 사람이 없었다. **소리는 높고 낮음이 없이 낭랑하기가 한결 같았다.** 이로써 그를 이상히 여겨 공경하지 않은 사람이 없었고 모두 그를 염불사念佛師라 이름 하였다. 그가 입적한 뒤에 소상을 만들어 민장사에 모시고 그가 본래 살던 피리사를 염불사로 이름을 고쳤다.』

◆ 고성 염불의 위력 ◆

《업보차별경》《대집경》《대승장엄론》에서 모두 큰 소리로 염불하면 아래와 같은 열 가지의 공덕이 있다고 하였다.

첫째, 잠이 오는 것을 쫓아버린다.

둘째, 천마(天魔: 수행 중에 나타나는 장애)가 두려워한다.
셋째, 염불소리가 시방에 울려 퍼진다.
넷째, 지옥·아귀·축생의 고통을 쉬게 한다.
다섯째, 염불 외의 잡음이 들어오지 않는다.
여섯째, 염불하는 마음이 산란하지 않게 된다.
일곱째, 용맹정진이 된다.
여덟째, 모든 부처님이 기뻐하신다.
아홉째, 삼매가 앞에 나타난다.
열번째, 서방정토에 왕생하게 된다.

이와 같이 많은 경론과 정토문의 조사가 고성염불의 공덕을 강조하였다. 고성염불은 범부가 믿음을 성취하고 생사해탈하는 최상의 방편이라는 것이다.

5. 다섯 비구스님의 즉득왕생

《삼국유사》의 기록이다.

『신라 경덕왕대(742~765)의 일이다. 삽량주(양산)의 동북쪽 20리가량 되는 곳에 포천산이 있다. 석굴이 기이하고 빼어나 마치 사람이 깎아 만든 것 같았다. 이곳에 다섯 비구스님이 있었는데 성명은 자세하지 않았다. 여기에 와서 아미타불을 염하고 서방정토를 구하면서 정진하기를 몇 십 년에 홀연히 성중이 서쪽으로부터 와서 그들을 맞이했다.

이에 다섯 비구스님이 각기 연화대에 앉아 하늘을 날아 올라가다가 통도사 문밖에 이르러 머물러 있었는데, 하늘의 음악이 간간이 들려왔습니다. 절의 스님이 나와 보니 다섯 비구는 무상無常과고苦 공空의 도리를 설명하고 유해를 벗어버리니 큰 광명을 내 비치면서 서쪽으로 가는 것이었다. 그들이 유해를 버린 곳에 스님이 정자를 짓고 이름을 치서置棲라 했으니 지금도 남아 있다.』

◆ 극락의 뜻 ◆

염불정진으로 현세에 임종하는 즉시 정토에 왕생하는 즉득왕생의 모습을 보여주고 있다. 그렇다면 극락정토는 어디에, 어떤 곳인가?

《아미타경》에서, 『사리불아, 저 국토를 무슨 이유로 극락이라 이름 하는가? 그 나라 중생들은 모든 괴로움이 없고 다만 온갖 즐거움을 받기 때문에 극락이라 이름 하느니라.』하시었다.

《아미타경소》에서는, 『부처님의 광명을 보고 **무상**無相의 경계에 들어가고, 하늘의 법음을 듣고 태어남이 없는 법을 깨닫는 것이다. 그런 뒤에 **회향문**廻向門으로부터 나와서 생사의 동산으로 고삐를 돌려 번뇌의 수풀을 쉬게 한다. 한 걸음도 움직이지 않고 널리 시방세계에서 즐겁게 지내며 한 생각도 일으키지 않고 끝없는 삼세에 두루 자취를 드러낸다. 그 즐거움이 되는 것은 가히 헤아릴 수 없거늘 극락을 말하는 것이 어찌 헛된 것이라 하겠는가!』라고 하였다.

극락은 염원해야 할 부처님의 세계인 동시에 **깨달음의 세계**라는 것이다. 그러므로 염불수행으로 현세에 깨달음을 성취하여 정토에 왕생하는 것은 당연한 도리다.

제2절
승속의 염불결사

1. 발징스님의 만일염불회

신라 경덕왕대(758년)부터 원성왕대(787년) 사이의 일이다. 758년 고성현 원각사(현 건봉사)의 주지 발징發徵화상이 큰 서원을 일으켰다. 두타승인 정신, 랑순 등 31인을 청하여 **미타만일회**를 시설하여 향도香徒 1820인을 맺었다. 1700인은 죽과 밥을 담당하는 시주자이고, 120인은 의복을 담당하는 시주자가 되어 해마다 가가호로 돌아다니며 백미 1말, 기름 1되, 오종포 1단씩을 오랜 기간 동안 함께 마련하였다.

29년 만인 787년 7월 17일 한 밤 중에 큰 비가 쏟아져 도량 밖에 넘치더니, 아미타 부처님과 관세음보살, 대세지보살 두 분이 자금연대를 타고 문 앞에 이르러 금색의 팔을 펴고 염불하는 대중을 맞이하였다. 부처님은 대중을 거느리고 반야선에 올라 48원을 부르면서 연화세계로 가서 상품산생을 명하였다.

이때 발징화상은 두루 다니다가 금성에 도착하여 낭무 아간의 집에서 자고 있는데, 큰 빛이 그 방에 비치어 놀라 일어났다. 관세음보살이 발징화상에게 말씀하시기를,

"그대 도량의 스님들은 부처님의 인도로 서방정토의 상상품으로 왕생하였으니 빨리 가 보아라." 하셨다.

발징화상이 즉시 가려고 하자, 낭무 아간이 말하기를,

"스님은 처음 발원하실 때 우리 어리석은 중생을 먼저 제도한 뒤에 세상을 떠난다고 하셨습니다. 우리들은 적은 힘이나마 최선을 다했다고 할 수 있거늘 오늘 우리들을 버리고 어찌 홀로 가실 수 있습니까."하면서, 온 몸으로 땅을 치면서 울부짖기를 그치지 않았다.

발징화상은 이에 낭무 등을 거느리고 31명의 스님을 가서 본 즉 모두 **육신으로 등화**登化하였다. 기쁜 마음으로 도량을 향하여 1300여 번 절을 한 뒤에 그들의 다비식을 하였다. 그리고는 향도들의 집을 두루 다녀 보니, **913명은 도량의 스님과 같은 시간에 단정히 앉아 왕생**하였다. 나머지 907명이 돌아온 지 7일이 되었을 때, 또 아미타 부처님을 뵈었는데 부처님이 배를 잡고서 같이 타자고 하셨다. 그래서,

"우리 향도香徒들 가운데 아직 제도하지 못한 자가 있는데 홀로 먼저 가는 것은 저의 본원이 아닙니다."라고 말씀드리자, 부처님께서 다시 말씀하시기를,

"18인은 상품중생으로 왕생이 될 것이나, 그 나머지는 되돌려 보내어 업이 성숙한 뒤에 와서 제도하리라."하셨다.

향도가 이 말을 듣고 슬피 울며 후회하기를,

"우리들은 무슨 죄업을 지었기에 유독 왕생을 못하는가."하고는 밤낮을 쉬지 않고 더욱 정근하였다. 그러자 7일째 되는 한 밤중에 아미타 부처님이 다시 배를 타고 오시어 말씀하시기를,

"내가 본래 세운 원력 때문에 너희들을 맞이하여 같이 가야겠구나."하셨다.

발징화상은 울먹이며 다음과 같이 사양하였다.

"만약 신도들 중에 무거운 죄 때문에 왕생하지 못하는 사람이 있다면 저는 맹세코 지옥에 들어가 그 고통을 대신 받으며 영원히

그 죄를 멸하여 사람마다 모두 왕생케 한 연후에야 왕생하겠습니다." 하였다. 그러자 부처님이 말씀하시기를,

"그만 두어라. 31명은 상품하생 하고, 그 나머지는 그대가 먼저 왕생하여 부처님의 수기를 얻고 **무생인無生忍을 깨달아 신통한 지혜로 다시 인간 세상에 와서 모두 구제하라.**" 하셨다.

발징화상은 부처님의 가르침을 믿고, 그 발에 예배한 후, 배를 타고 서방정토로 왕생하였다.

2. 계집종의 염불왕생

《삼국유사》의 기록이다.

『신라애장왕 시대(815년)의 일이다. 동량발징棟梁發徵스님은 관음보살의 현신이라고 불렀다. 옛날 원각사(현 건봉사)에서 만일염불을 위해 무리를 모으니 일천여명이나 되어 두 패로 나누었는데, 한 패는 노력을 다하였고, 또 한 패는 정성을 다하여 도를 닦았다. 그래서 한 패는 '**노력**勞力'이라 부르고, 또 한 패는 '**정수**精修'라고 불렀다.

노력의 무리 중에 일을 맡아 보던 이가 계를 지키지 못하여 축생도에 떨어져서 부석사의 소가 되었다. 그 소가 일찍이 경전을 싣고 가다가 불경의 힘에 의하여 아간이라는 벼슬을 하던 귀진의 집에 태어났는데 이름을 육면郁面이라 하였다. 육면이 일이 있어서 하가산에 이르렀을 때 꿈에 감응하여 드디어 **보리심**을 일으켰다. (자료에 의거하여 사건을 정리하였음)

귀진의 집은 혜숙법사가 창건한 미타사로부터 멀지 않았으므로 귀진이 언제나 그 절에 가서 염불하였고, 계집종인 육면도 따라가

서 염불을 하였다. 주인은 욱면이 일을 등한히 하는 것을 미워하여 매양 곡식 두 섬을 하루 저녁에 찧게 했는데, 그녀는 초저녁에 다 찧고 난 뒤 절에 가서 염불하며 밤낮으로 게을리 하지 않았다.

뜰의 좌우에 긴 말뚝을 세우고 손바닥을 꿰어 노끈으로 말뚝에 묶고는 합장하여 좌우로 흔들며 스스로 격려하였다. 이렇게 하기를 9년 을미년(815년) 정월 21일 공중에서 소리가 나기를,

"욱면은 법당에 들어가 염불하라" 하였다.

염불하던 대중들이 듣고 욱면을 권하여 법당에 들어가 정진하게 하였다. 얼마 있지 않아 하늘의 음악이 서쪽에서 들려오더니 욱면이 법당의 대들보를 뚫고 올라가 소백산에 이르러 신 한 짝을 떨어뜨리자 후세 사람들이 그 곳에 보리사를 지었고, 산 밑에 이르러 그 육신을 버렸으므로 그 곳에 제2 보리사를 지었다. 그 전당에 방을 써 붙였는데 **면등천지전**面登天之殿이라 하였다.

천장에 뚫린 구멍이 한 아름이나 되었으나 아무리 폭우나 세찬 눈이 내려도 집안은 젖지 않았다. 그 뒤에 그 일을 좋아하는 사람들이 금탑 하나를 만들어 그 구멍에 맞추어서 난간 위에 모시고, 특별한 사건을 기록했으니 지금도 방과 탑이 아직 남아 있다.

욱면이 승천한 뒤에 아간귀진도 또한 그 집에 신기한 사람이 의탁해 살던 곳이라 해서 집을 희사하여 절을 만들어 법왕사라 하고 밭과 종을 바쳤다. 오랜 뒤에 절은 없어지고 빈터만 남았다가 회경대사懷鏡大師가 유석, 이원장 등과 함께 발원하여 절을 중건하니 회경대사는 토목공사를 맡았다.

재목을 처음 운반할 때, 꿈에 노인이 삼으로 삼은 신발과 칡으로 삼은 신발을 각각 한 켤레씩 주었다. 또 옛 사당에 가서 불교의 이치를 깨우치게 하고, 사당 옆 목재를 베어다가 5년 만에 불사를 마쳤다. 또 노비들에게 잘 대접하니 융성하여 동남지방에

이름 있는 절이 되었다. 사람들은 회경대사를 아간귀진의 후신이라 하였다.

일연스님이 찬탄하다
서쪽 이웃 옛 절에 불당 등불 밝았는데
방아 찧고 절에 오니 밤은 깊었네.
한마디 염불마다 한 부처를 이루려고
손바닥 뚫어 노끈에 꿰었으나 그 몸마저 잊었네.』

◆ 발보리심 ◆

정토에 왕생하는 데는 **발보리심**發菩提心을 정인正因으로 삼고, **칭명염불**稱名念佛을 조인助因으로 삼는다. 발보리심이란 "번뇌가 무수하지만 모두 끊기를 원한다. 선법이 무량하지만 모두 닦기를 원한다. 중생이 무변하지만 모두 제도하기를 원한다." 이 세 가지 일을 결정하여 기약하고 원하는 것을 발보리심 혹은 발심이라고 한다.

제3장

고려시대 염불수행

태조 왕건 신라불교 계승하니
나라 건국 국운융창 부처님의 은덕이라
서방정토 가기 전에 불법홍포 유훈을 남기셨네.
의천국사 선교를 융합하여 천태종을 일으키니
그의 제자들 대를 이어 염불도량 이루었네.

보조, 원묘 선사는 선지를 날리면서
근기따라 정진하라 염불을 권하셨네.
나옹선사 염불법을 알기 쉽게 세상에 알리고
운묵의 정토사상 소외된 민중의 희망이 되었으니
염불의 청량한 바람 산문에서 민중 땅으로 향했네.

제1절
산문의 염불수행

1. 염불수행 50년

《삼국유사》의 기록이다.

『고려시대 성종1년(982년)때의 일이다. 신라 때에 관기觀機와 도성道成 두 성사聖師가 있었는데 어떤 사람인지는 알 수가 없다. 함께 포산(경북 달성군 비슬산)에 숨어 살았으니 관기는 남쪽 고개에 암자를 지었고, 도성은 북쪽 굴에서 살았다. 서로 10리쯤 떨어졌으나 구름을 헤치고 달을 노래하며 매양 서로 왕래하였다.

도성이 관기를 부르고자 하면 산중 나무가 모두 남쪽을 향해서 굽혀 서로 영접하는 것 같았으므로 관기는 이것을 보고 도성에게로 갔다. 관기가 도성을 맞이하고자 하면, 역시 이와 같이 나무가 모두 북쪽으로 구부러지므로 도성도 관기에게 이르게 되었다.

이와 같이 하기를 여러 해를 지났다.

도성은 그가 살고 있는 뒷산 높은 바위 위에 항상 좌선하고 있었는데, 하루는 바위 사이로 몸을 빠져나오니 온몸이 허공에 날리며 떠나갔다. 그러나 간 곳을 알 수 없으니 혹 수창에 가서 죽었다는 말도 있다. 관기도 또한 뒤를 따라 세상을 떠났다.

지금 두 성사의 이름으로써 그 터를 도성암이라 명명하였는데 모두 남은 터가 있다. 도성암道成巖은 높이가 두어 길이나 되는데 후세 사람들이 그 굴 아래에 절을 지었다. 고려 성종 1년(982)에 성범成梵스님이 처음으로 이 절에 와서 살았다. **만일미타도량萬日彌陀道場을 열어 50여년을 정근했는데,** 여러 번 특이한 상서로운 일이 일어났다.

현풍玄風의 신도 20여명이 해마다 결사(結社: 수행을 약속하고 모인 여러 사람의 조직)하여 향나무를 주어서 절에 바쳤는데, 언제나 산에 들어가 향나무를 채취해서 쪼개어 씻어서 발에 펼쳐두면 그 향나무가 밤에 촛불처럼 광채를 발하였다.

이로부터 고을 사람들이 그 향도香徒들에게 보시하고 빛을 얻는 해라 하여 하례賀禮라 하였다. 이는 두 성사의 영감이요, 혹은 산신山神의 도움이기도 하였다. 산신의 이름은 정성대왕靜聖大王으로 일찍이 가섭불 때에 부처님의 부탁을 받았으니, 그 본서원에 말하기를 산중에서 일천 명의 출가를 기다려 남은 과보를 받겠다고 했다는 것이다.

두 성사는 오랫동안 산골에 지내며 인간세상과 사귀지 않았다. 모두 나뭇잎을 엮어 옷으로 입고 추위와 더위를 겪었으며, 습기를 막고 하체를 가릴 뿐이었다. 그래서 반사(搬師 : 피나무스님), 첩사(떡갈나무스님)로 불렀다. 』

2. 진억대사의 수정결사

고려 인종 7년(1129) 진억津億대사는 지리산 오대사를 수축修築하여(1123~1129) 그 곳에서 수정결사水精結社라는 염불도량을 시설하여 정진하였는데 참가자가 3천명을 헤아렸다고 한다. 그들은 《점찰업보경》에 의해 선악을 점으로 살펴 참회하고 서방정토의 왕생을 기원하였다.

그리고 결사의 이름을 수정사水精社라 한 것은 무량수 부처님 앞에 수정 1매를 걸어 놓고 믿음의 인[信因]을 밝혔던 까닭이라고 하였다. 즉 신심信心을 맑고 깨끗한 수정에 비유한 것이며, 그러한 **마음으로 아미타 부처님께 예배하고 참회**해야 한다는 뜻일 것이다. 진억대사는 법상종法相宗 출신으로서 염불결사를 행하였다.

1) 수정사의 수행법
1. 결사에 참여한 모든 사람들이 이름을 생사에 관계없이 명패에 새겨둔다.
2. 매 15일마다 《점찰업보경》에 의하여 이름을 새긴 명패를 던져 선악의 응보를 점쳐본다.
3. 점친 결과의 선악을 두 개의 함에 나누어 놓고, 악보에 빠진 사람들을 위하여 결사의 대중들이 대신 참회하고, 다시 점쳐 보아 선보를 얻게 한 후 마친다.
4. 처음에 선보를 얻었다가 나중에 악보에 떨어질 경우를 생각하여 일 년마다 한 번씩 점쳐 보고 만일 악보에 떨어지면 다시 처음과 같이 대신 참회한다.

2) 진억대사의 수정사 결사정신
『모여든 대중과 함께 같은 해탈을 얻어서 미래세까지 꺼지지 않는 법등을 전하려 합니다. 한 법당을 나서지 않고 자리와 이타의 두 가지 이익을 구족하겠습니다. 나 스스로만 제도하면 그만이지 남까지 어찌 제도할 수 있겠는가라고 하지만, 오히려 천하가 그러한 것을 민망히 여겨 해탈하는 길을 찾은 후 다른 사람들과 목표를 함께 하여 물러서지 않기로 기약한 것이 수정결사의 이유입니다.』

3. 보조국사의 염불관

보조국사(1158~1210)는 황해도 서흥 사람으로 성은 정鄭씨이며 8세에 출가하였다. 법명은 지눌知訥이며, 호는 목우자牧牛子라 하였고, 시호를 불일보조국사佛日普照國師라 하였다. 일정한 스승 없이 도를 구하다가 1182년 25세 되던 해에 선종의 승려 자격시험에 뽑혔고, 《육조단경》을 보다가 스스로 깨달은 바가 있었다.

그 후 산림에 은둔하여 수행하다가 28세 되던 해 예천 하가산 보문사에서 대장경을 열람하였다. 1190년 33세 때 팔공산 거조사에서 뜻을 같이 하는 몇 사람과 정혜결사를 하고, 8년간 정진하였다. 1198년 41세 때 도반들과 함께 지리산 상무주암에 들어가 정혜를 닦았는데, 그 때 송나라 대혜大慧 선사의 어록을 처음 보다가 현묘한 뜻에 계합하였다.

43세 되던 1200년부터 11년간 조계산 송광사(옛 이름은 송광산 길상사)에서 선종을 부흥케 하는데 중추적인 역할을 담당하였다. 보조국사가 활동하던 고려 중기는 화엄, 천태 등의 교학이 성행하였고, 염불도 천태종에서 받아들여 선종의 방편으로 실천되는 경우가 많았다. 이때부터 민중신앙에 머물던 염불이 자력수행의 방편으로 이해되면서 많은 의미를 부여하였고 단순하지 않았다.

사실 염불은 《정토삼부경》에 의거하면 그 방법이 단순하고 계정혜가 원만하지 못한 범부의 수행방편으로써 알맞았는데, 선종의 수행방편으로써 이해되면서 실천하기 어려운 것들이 부가되었다. 고려시대에도 보조국사의 《염불요문念佛要門》이라 하여 널리 알려진 염불법이 있다. 이것은 염불을 선종에서 염불선의 형식으로 체계화한 것이다. 보조국사는 《권수정혜결사문勸修定慧結社文》에서도 염불수행에 대하여 언급하면서 근기에 따라 수행하되 바로 알고 실천할 것을 강조하였다.

1) 염불요문念佛要門

『대개 말법시대의 중생들은 근기와 성품이 어둡고 둔하여 탐욕과 습기가 두텁기 때문에, 오래도록 생사의 늪에 빠져 있으면서 여러 가지 고통을 면하지 못합니다. 그러므로 스승과 벗의 꾸지람을 듣지 않고는 고통을 벗어나는 즐거움을 얻기 어렵습니다.

이로 말미암아 내가 그대들의 지나간 잘못들을 책망하고, 다섯 가지 생각[五念]을 쉬게 하여, 다섯 가지 장애를 통달한 연후에 오탁五濁을 초월하여 구품의 연화대에 오르게 하고자 합니다. 그대들은 모름지기 오롯이 마음을 모아 나의 말을 들어야 할 것입니다.

오정심五停心이란 다섯 가지 쉬어야 할 마음입니다. 첫째 탐내는 마음이 많은 중생은 **부정관**不淨觀을 해야 합니다. 둘째 성내는 마음이 많은 중생은 **자비관**慈悲觀을 해야 합니다. 셋째 산란한 마음이 많은 중생은 **수식관**數息觀을 해야 합니다. 넷째 어리석고 둔한 중생은 **인연관**因緣觀을 해야 합니다. 다섯째 장애가 많은 중생은 **염불관**念佛觀을 해야 합니다.

이러한 다섯 가지 마음을 비록 쉬었을지라도 세상의 인연들을 멀리하지 못했기 때문에 **오장**五障에 막히게 됩니다. 오장五障이란 다섯 가지의 장애입니다. 첫째 끊어지지 않고 상속되는 애욕 때문에 일어나는 장애이니 번뇌장煩惱障입니다. 둘째 법문을 이해하여 집착하는 데서 일어나는 장애이니 소지장所知障입니다.

셋째 몸을 아끼고 애착함으로써 업을 짓게 되는 데서 일어나는 장애이니 보장報障입니다. 넷째 아무런 생각을 하지 않는 무심으로 고요함만을 지키는 데서 일어나는 장애이니 이장理障입니다. 다섯째 육근으로 감수하는 모든 현상들을 뚫어지게 살피는 데서 일어나는 장애이니 사장事障입니다. 이러한 장애로 인하여 통하지 않기 때문에 막혀 있어서 오탁五濁이 일어납니다.

오탁五濁은 다섯 가지의 혼탁한 현상입니다. 첫째 한 생각이 최초에 움직여 공空과 색色을 분별하지 못하는 것이니 겁탁劫濁이라 합니다. 둘째 보고 느끼는 것들이 어지럽게 일어나면서 고요한 심성을 흔드는 것이니 견탁見濁이라 합니다. 셋째 삿된 생각을 번거롭게 일으켜 경계가 집착의 대상으로 나타나는 것이니 번뇌탁煩惱濁이라 합니다. 넷째 한 생각이 일어났다가 소멸되는 것이 순간도 그치지 않고 생각 생각마다 이어져 생멸生滅을 여의지 못하는 것이니 중생탁衆生濁이라 합니다. 다섯째 사람마다 각기 식식과 명명을 받았으나 그 근원을 돌아보지 않는 것이니 명탁命濁이라 합니다.

오념을 쉬지 않으면 오장이 어떻게 통하겠으며, 오장이 통하지 않으면 오탁이 어떻게 맑아지겠습니까? 그러므로 다섯 가지 생각을 쉬지 않은 장애가 많고 대부분이 흐려지기 때문에, 반드시 10종의 **염불삼매**念佛三昧의 힘에 의하여 점차 청정한 지계의 문으로 들어가야 합니다.

지계의 그릇이 순수하고 청정하여 일념과 상응하게 된 연후에야 쉬는 마음을 얻을 수 있고, 장애와 혼탁을 초월하여 곧장 극락에 도달한 후 삼무루학(계정혜 3학)을 깨끗이 닦아야 함께 아미타불의 무상대각을 증득할 수 있을 것입니다. 이 대도를 증득하고자 하면 응당히 10종의 염불을 수행해야 합니다.

십종염불은 모두 일념진각一念眞覺에서 나오는 것으로써, 생각의 지극한 공功을 이루는 것입니다. 염念이라는 것은 수守의 뜻으로 지킨다는 것이니, 참된 성품을 보존하여 자라게 한다는 것입니다. 요컨대 지킨다[守]는 것은 잊어버리지 않는다는 의미입니다.

불佛은 각覺 즉 깨달음의 뜻이니, 진심眞心을 살피고 비추어 항상 깨어 있어 어둡지 않은 것을 말합니다. 그러므로 무념의 일념으로 깨달으면 둥글고 밝게 되는 것이며, 둥글고 밝다는 것은 생각이 끊어진 것을 말합니다. 이것을 참된 **염불**이라고 말할 것입니다.』

1. 계신염불

계신戒身염불은 살생 도적질 음란함을 제거하고 몸을 청정히 하여 계의 거울을 원만하고 밝게 한 후에, 몸을 단정히 하여 바르게 앉아 합장하고 서쪽을 향하여 일심으로 나무아미타불을 공경히 염한다. 수없이 염하면서 조금도 끊어지지 않게 하여 앉음도 잊고 일념이 현전하는 때에 이르면 계신염불이라고 이름 한다.

2. 계구염불

계구戒口염불은 망령된 말, 속이는 말, 이간질 하는 말, 욕설을 제거하고 입을 지키고 뜻을 모아 몸을 청정히 하고 입을 깨끗이 한 후에, 일심으로 나무아미타불을 공경히 염한다. 수없이 염하면서 조금도 끊어지지 않게 하여 입으로 한다는 것도 잊고 입 아닌 것으로 스스로 염불하는 때에 이르면 계구염불이라고 이름 한다.

3. 계의염불

계의戒意염불은 탐내는 마음, 성내는 마음, 어리석은 마음, 오만한 마음을 제거하고 뜻을 모으고 마음을 깨끗이 하여 마음의 거울에 생각이 없게 한 후에, 일념으로 나무아미타불을 깊이 염한다. 수없이 염하면서 조금도 끊어지지 않게 하여 뜻으로 한다는 생각도 잊고 뜻 아닌 것으로 스스로 염불하는 경계에 이르면 계의염불이라고 이름 한다.

4. 동억염불

동억動憶염불은 열 가지 그릇된 행동(십악)을 그치고 열 가지 계(십계)를 바르게 지녀서 동작하고 일하면서 처음에는 천천히 하다가 점점 빠르게 일념으로 항상 나무아미타불을 염한다. 수없이 염하면서 조금도 끊어지지 않게 하여 동작이 지극해서 움직이지 않는듯하면서도 스스로 염불하는 때에 이르면 동억염불이라고 이름 한다.

5. 정억염불

정억靜憶염불은 십계로 이미 청정해지고 일념이 흩어지지 않은 상태에서 몸은 고요하고 일은 한가할 때 그윽한 밤에 홀로 있는 곳에서 일념으로 오로지 나무아미타불을 염한다. 수없이 염하면서 조금도 끊어지지 않게 하여 고요함이 지극하여 권하지 않아도 스스로 염불하는 때에 이르면 정억염불이라고 이름 한다.

6. 어지염불

어지語持염불은 사람을 만나 대화를 할 때나 어린이를 부르고 아랫사람들을 경책할 때에 밖으로는 감정이 자연스럽게 따르게 하고 안으로는 생각이 움직이지 않게 하여 일념으로 고요히 나무아미타불을 염한다. 수없이 염하면서 끊어지지 않게 하여 말을 한다는 것도 잊어버리고 말없음 가운데 스스로 염불하는 때에 이르면 이를 어지염불이라고 이름 한다.

7. 묵지염불

묵지默持염불은 입으로 염불한다는 생각이 이미 극에 달하여 생각 없이 염하는 것이 침묵과 계합하고, 꿈에도 깨어 있어 어둡지 않으며 움직이거나 조용히 있을 때도 언제나 생각하며 일념으로 나무아미타불을 묵묵히 염한다. 수없이 염하며 조금도 끊어지지 않게 하여 침묵도 잊어버리고 생각하지 않는 가운데 스스로 염불하는 때에 이르면 묵지염불이라고 이름 한다.

8. 관상염불

관상觀想염불은 아미타불의 몸이 법계 가운데 충만하고 묘한 광명의 금색이 널리 중생들 앞에 나타나는 것을 관觀한다. 그리고 생각하여 부처님의 광명이 나의 몸과 마음을 비추고 있음을 알아서 우러러 부처님의 광명을 관하고 소리를 들으며 다른 물질이 아님을 확실히 안다. 뜻과 성의를 다하여 일념으로 나무아미타불을 지극히 염한다. 수없이 염하면서 조금도 끊어지지 않게 하고, 하루 종일 말할 때나 침묵할 때나 움직일 때나 한가할 때도 항상 공경하고 깨어있는 생각으로 있으면 이를 관상염불이라고 이름 한다.

9. 무심염불

무심無心염불은 염불하는 마음이 오래되어 공을 이루고 점차 무심삼매를 얻게 되니, 생각 없는 생각으로 염불을 하지 않으려 하여도 자연스럽게 염불이 일어난다. 생각 없는 지혜로 원만하지 않으려 해도 스스로 원만하고 경계를 받아들이지 않으려 해도 스스로 받게 되어 함이 없이 이루어지면 이를 무심염불이라고 이름 한다.

10. 진여염불

진여眞如염불은 염불하는 마음이 이미 극에 달하여 앎이 없이 아는 자연스러운 앎이 되어 **세 가지 마음**[三心]이 단박 공하게 되고 한 성품이 움직이지 않고 원각대지圓覺大智가 밝게 홀로 드러나게 되는데, 이를 진여염불이라 이름 한다.

만약 먼저 십악十惡과 8가지 삿된 소견[八邪]을 끊지 않으면 어찌 십계의 청정함을 따르겠는가! 또한 몸이 청정하여 지계의 거울이 둥글고 밝아진 후에야 가히 부처님의 감응으로 비추어 줌을 입을 수 있을 것이다. 이러한 까닭에 <경>에서 말씀하시기를, 『비록 맛이 최고인 우유를 얻었다 할지라도 만약 좋은 그릇이 없으면 저장하기가 어렵다.』하셨다.

지금 이렇게 염불하는 사람들이 몸의 그릇이 청정하고 지계의 거울이 둥글고 밝다면, 어찌 능히 참된 법의 맛을 저장하지 않을 수 있겠는가! 근래에 세속의 삿된 무리들이 십악十惡과 팔사八邪를 끊지 않고 오계五戒와 십선十善을 닦지 않고서 잘못 알고 있는 사사로운 감정으로 망령되게 염불을 하면서 삿된 원을 내뱉으며 서방정토에 태어나고자 하는데, 이러한 행위는 모난 나무로 둥근 구멍에 맞추려는 것과 같다. 이러한 사람들이 스스로 뜻을 품고 비록 염불을 한다 할지라도 부처님의 뜻이 어떻게 그 삿된 생각과 계합하겠는가?

지계를 범하고 부처님을 비방하며 망령되게 참된 것과 청정함을 구하려는 죄는 극히 무거운 것에 결박되어 죽어서도 지옥에 떨어지고 스스로 몸과 마음을 상할 것인데, 이것이 누구의 허물인가?

그대들은 계를 벗으로 하여 관하고 비춰보라. 먼저 십악과 팔사를 끊고 차례로 오계와 십선을 지키며, 지난날의 그릇된 것들을 참회하고 훗날의 과보를 바라고 맹세해야 할 것이다.

이웃과 함께 같은 마음으로 뜻에 생사를 결정하여, **매년의 삼장재**三長齋를 지니고, 계절이 여덟으로 바뀔 때마다 **매월 육재일**六齋日를 지키며, 모름지기 십종의 염불로써 업을 삼아 오래도록 공을 들이고 힘을 쌓아 진여염불에 계합하면, 날마다 또는 때때로 움직이거나 머물러 있거나 앉거나 누워있을 때에도 아미타불의 참모습이 그윽이 앞에 나투어 머리를 만지며 수기할 것이다. 만약 목숨을 마치는 때에는 친히 극락에서 맞이하며, 구품의 연화대에서도 반드시 상품에 서로 마주하여 머물게 할 것이니, 소중히 생각하기 바란다.』

◆ 염불하는 삼심 ◆

염불하는 마음인 삼심三心은 《기신론》에서 말하는 것과 《정토삼부경》에서 설하는 것이 다르다. 지금 여기 진여염불에서 말하는 삼심은 《기신론》에서 설한 것으로 십신위十信位 마지막 초주위初住位의 보살이 일으키는 삼심으로서 진여를 염하는 **직심**直心, 모든 선행을 행하려는 **심심**深心, 모든 중생을 구하려는 **대비심**大悲心이다.

《유마경》〈불국품〉에서도 이와 같은 삼심을 설하고 있다. 자력 수행의 방편으로 이해하는 경우는 이 삼심을 10주十住 10행十行 등의 계위에 이른 보살이 일으키는 마음이라 하였다.

《관무량수경》에서는 정토에 왕생하기 위한 세 가지 마음으로 **심심**(深心: 보리심) · **지성심**至誠心 · **회향발원심**廻向發願心을 들고 있으며, 이 삼심을 갖춘 자는 반드시 왕생한다고 하였다. 삼심은 범부가 일으키는 마음으로 염불하는 자가 반드시 갖추어야 한다. 칭명염불 수행의 삼심은 안심법安心法이며, 안심을 얻어야 행을 일으킬 수 있다는 것이다. 염불은 믿음을 성취하고, 안심기행安心起行하는 법이다.

■ 염불행자가 지켜야 할 계율 ■

◆ 오계 ◆

1. 생명을 죽이지 않는다.
2. 도적질을 하지 않는다.

3. 음행을 하지 않는다.
4. 거짓말을 하지 않는다.
5. 술에 취하지 않는다.

◆ **십악**十惡 ◆

① 생명을 억압하고 죽이는 행위〔殺生〕.
② 주지 않는 물건을 몰래 가지는 행위〔偸盜〕.
③ 삿되고 음란한 행위〔邪婬〕.
④ 두 말로 이간질하는 말〔兩舌〕.
⑤ 욕설하거나 거칠게 하는 말〔惡口〕.
⑥ 남을 속이거나 교묘하게 꾸며대는 말〔綺語〕.
⑦ 진실하지 않고 거짓으로 하는 말〔妄語〕.
⑧ 지나치게 탐욕을 부리는 마음〔貪〕.
⑨ 성내고 분노하는 마음〔瞋〕.
⑩ 인과를 무시하거나 삿된 견해〔邪見〕.

◆ **십선**十善 ◆

① **방생**放生: 고통받는 생명들에게 안심과 자유, 희망을 베푸는 선행
② **시식**施食: 아귀와 주인 없는 영가 및 굶주린 생녕에게 음식을 베푸는 선행.
③ **범행**梵行: 계율을 지키는 청정한 행위의 선행.
④ **실어**實語: 거짓 없이 진실하게 말하는 선행.
⑤ **직어**直語: 진리에 어긋나지 않게 바른 견해로 말하는 선행.
⑥ **연어**軟語: 편안하고 부드럽게 말하는 선행.
⑦ **화합어**和合語: 대중이 화합하도록 말하는 선행.

⑧ **부정관**不淨觀: 육신의 부정함을 관찰하여 탐내는 마음을 쉬게 하는 선행.
⑨ **자비관**慈悲觀: 자비심으로 생명을 관찰하여 성냄과 분노를 쉬게 하는 선행.
⑩ **인연관**因緣觀: 십이인연을 관찰하여 어리석음과 번뇌를 쉬게 하는 선행.

◆ **매년의 삼장재**三長齋 ◆
매년 1월, 5월, 9월 중의 1일부터 15일까지 계율을 철저히 지키는 기간이다. 기간이 길기 때문에 장재長齋라 부른다.

◆ **매월의 육재일**六齋日 ◆
매월 몸과 마음을 청정히 하여 선행을 쌓고 정진하는 날이다.
재일 8일, 14일, 15일, 23일, 29일, 30일

2) 정혜결사문

보조국사(1158~1210)는 고려시대 불교가 세속화되고 타락한 현실을 개탄하면서 일찍이 불교의 중흥을 위해 먼저 출가자들이 불도에 전념할 것을 권고하며, 스스로도 결사정신으로 정진할 것을 다짐하였다. 그리하여 33세 되던 해인 1190년 늦봄에 10여명의 도반들과 정혜결사定慧結社를 약속하고, 그 취지를 지어 《권수정혜결사문勸修定慧結社文》이라 하였다.

여기서 국사는 수행은 정혜定慧를 겸하여 닦아 성적등지惺寂等持를 이루는 것으로 근본을 삼았다. 이 결사문 가운데는 정토를 구하는 염불수행에 관해서도 많은 량을 언급하고 있다. 결사문을 지은 뜻과 염불수행에 관한 글만을 뽑아 여기 실어 보조국사의 불교

를 사랑하는 정신과 염불관을 살펴보고 정진하는데 보탬이 되도록 하였다.

《권수정혜결사문勸修定慧結社文》

『삼가 사람들에게 들으니, "땅을 인하여 넘어진 자는 땅을 인하여 일어나야 한다."고 하였습니다. 그러므로 땅을 떠나서 일어나려는 것은 옳지 않습니다. 일심을 미혹하여 가없는 번뇌를 일으키는 자는 중생이요, 일심을 깨달아 가없는 묘한 작용을 일으키는 자는 부처입니다. 미혹함과 깨달음은 다르지만 요체는 모두 일심으로 말미암은 것이니, 마음을 떠나 부처가 되려는 것은 옳지 않은 일입니다.

지눌이 젊어서부터 조사들이 머무는 곳에 몸을 던져 선방을 두루 돌아다니면서 부처님과 조사가 중생을 위해 자비를 드리우신 법문을 자세히 살펴보았으나, 결국은 우리들로 하여금 모든 반연을 쉬고 마음을 비워 가만히 계합하고, 밖에서 찾지 말게 한 것이었습니다.

<경>에서 "부처의 경지를 알려고 하거든 그 뜻을 허공처럼 맑게 하라" 하신 말씀과 같은 것입니다. 부처님과 조사의 말씀을 보고 듣고 외우고 익히는 사람은, 불법을 만나기 어렵다는 마음으로 자신의 지혜로써 가만히 이치를 비추어 보고 그 말씀대로 수행하면, 그것은 스스로 부처의 마음을 닦고 부처의 도를 이루어 부처의 은혜를 갚는 것입니다. 그러나 우리들이 하는 일을 아침 저녁으로 살펴보면 어떻습니까?

불법을 빙자하여 나다 남이다 구별하여 자신을 이익 되게 하는 길에서 허덕이고, 구차한 일들 가운데에 골몰하여 도덕은 닦지 않고 음식과 옷가지만 허비하니, 비록 출가하였다고 하나 무슨 덕이

있겠습니까?

아! 삼계를 떠나려 하면서도 속세를 벗어난 수행이 없고 한갓 남자의 몸이 되었을 뿐이요, 장부의 뜻이 없어 위로는 도를 닦는 데 어긋나고, 아래로는 중생을 이롭게 하지 못하며, 중간에 네 가지 은혜(사은=부모·중생·국왕·삼보. 출가사은=부모·스승·국왕·시주)를 저버렸으니 진실로 부끄럽습니다. 저는 오래 전부터 이런 일을 한심스럽게 여겼습니다.

마침 1182년 정월에 서울 보제사의 담선談禪 법회에 참석하였다가 하루는 함께 공부하는 도반 10여 명과 약속하기를,

"이 법회를 마치면 우리는 명예와 이익을 버리고 산속에 들어가 함께 결사를 지어 항상 선정을 익히고 아울러 지혜를 닦기에 힘씁시다. 예불하고 경 읽기와 나아가서는 노동으로 운력하는데까지 각각 자신이 맡은 일을 해 나아가며, 인연에 따라 심성을 수양하여 한 평생을 구속 없이 지내어 달사達士와 진인眞人의 높은 수행을 따르면 어찌 기쁘지 않겠는가!"라고 하였습니다.

여러 사람들은 이 말을 듣고,

"지금은 말법의 시대라 바른 도가 막혔는데 어떻게 선정과 지혜에 힘쓸 수 있겠는가? 부지런히 아미타불을 불러서 정토에 태어날 업을 닦는 것만 못하다."라고 하였습니다.

저는 말하였습니다. 시대는 비록 변천하나 심성은 변하지 않는 것입니다. 법이 흥하고 쇠퇴한다고 보는 이는 바로 삼승의 방편을 배우는 이들의 견해이니, 지혜 있는 사람은 그렇게 생각하여서는 안 되는 것입니다. 그대들과 나는 최상승의 법문을 만나서 보고 듣고 익혔으니 어찌 다생의 인연이 아니겠습니까?

그런데 그것을 스스로 경사스럽게 여기지 않고 도리어 자신의 분수에 맞지 않는다는 생각을 내어 즐겨 방편을 배우는 사람이 되

려고 합니까? 그것은 이른바 조상을 저버리고 최후의 부처 종자를 끊는 사람이 된다고 하는 것입니다.

염불과 경 읽기와 온갖 선행을 닦는 것 등은 모두 출가자의 가질 바 떳떳한 법이라 무엇인들 해로울 것이 있겠습니까? 그러나 그 근본을 깊이 찾지 않고 모습에 집착하여 밖으로 찾으면 지혜 있는 사람의 비웃음을 살 것입니다. ……〈생략〉

고산지원법사孤山智圓法師의 《아미타경소》 서문에

"대개 심성의 본체는 밝고 고요하여 하나일 뿐입니다. 거기에는 범부도 없고 성인도 없고, 의보依報도 정보正報도 없으며, 오랜 삶도 단명함도 없고, 깨끗함도 더러움도 없습니다. 그러나 그것이 사물에 감응하고 인연을 따라 변할 때에는 지옥·아귀·축생·인간·아수라 천상이라는 육범六凡도 되고, 성문·연각·보살·부처라는 사성四聖도 되며, 의보도 있고 정보도 있습니다. 이미 의보와 정보를 지었으면 그 몸의 수명에는 장수와 단명이 있고, 그 나라에는 깨끗함과 더러움이 있습니다.

우리의 큰 성인이신 부처님은 밝고 고요한 하나를 얻은 분으로서 자비의 방편으로, 헤매는 중생들을 이끌어 그 근본으로 돌아가게 하려고 합니다. 그리하여 육신이 없지만 육신을 나투고, 국토가 없지만 국토를 나타내어 그 수명을 늘리시고, 그 나라를 깨끗이 하여 그들을 즐거워하게 하시나, 그들이 기뻐하고 싫어하므로 점차로 깨우치는 방법들이 행해지게 되었습니다.

비록 보배로 된 누각과 금으로 된 연못이 눈을 즐겁게 하는 구경거리가 되지만, 홀리고 방탕하게 하는 빛깔은 아니므로, 능히 오직 마음뿐이요 경계가 없음을 밝게 압니다. 비록 나무의 바람 소리와 새 소리는 귀에 들려오는 즐거움이 있지만, 생각을 흔드는 음성이 아니므로 능히 삼보를 생각하고 귀의할 수 있습니다. 그렇다면 밝고 고요한 본체로 다시 돌아가기는 손바닥을 뒤집기와 같습니다." 라고 하였습니다.

저는 이 지원법사가 우리 부처의 교묘한 방편의 본말을 잘 아는 분이라고 생각합니다. 그러므로 지금 그 번거로운 글을 인용하여 지금의 정토를 구하는 이로 하여금 부처님의 뜻을 알고 수행하여, 노력을 그르치지 않게 하려는 것입니다. 부처님의 뜻을 아는 이는 부처님의 이름을 생각하여 왕생하기를 간절히 구하면서도 저 불국토의 장엄한 일들은 오지도 않고 가지도 않으며, 오직 마음에 의해 나타난 것으로써 진여를 떠나지 않은 것인 줄 알 것입니다.

생각 생각에 혼침과 산란을 떠나고 선정과 지혜를 고르게 하여 밝고 고요한 성품에 어긋나지 않아서 털끝만큼도 간격이 없을 것입니다. 감응하여 통하는 것이 마치 물이 맑아 달이 나타나고, 거울이 깨끗해 모습이 분명한 것과 같을 것입니다.

그러므로 《만선동귀집萬善同歸集》에도 "실제로는 부처가 오신 것도 아니요, 내 마음이 간 것도 아니지만 감응하는 길이 통하여 오직 마음이 스스로 나타난 것이다."라고 하였습니다.

또 그 게송에는, "예배하는 이나 예배 받는 이의 성품이 비우고 고요함으로써 감응하는 길이 통함은 생각하거나 말하기가 어렵다"라 하였습니다. 그는 마음 바깥의 경계에 집착하여 치우쳐서 쾨하거나 거꾸로 고집하여 온갖 악마의 일을 불러와 부처의 뜻을 어기지 않을 것이니, 수도하는 사람들은 부디 명심하여야 할 것입니다.

어떤 수행자는 이름과 모양에 굳게 집착하여 오직 마음이라는 대승법문을 듣지 못하고, 또 우리 부처님이 밝고 깨끗한 성품 가운데서 본래의 원력을 방편으로 육신과 국토를 나타내어 허깨비인 장엄으로 중생들을 거두어 인도하여, 그 눈과 귀의 좋아하는 바로써 오직 마음뿐이요 경계가 없음을 밝게 알아, 근본으로 돌아가게 한 교묘한 방편은 알지 못하고, 도리어 말하기를 "염불하여 왕생하면 오온으로 된 몸을 가지고 한량없는 즐거움을 받는다."고 합니다.

그리하여 그 마음의 집착을 버리지 못하기 때문에, 혹 선정을 닦는 이를 보면 "이 사람은 염불하여 왕생하기를 구하지 않으니, 언제 삼계를 벗어나겠는가?" 라고 합니다.

<경>에서 밝힌, "마음이 깨끗함으로써 부처의 국토가 깨끗하다"는 뜻을 알지 못하고, 또 "닦을 바 마음은 비고 밝아 아무 것도 없다"는 말을 들으면 "몸으로 즐거움을 받을 곳이 없다"하니 공空에 떨어질까 두렵습니다. 공은 본래 공도 없는 것으로써, 오직 부처의 원만히 깨달은 밝고 깨끗한 마음은 허공과 같이 법계에 두루 하고, 중생의 마음을 모두 포용하여 끊어짐이 없습니다.

일체 중생의 무명 분별의 마음 그 자체가 비고 밝아 시방의 모든 부처와 똑같은 지혜의 바다이며, 똑같은 법성이지만, 다만 중생들이 종일토록 그 안에서 활동하면서도 스스로 그 은덕을 등지는 줄을 알지 못할 뿐입니다. 이런 뜻을 알지 못하는 이는 집착하고 탐하는 마음으로 부처의 마음을 구하지만, 그것은 모난 나무를 가지고 둥근 구멍에 맞추려는 것과 같습니다.

어떤 수행자는 성격이 들뜨고 허황하나 이 마음의 법을 듣고, 믿고 즐거워하여 닦아 익히지만 조금 얻고는 만족히 여겨 더 선택하여 결정하지 않으므로 그 지견이 원만하지 못하나 오로지 본성만을 믿고 온갖 행을 닦지 않습니다. 또 정토를 구하지 않으면서도 왕생하기를 구하는 자를 보면 그를 업신여깁니다.

이 두 부류의 사람은 부처님의 법에 대하여 마음을 잘 쓰지 못하여 많은 장애가 있으니, 슬프고 원통한 일입니다. 만일 최하의 근기를 가진 사람이 지혜의 눈은 없더라도 부처의 명호를 부를 줄 알기 때문에 희유한 일이라 찬탄하였으니, 어찌 부처님의 뜻을 알지 못하고 수행한다 하여 허물을 말하겠습니까?

어떤 수행자는 그 받은 기운이 굳세고 크지만, 마음의 반연이 매우 깊어, 이 마음의 법을 들으면 뜻을 둘 곳을 알지 못합니다. 그러나 부처의 백호 광명을 관하거나 범자梵字를 관하거나 경전을 외우거나 염불을 하는 등, 이런 수행에는 마음을 오로지 하여 어지럽히지 않고 망상을 제어하여 미혹의 장애를 받지 않고 깨끗한 행을 성취합니다. 그는 처음에 수행할 때에 감응의 길이 서로 통하니, 마침내 오직 마음인 삼매에 들어가기 때문에 그도 또한 부처의 뜻을 잘 아는 사람입니다.

비석화상飛錫和尙의 《고성염불삼매보왕론》에, "큰 바다에서 목욕하는 이는 이미 온갖 시냇물을 다 썼고, 부처님의 이름을 생각하는 이는 반드시 삼매를 이룬다, 그것은 마치 물을 맑히는 진주를 흐린 물속에 넣으면 흐린 물이 맑아지지 않을 수 없는 것과 같아서, 염불을 산란한 마음 가운데서 일으키면 산란한 마음이 부처가 되지 않을 수 없는 것이다.

이미 합한 뒤에는 마음과 부처를 모두 잊어버린다. 모두 잊는 것은 선정이요, 모두 비추는 것은 지혜이니, 선정과 지혜가 고르면 어느 마음인들 부처가 아니며, 어느 마음이라도 부처가 아닌 것이 있겠는가? 마음과 부처가 그러할 때에는 온갖 대상과 온갖 반연이 모두 삼매일 것이니, 누가 다시 마음을 일으키고 생각을 움직여 높은 소리로 부처를 부를 필요가 있겠는가?"라고 하였습니다.

문수보살이 설한 《반야경》에 "염불하여 일행삼매一行三昧를 얻는다."고 밝힌 것도 바로 이런 뜻입니다. 이 뜻을 알지 못하면 도리어 견애見愛의 정을 가져, 부처의 모습을 관하고 부처의 이름을 생각하여 오랜 세월을 지나면, 흔히 마귀나 도깨비에게 끌려서 미치광이 짓을 하거나, 함부로 달리거나 하여 헛되이 공부를 수고로이 하여 일생을 마칩니다.

요즘 이런 사람들을 자주 보고 듣는데, 그것은 다 시방세계의 의보와 정보와 선악의 인과는 오직 마음이 지은 것으로써, 그 본체는 얻을 수 없음을 알지 못하기 때문입니다. 또 혹은 앉아 있는 동안에, 하늘 사람이나, 보살의 형상이나, 부처의 원만한 상호나, 단정한 남녀, 또 무서운 형상이나, 혹은 갖가지 허깨비와 미혹시키는 일을 말하는 것을 보며, 혹은 밖으로 나타나는 형상은 아니더라도 그 마음속에 악마의 일을 그대로 따르는 나쁜 깨달음과 소견 따위는 이루 말할 수 없습니다. 그 때에 정신이 어지러워 살피지 못하고, 스스로 구원할 지혜가 없어 악마의 그물에 걸리고 마니 진실로 슬픈 일입니다.

《기신론》에 "오직 마음을 생각하면 경계가 곧 없어져 마침내 괴롭지 않다"고 말하지 않았습니까? 또, "수행자는 항상 지혜로 관찰하여 그 마음을 삿된 그물에 떨어지게 하지 말고, 마땅히 부지런히 바르게 생각하여 취하지도 말고 집착하지도 말라."고 하였습니다. 가르친 뜻이 이러할진대, 왜 경계를 따르고 마음을 등지고서 부처의 도를 구하려 합니까?

지금 수행자들은 흔히 "다만 염불하여 왕생하면 그만인데 또 무엇이 있는가?"라고 말하지만, 그것은 구품의 오르고 내림이 다 자신의 마음을 믿고 아는 것이 크고 작고 밝고 어두움으로 말미암아 나타나는 것임을 알지 못하기 때문입니다.

<경>에 "최상의 진리를 알지 못하고 다만 명호만 부르겠는가?"라 하고, 또 《만선동귀집》에는 "구품의 왕생에는 위아래가 다 통한다. 즉 화토化土에 놀면서 부처님의 응신應身을 보기도 하고, 보토報土에 태어나서 부처님의 진실한 몸을 보기도 하며, 여러 겁을

지나서야 비로소 소승의 이치를 깨닫기도 하고, 예리한 근기와 둔한 근기, 고요한 뜻과 산란한 뜻이 있기도 하다"라고 하였습니다.

이로써 고금의 통달한 스승들은 정토를 구하더라도 진여를 깊이 믿고, 선정과 지혜를 오로지 닦음으로, 저 빛깔과 모양 및 장엄 따위의 일은 오는 것도 없고 가는 것도 없기 때문에, 분별을 떠나 오직 마음에 의해 나타는 것으로써 진여를 떠나지 않는 줄을 압니다. 그러므로 그것은 범부와 소승들이 전식(轉識: 업식 전식 현식 중의 하나. 아뢰야식이 변현한 7식)이 나타나는 것을 알지 못하고 밖에서 오는 것이라고 보아 색상色相의 분별(분제)을 취하는 것과는 같지 않습니다.

비록 다 같이 정토에 태어난다고는 하지만, 어리석은 자와 지혜로운 자가 수행하는 차별은 하늘과 땅처럼 멀리 떨어졌습니다. 어찌 현재에 오직 대승의 마음 법문을 배우는 자가 선정과 지혜를 오로지 닦아, 범부와 소승들이 마음 밖의 색상色相의 차별[分際]을 취하는 소견에 떨어짐을 면하는 것만 하겠습니까?

만일 이 조사와 종사의 문하에서 마음에서 마음으로 전하여 비밀한 뜻을 가르쳐 주는 것이라면, 그것은 이 한계에 있지 않습니다. 그러나 기琪 스님은 "조사의 도를 능히 깨달아 지혜를 발휘하는 이는 이 말세에는 없다"고 하였습니다.

이 《권수문》에서는 대승 경론의 이치에 의지하여 밝게 증명하고, 현재에 전하는 법을 믿고 알아 밝힌 이치 및 삶으로 나오고, 죽음으로 들어가고, 정토와 예토로 가고 오는 이익과 손해를 대략 분별하였습니다. 그리하여 결사에 들어와 마음을 닦는 사람들로 하여금 그 본말을 알아서 모든 논쟁을 쉬고, 그 권실權實을 분별하여, 대승법문을 바로 수행하는 길에서 그릇되게 공부하지 않고 바른 씨앗을 같이 맺고 선정과 지혜를 같이 닦도록 하였습니다.

행원을 같이 닦고, 부처의 땅에 같이 태어나며, 도를 같이 깨닫는 등 이런 일들은 모두 같이 배워 서로 주인과 손님이 되어 서로 도와서 공을 이루고, 바른 법의 바퀴를 굴려 중생을 두루 구제하여 모든 부처의 막대한 은혜를 갚으려는 것입니다.

우러러 생각하니 부처님의 눈으로 이 보잘 것 없는 정성을 증명해 주시고, 이 법계의 무지한 중생들을 위하여 선정과 지혜를 같이 닦으려는 원을 일으키게 하소서……〈생략〉

명창明昌 원년 경술(1190년) 늦봄에
공산에 은둔하는 목우자牧牛子 지눌知訥 삼가 씀』

4. 원묘국사의 백련결사

원묘국사圓妙國師 요세(了世 : 1163~1245)는 성은 서徐씨요, 자(字: 어른이 되어 부르는 이름)는 안빈安貧이다. 12세에 출가하여 승과에 급제하고 명산을 두루 돌아다니다가 영통산 장연사에서 법을 강설하더니 보조국사로부터 이런 게송을 받았다.

물결이 어지러우니 달빛이 드러나기 어렵구나.
밤이 깊어 어두워도 불을 켜면 다시 밝은 법이니,
그대에게 권하노니,
마음의 그릇을 단정히 하고 감로수를 기우리지 말라.

게송을 받고 마침내 선禪으로 마음을 돌려서 조사의 관문을 뚫기로 결심하였다. 그리고 곧 보조국사가 있는 수선사에 참가하여

도화道化를 더욱 높이더니, 수선사를 팔공산八公山에서 강남으로 옮기자 요세스님도 그 곳으로 따라갔다.

그 때에 가는 길이 마침 남원 귀정사를 지나게 되었는데, 그 절의 주지스님 꿈에 어떤 사람이 와서,

"삼생지법화대사三生持法華大師가 올 터이니 어서 청소를 하고 맞이하라"하였다.

경내를 말끔히 소제하고 반찬을 준비하여 기다렸더니 저물게 과연 요세스님이 이르렀다. 요세스님은 고행을 주로 하여 날마다 대중과 함께 도를 닦으면서도, 다시 53불에 12회씩 예배하였다. 아무리 춥고 더울지라도 그만두지 아니하므로 사람들은 그를 가리켜 서참회(서씨의 참회)라 하였다.

이렇게 정진하던 요세스님은 얼마 후 수선사修禪社에서 보조국사를 떠나 **천태교관에 의한 염불수행**을 결심하였다.

스님은 천태교관을 깊이 배우고 전남 강진군 남해산 옆 만덕사 옛터에 80여 칸의 가람을 개창(1211~1216)하여 그 곳에 백련결사白蓮結社를 개설하였다. 이곳에서 그의 나이 70세인 1232년부터 보현도량을 열어 법화삼매를 닦아 **정토에 왕생하기를 구하게 했으며** 천태삼매의天台三昧義에 의해 법화참(법화경을 읽으며 참회하는 수행)을 닦는 것을 행법으로 삼아 결사운동을 적극적으로 전개하였다.

이 때 참여한 대중은 직접 제도한 스님 38명 등 사부대중 3백여 명이었으며, 개경에서 내려온 유학자도 수명이 포함되었다. 요세스님은 지극히 검소한 생활로 방에는 항상 세벌의 옷과 발우 하나뿐 이었으며, 스스로 지관止觀을 행하고 독송하며 가르쳤다.

뒤에는 늙은 몸으로 다시 참선하는 여가에 날마다 **법화경 1부 준제진언 1천편 아미타불 1만 편**을 매일 외우기를 쉬지 않았으며, 밤에도 불을 켜지 않고 잘 때에도 요를 깔지 않았다. 요세스님은

83세 되던 해 6월 그믐날, 문득 감원 스님을 불러서,

"내가 유행할 때가 있으니 죽선상(대나무로 만든 상)을 하나 만들어다오" 하고 부탁하였다.

곧 상을 만들어 드렸더니, 그 위에 앉아 보고 대단히 만족하게 생각하며 칭찬을 많이 하였다. 며칠을 지나서 7월 6일이 되었는데, 스님은 문득 목욕을 하고 옷을 갈아입은 뒤에 하루 동안 움직이지 않고 가만히 앉아서 입정하고 있었다.

날이 저물 때 수제자 천인天因을 불러서 불승佛乘의 대의大儀를 부탁하여 이르고,

"이젠 가을이 되어서 내 갈 길에 걱정이 없다."라고 말하였다.

그러자 천인이,

"스님의 동정이 평일보다 조금 다르니 웬 일이십니까"하고 물으니, 요세스님이 말하기를,

"내가 가려고 한지가 벌써 오래였다마는 날이 너무 더워서 너희들에게 큰 고생이 되겠기에 기다리고 있었더니 이제는 입추가 되었으니 아무 걱정도 없다."하였다.

축시(새벽1~3시)쯤 되어서 물을 가져오라 하여 다시 세수를 하고 법복으로 갈아입고 자리에 앉아서 가부좌를 한 뒤에 경쇠를 쳐시 대중을 모아 놓고 말씀하시기를,

"오십년 동안 산림의 썩은 물건이 이제는 가니, 여러분들은 아무쪼록 법을 위하여 많이 노력하시오."하고 이별을 고하였다.

천인이 말하기를,

"임종시 선정에 들어 있는 마음이 곧 정토淨土인데, 가시긴 어디를 가신다고 하십니까?"하고 물었더니, 요세스님은

"이 마음을 움직이지 않는 당처에 현전하나니, 나는 감이 없이 가고 그대는 옴이 없이 오니라. 중생의 마음과 부처의 마음이 결

합하니 실로 마음 밖의 일이 아니다."하고는, 마음을 거두고 선정의 자세로 가만히 앉아 있었다.

오래도록 아무 말이 없으므로 혹 입정하였는가 하여 가까이 가서 본즉 벌써 입적하였다. 입적한 뒤에도 얼굴이 이상하게 희고 수족이 생전과 같이 부드럽고, 머리가 오래도록 식지 아니하고 따뜻하였다.

5. 진각국사의 염불삼매

진각국사(眞覺國師, 1178~1234)의 성은 최씨요, 이름은 혜심慧諶이며, 호는 무의자無衣子이다. 나주 화순 사람으로 어려서 아버지를 여의고 홀어머니 밑에서 한학을 공부하여 사마시(司馬試 : 생원과 진사를 뽑는 과거제도)에 합격하고 태학에 입문하였다. 그의 어머니가 꿈에 하늘 문이 활짝 열리는 것을 보고, 또 벼락을 세 번이나 맞는 꿈을 꾸고서 스님을 잉태하여 열두 달 만에야 낳았다.

태어난 뒤에도 두 눈을 감고 가만히 있다가 7일만에야 눈을 떴다고 한다. 젖을 먹은 뒤에는 언제나 몸을 돌려서 그의 어머니를 등지고 누우므로 부모가 다 괴상하게 여겼다. 일찍이 아버지를 여의고 출가하려 하였으나, 그의 어머니가 허락하지 아니하고 도리어 유교를 공부하게 하였다. 그러나 그는 항상 불경을 읽고 진언을 외워서 그 힘을 얻었으며, 어려서부터 무속이나 요사스런 일들을 힘써 배척하였다.

사마시에 합격하고 태학에서 공부하던 중에 그의 어머니가 병을 앓게 되었다는 소식을 듣고 집으로 돌아왔다. 간호를 하면서도 그는 지성으로 염불하여 마침내 **염불삼매**念佛三昧를 얻었다. 그의 어머니가 꿈에 부처님과 보살님이 사방에서 나오시는 것을 보고 깨어보니 병이 다 완쾌되었다고 한다.

그 후 어머니가 돌아가시자 조계산 수선사(현재의 송광사)의 보조국사를 찾아가 출가하였다. 좌선 정진에 몰두하여 크게 깨닫고 보조국사가 입적한 후 왕명에 의해 조계종의 제2세가 되었다. 1234년 병으로 인하여 57세에 입적하였다.

- 《한국불교사화》

◆ 산란한 마음으로도 부처를 본다 ◆

대개 아미타불의 무량광명에 대한 진실한 믿음을 성취하는 것을 염불삼매라 한다. 자신이 무량한 광명 가운데서 존재하고 있다는 생각을 끊이지 않는 심적 상태다. 이 염불삼매 가운데서 때로는 부처님이나 보살님을 친견하는 경우가 있는데, 이 때 출현하는 불보살님을 응화신이라 부른다.

지금 진각국사가 출가하기 전에 **어떻게 염불삼매를 얻었을까?** 하는 의문을 가질 수도 있겠지만 선근이 깊으면 산란한 마음 가운데서도 부처님을 친견할 수 있다고 하였다.

원효스님은 《기신론소》에서 이렇게 밝혔다.

『《섭대승론》 가운데서 깨어진 그릇을 비유로 삼아 **사마타**가 있어야 곧 부처님을 볼 수 있음을 밝혔습니다. 이것은 과거에 **염불삼매**念佛三昧를 닦아서 이를 계속해야만 금세에 부처님의 몸을 볼 수 있음을 밝힌 것이지, 금세에 반드시 정심定心이 되어야만 부처님을 볼 수 있음을 말한 것은 아닙니다. 산란한 마음[散心]으로도 부처님을 볼 수 있기 때문입니다.

이것은 《미륵소문경》에서 말씀하신 것과 같습니다. 이 경에서 모든 선禪이 수행처가 된다고 하였으니, 선禪을 얻는 것은 모든 행을 잘 행한다고 하는 것입니다.
이 〈논〉 중에는 반드시 선禪을 구해야 처음 발심하는 것은 아닙니다. 왜냐하면 부처님이 세상에 계실 때에 한량없는 중생이 모두 발심하였어도 반드시 선禪에 있지는 않았기 때문입니다.』라고 하였다.

6. 일연국사의 공덕

한국인의 염불수행 역사를 후대에 전한 데는 일연스님의 공덕이 지대하다. 염불수행이 성행한 신라시대의 사례들은 거의 《삼국유사三國遺事》에 실려 있기 때문이다. 일연(一然, 1206~1289)스님은 위대한 선승禪僧이요, 국사國師다. 일연 스님은 《삼국유사》를 지어 우리가 하늘민족임을 천명하고, 민중 가운데 뿌리내린 토속 신앙의 모습과 불교의 생활상을 낱낱이 살펴, 후세에 전한 종교학의 시조始祖다. 그 대강을 실어 위대한 공덕을 길이 찬탄하기를 바라는 마음이다.

1) 우리는 하늘민족이다
일연스님은 《삼국유사三國遺事》의 서두를 이렇게 시작하였다.
『…… 제왕이 장차 일어날 때에는 반드시 부명(符命: 하늘의 명령)을 얻고, 길흉화복을 예언한 기록을 받는다. 이러한 까닭에 범부와는 다른 점이 있다. 그런 뒤에라야 큰 변화의 기회를 타서 높은 지위를 잡아 대업을 성취할 수가 있다…… 이렇게 볼 때 저 삼국의 시조들(고대 중국의 복희, 신농, 황제)이 모두 신비한 전설에서 나왔다고 하는 것이 어찌 괴이할 것이 있겠는가? 이 기이편紀異篇을 책머리에 싣는 것도 그 뜻이 실로 여기에 있다.』라고 서술하였다.

그리고 이 민족이 일어난 시초를 이렇게 전한다.

《삼국유사三國遺事》 권1. 기이 제1. 《고조선(왕검조선)》 편에

『《위서魏書》(지금은 전해지지 않음)에 전하기를, 지금으로부터 2000년 전에 단군왕검壇君王儉이 있었다. 아사달(지금의 평양?)에 도읍을 정하고, 새로이 나라를 세워, 그 이름을 조선朝鮮이라고 불렀다. 이것은 고(高: 전한의 고제?)와 같은 시기였다.』고 기록하였다.

《고기(古記: 단군고기?)》에 전하기를, 『옛날에 환인(桓因: 제석천 하늘님)의 서자 환웅桓雄이라는 이가 있었는데, 천하를 다스리고 싶은 뜻을 가지고 있었다. 그리하여 인간 세상을 탐내어 얻고자 하였다. 그의 아버지인 환인은 아들 환웅의 뜻을 알아차리고, 삼위태백산(천하명산)을 내려다보니 인간들을 널리 이익 되게 하여 줄 만하였다[弘益人間].

환인은 천부인天符印 세 개를 환웅에게 주어 인간 세계를 다스리도록 하였다. 환웅은 무리 3000명을 거느리고 태백산정(묘향산)에 있는 신단수神壇樹 아래로 내려왔다. 이곳을 신시神市라 부르고, 이 분을 환웅천왕桓雄天王이라 불렀다. 그는 바람과 비와 구름을 다스리는 주술사를 거느리고, 곡식·수명·질병·형벌·선악을 주관하였다. 모든 인간들의 360여 가지 일을 주관하여 세상을 다스리고 교화하였다.

이 때 호랑이 한 마리와 곰 한 마리가 같은 굴에 살고 있었다. 그들은 항상 신웅神雄 즉 환웅에게 빌면서 사람이 되기를 원하였다. 이 때 신웅이 신령스런 쑥 한줌과 마늘 20여 매를 주면서, 말하기를, '너희들이 이것을 먹고 100일 동안 빛을 보지 않으면 곧 사람이 될 것이다.'라고 하였다.

호랑이와 곰은 이것을 받아먹었다. 21일 동안 지키니 곰은 여자

의 몸으로 변했고, 호랑이는 능히 지키지 못해서 사람의 몸으로 변하지 못했다. 웅녀熊女는 혼인하여 같이 살 사람이 없었으므로 날마다 신단수 아래서 아기를 잉태하기를 축원하였다.

환웅이 잠시 거짓으로 변하여 그와 혼인하였더니 잉태하여 아들을 낳았다. 그 아들의 이름을 단군왕검이라 하였다. 단군왕검은 요(堯: 중국 고대 왕)가 즉위한지 50년인 해에 평양성에 도읍하고 비로소 조선朝鮮이라 불렀다.

또 도읍을 백악산 아사달로 옮기니 궁홀산 혹은 금미달이라고도 한다. 그는 1500년 동안 여기서 나라를 다스렸다. 주周나라 무武왕이 즉위한 기묘년에 기자箕子를 조선에 봉封하였다. 이에 단군은 장당경(구월산?)으로 옮겼다가 뒤에 돌아와서 아사달에 숨어 산신山神이 되니 나이는 1908세였다.』고 기록하였다.

위 글은 우리 민족의 국조國祖가 단군임을 명확히 전한 최초의 기록이다. '우리는 하늘 민족이다'이라는 자긍심과 더불어 높고도 깊은 원대한 뜻을 담고 있다. 비록 영토는 작지만 하늘이 보호하고 하늘의 뜻을 받드는 민족임을 자랑스럽게 생각하고, 그 정신을 실천하는 후손이 되어야 할 것이다. 또한 종교와 민족정신을 아울러 포용할 줄 아는 현명한 한국인이 되기를 바라는 마음 간절하다.

2) 종교학의 시조

우리가 텅 빈 마음으로 하늘을 우러러 보고, 산천을 둘러보면 자연은 참으로 신비롭고 생명은 경이롭기 그지없다. 장엄한 대자연을 삶의 터전으로 삼은 우리들은 그들로부터 헤아릴 수 없는 혜택을 받고 살아간다. 그러나 때로는 인간의 힘으로는 감당할 수

없는 자연의 휘몰아침을 받을 땐, 그것은 필시 하늘의 노여움일 것이라 생각하며 두려워하기도 한다.

비록 언어를 사용하고 사유하는 능력을 갖고 있다고는 하지만 끝없이 펼쳐진 자연의 장엄함에 비하면 유한한 존재요, 나약하기만 하다. 원시사회의 천진한 사람들은 자연을 대할 때, 지금의 우리들보다 몇 배 이상의 신비한 존재로 여겼을 것이다. 그들은 자연의 장중함에 압도되었고, 마침내 경배하고 의지하는 대상으로 삼았다.

경이로운 생명을 바라보면서 영원불멸한 정령精靈이 존재할 것이라는데 의심하지 않았다. 그리고 뭇 정령들을 통솔하는 상위 개념을 생각한 나머지 마침내 신神에 대한 관념을 일으키게 되었던 것이다. 그들은 유한하고 나약한 존재이지만 살아서는 신의 은총으로 보호받고, 죽어서는 무한자에게 귀속되거나, 그 세계에 태어나 영원한 삶이 영위되기를 기원하였다. 이것은 대부분의 인간에게서 자연히 일어나는 신앙심 혹은 종교심이라고 말할 수 있다.

인류의 종교심은 역사가 시작될 무렵부터 일어났을 것이고, 점차 발전되어 체계적으로 조직화되었다. 원시 사회로부터 시작된 신앙생활과 종교 관념은 오늘날까지도 여전히 끊이지 않고 있다. 아미 스스로 신이 되거나, 역사가 종말하는 그날까지 계속될 것이다.

종교학은 1873년 영국의 막스 뮐러(1823~1900)가 《종교학 입문》을 펴내면서 일반적인 연구가 시작되었다고 한다. 불과 130여 년 전의 일이다. 서양의 학자들은 종교를 릴리젼(religion)이라고 표현했다. 이는 '신과 인간의 결합'이라는 의미를 지니고 있다. 동양에서는 1881년 일본 학자들이 《철학 자휘》를 펴내면서 릴리젼을 종교宗敎라는 용어로 받아들여 사용하게 되었다.

그러나 서양에서 사용하는 릴리젼과 동양에서 사용하는 종교는 그 속뜻이 다르다. 종교라는 말은 본래 불교 안에 있으며, 불법의 전통적인 해석 술어로 사용하고 있다. 종宗이란 구극의 원리 혹은 진리를 의미하고, 교教란 말씀에 의한 가르침 또는 지시를 의미한다. 즉 동양의 종교 혹은 불교에서 말하는 종교는 가르침에 의해 진리에 도달한다는 의미다.

구체적으로 말하자면, 화엄종·선종·정토종 등의 용어가 바로 그것이다. 이와 같이 동양에서는 종교가 릴리젼보다 상위 개념으로 사용되었으나 지금은 종교가 릴리젼의 의미로 통용되고 있다.

현대에 들어와서 많은 종교학자들은 종교현상에 대하여 활발하게 연구하고 있다. 그런데 필자는 이 종교학의 시조始祖가 한국의 일연(一然, 1206~1289)스님이라고 생각한다. 일연스님은 선승禪僧이요, 국사國師요, 100여권의 저술을 남긴 학자이기도 하다.

그리고 5천년 역사를 자랑하는 민족이지만, 고대사를 전해주는 역사서는 단 2권 밖에 없는데, 그 중에 한 권인 《삼국유사三國遺事》를 저술(73~77세 무렵)한 위대한 역사가이다.

한국의 고대사를 전해주는 다른 한권은 김부식이 왕명을 받아 1145년에 저술한 《삼국사기三國史記》다. 《삼국유사》를 통해 일연스님을 종교학의 시조라고 믿는 데는 여러 가지 이유가 있다.

일연스님은 종교적 신념에 치우지지 않고 학자적 능력을 발휘하여 고대와 삼국시대의 신앙 활동을 사실대로 기록하고자 노력하였다. 토테미즘의 원형을 가감 없이 묘사하였다. 지금 시조를 단군檀君이라 고쳐 사용하고 있지만, 그는 제단의 의미를 지닌 단壇으로 기록한 데서도 잘 알 수 있다.

또한 지신地神, 산신山神, 용왕신龍王神 등 자연물숭배에 대해서도 민족의 토속신앙을 사실대로 전달함으로써, 후대인이 그 시대의 종교생활을 연구할 수 있는 토대를 마련해 주었다. 불교의 신앙생활을 전달하는 데도 미화시키기보다는 전해들은 대로 혹은 사실에 가깝게 기록하고자 노력한 흔적을 곳곳에서 느낄 수 있다.

그렇기 때문에 문헌의 고증이나 역사적 사실과 다른 점이 있기도 하지만 그 가운데서 더욱 큰 가치를 찾을 수 있을 것이다. 일연스님은 불교인으로서, 더욱이 선승의 신념에 집착하지 않고, 고대 민족의 토속신앙을 사실대로 후대에 전한 종교학의 시조다.

전설이 아니라 역사서의 기록으로써 후대에 미치는 영향은 말로 다 표현할 수 없이 지대하다. 일연스님은 우리 민족의 근원을 하늘에 두고 단군의 자손임을 세계만방에 천명하였을 뿐만 아니라, 종교학의 토대를 마련해 주었으니, 그 공덕은 참으로 위대하다 하겠다. 염불수행의 역사를 잘 알 수 있는 것 역시 스님의 공덕이었다.

일연스님은 입적하기 전에 이런 게송을 남겼다.

공空 무상無相 무원無願
젊었던 한 시절 자취 없이 가버리고
시름에 묻힌 이 내 몸 덧없이 늙었어라
한 끼 밥 짓는 동안 더 기다린들 무엇 하리.
인간사 꿈결인 줄 내 이제 알았노라.

제2절
운묵무기 스님의 실천철학

1. 무기의 인품

무기無奇스님은 고려 천태종 백련사白蓮社 제4세 진정(眞靜: 천책스님)국사의 제자인 정조이안靜照而安에게서 수계하였다. 스님의 자(字: 어른이 되어 부르는 이름)는 무기無奇요, 법명은 운묵雲默이며, 법호는 부암浮庵이다. 생존 연대는 확실하지 않으나, 그가 남긴 《석가여래행적송釋迦如來行蹟頌》의 저술 연대가 1328년이므로, 이 시대 천태종 백련사 계열의 인물임을 알 수 있다.

그는 고려 말의 천태종 승려들의 세력화, 귀족불교, 선불교와 그들의 행위에 대하여 날카롭게 비판하면서 새로운 자각을 외쳤다. 그리고 당시의 혼탁한 사회현상과 불교교단의 타락상을 말법시대관으로 해석하고 정토문의 필요성을 역설하였다. 또한 시주의 은혜에 의지하는 승려로서 본분을 잃지 않아야 한다는 지극히 **서민적인 정토사상과 염불의 실천**을 강조하였다.

또한 스스로도 자신의 **실천철학**을 역설하면서 고통받는 중생을 위해 실천적인 삶을 살아가고자 노력하였다. **무기스님의 인품**에 대해서 말하자면, 1330년 백련사 스님 기皀가 쓴 《석가여래행적송釋迦如來行蹟頌》의 〈발문〉에 다음과 같이 기록하고 있다.

『지금 부암浮庵장로 무기가 있으니, 일찍이 백련사 제4세 진정국사의 제자로서 석교도승통이며, 각해覺海가 원명한 불인정조대선사 이안당而安堂 아래 투신하여 머리를 깎고 승려가 되었는데, 법명은 운묵雲默입니다. 배움은 천태종의 문의文義에 통달하였고, 승과에 나아가 상상과上上科에 합격하고 굴암사의 주지 직책을 받았습니다.

그러나 높은 자리 명예의 길을 헌신짝처럼 버리고 금강산, 오대산 등 명산과 빼어난 곳을 다니다가 마침내 시흥산始興山 탁일암에 이르렀습니다. 이곳에서 머물면서 《법화경》을 읽고 **아미타불을 염하며** 불화를 그리고 경을 쓰는 것으로 날을 삼기를 20년이 되었습니다. 남는 시간에는 불전과 조사어록, 논서 등을 펼치고 찾아서 《석가여래행적송》을 찬술하고, 아울러 주석을 달아 2권을 완성하였습니다.』라고 하였다.

또한 〈서문〉에 기록하기를,『무기는 인물이 뛰어나지는 못하여 화려함은 없었으나, 용모는 그 마음과 같았습니다. 젊은 시절에는 중국의 천태산까지 가서 공가중空假中의 천태삼관을 열심히 공부하였습니다.』라고 적고 있다.

무기는 시흥산에서 《석가여래행적송》을 저술하여 간행한 뒤에 만년에는 남쪽으로 내려가 전남 장성 취령산 취서사에서 서예를 즐겨 하며 지내다가 입적한 것으로 전해진다.

2. 선교관

무기스님은 선문禪門과 교문敎門에 대하여 이렇게 밝혔다.

『선禪은 범어로 말하면 선나(禪那 : dhyana)인데, 번역하면 **사유수**思惟修입니다. 선에는 두 가지가 있습니다. 세간선과 출세간선입니다. **세간선**은 근본사선根本四禪 · 사무량심四無量心 · 사무색정四

無色定이니, 이것은 범부가 행할 선입니다. **출세간선**은 육묘문六妙門, 16특승통명十六特勝通明, 삼명육통三明六通에 이르는 선인데, 이것은 성문과 연각이 함께 행할 선입니다.

《수능엄경》 등의 **백팔삼매**, 제불부동諸佛不動 등의 **1백 20삼매**는 모든 부처님과 보살이 닦는 선입니다. 범부의 선과 성문 연각이 닦는 선은 같지 않습니다. 선을 행하는 것은 공용(功用 : 신·구·의 삼업의 작용)입니다. 모든 잡념을 고요하게 하여 마음을 한 곳에 집중하여 제재하는 것이 **견성성불**見性成佛입니다. 삼세제불 일체보살이 이 문을 쫓아 들어가지 않음이 없습니다.

선을 숭상하는 자는 선은 교외별전教外別傳이니, 수승한 법이 되므로 경전과 교문教門을 비방하지 않는다고 말합니다. 이러한 사람들은 교문의 가르침 가운데에도 오로지 마음의 요체心要를 보여 주는 것이 있는 줄을 알지 못하기 때문에 의혹이 있습니다. 대개 일찍이 경을 보지 않은 허물입니다. 마음과 교教는 둘이 아닙니다. 교외별전은 어떤 마음인가?

만약 세존이 꽃을 들어 보인 것을 별전이라고 한다면, 이것 역시 교를 벗어나지 않은 것입니다. 달마가 혜가에게, "마음을 가져 오라" 하여 둘이 편안해 지고, 또한 《혈맥론》《관심론》 등의 논을 보게 되는데, 이것은 교가 아닌가? 하물며 육조 혜능선사가 《금강경》을 듣고 깨달음을 얻어, 크게 종풍을 날렸는데 어찌 교외별전이라고 말하는가!』

3. 오시교五時教

운묵무기 스님은 부처님이 근기에 따라 설법하신 일대교설에 대하여 천태종에서 주장하는 오시교五時敎를 들어 이렇게 간명하게 말하였다.

『"《법화경》에서 말씀하시기를, 내가 비로소 도량에 앉아 나무를 관하고 거닐면서 삼칠일 가운데 이와 같은 일을 사유하였다. 초칠일에는 내가 얻은 지혜는 미묘하고 최제일 이라고 사유하였다. 이칠일에는 내가 스스로 사유하는 것은 다만 불승佛乘을 찬탄하는 것이라고 사유하였다. 삼칠일에는 과거 부처님이 행하신 방편력方便力을 깊이 생각하여, '나도 지금 성취한 깨달음으로 응당히 삼승三乘의 법을 설하리라.' 하고 사유하였다."라고 하셨습니다.

이렇게 사유하시기를 마치고,
녹야원에 나아가 12년 중에 사아함경四阿含經을 설하시고,
8년 동안 방등方等의 제경을 설하시고,
21년 동안은 여러 부의 반야경般若經을 설하시고,
8년간은 법화法華, 열반涅槃 두 권의 경을 설하시고,
인연 있는 중생들 모두 제도하시어 능히 일을 마치시니,
80세에 달하여 열반에 드셨습니다.』

◆ 오시교五時敎 ◆

석가모니 부처님이 성도하신 후에 어떤 행을 보이셨는가? 또 어떤 말씀을 먼저 펴 보이셨는가? 라는 물음에 대해서는 여러 종파마다 대답하는 것이 약간씩 다르다. 무기스님은 이 문제를 천태종의 오시교 즉, 화엄시·녹야시(아함시)·방등시·반야시·법화열반시로써 해설하고 있다.

부처님이 성도하신 후 해인삼매 가운데서 법락을 누리고 계실 때 말씀하신 것이 《화엄경》이다. 성도하신 후 삼칠일 동안 중 2주 동

안은 화엄세계의 법락을 누리시고, 뒤의 1주 동안은 방편지方便智를 사유하셨다. 그리고 알기 쉽게 《아함경》의 사성제 법문부터 펴 보이시고, 점차 차원 높은 법문을 열어 보이셨다는 것이다.

오시교의 주장에는 부처님께서 49년간 설법하신 것으로 되어 있는데, 이것은 부처님의 성도를 31세로 본 경우이다. 현재는 35세에 성도하시고, 45년간 설법하신 것으로 통일되었다.

4. 정토와 염불법문

근기와 좋아하는 것을 따라서 좌선을 보이고, 경을 독송하게 하고, 염불을 가르치고, 보시하게 하고, 계를 지키게 하는 등 일체 모든 선행은 그것을 닦게 하여 불도佛道에 들어가도록 하는 것입니다. 대개 중생은 많은 장애가 있기 때문에 여러 가지 도업道業을 닦는 도중에 그만두는 일이 허다합니다. 그러나 오직 **염불**念佛하는 자는 만 명 중에 한 사람도 실패하지 않습니다.

염불念佛이란, 바깥 경계가 넓고 마음이 산란하여 삼매三昧를 이루기가 어렵기 때문에, 응당히 인연에 따라서 **한 부처, 한 보살을 전심으로 예불하고 생각하여,** 감응感應을 쉽게 이루어, 부처님의 참모습을 뵙고 법문을 들어 도를 깨닫는 수행입니다.

염불하는 사람들은 시방의 무량한 부처님과 일체 보살을 널리 뵙게 되고, 무수한 불보살이 주위에서 옹호합니다. 만약에 현세에 공덕을 얻지 못하면 후세에 뵙고 뜻에 따라 반드시 정토에 태어나 공양 받을 것입니다.

말법시대를 당하여 정토를 구하지 않고 무엇을 하겠습니까? 사람들은 흔히 정토법문에 대하여 의심과 비방하는 마음을 일으켜서,

정토를 구하여 그 곳에 태어나고자 하는 사람들을 보면 비웃고 말리지만, 이것은 자신과 타인을 함께 잘못 인도하는 일입니다.

슬프고도 슬픈 일입니다.

5. 불교의 윤리

일상생활에서 불교인이 마땅히 실천해야 할 윤리가 있다.

첫째는 부모와 스승을 봉양하는 일이다[奉養師親]. 세간에서는 부모님의 은혜요, 출세간에서는 스승의 은혜가 막중하니, 그 은혜에 보답하기 위해서는 보시를 해야 한다. 부모에게 효도하는 일과 부처님께 공양하고 복 받는 일의 근본 이치는 같다. 출가자라도 부모가 있으면 남는 옷과 음식 등으로 공양해야 한다. 보시는 부모와 스승 뿐 아니라 병든 사람에게도 베풀어야 한다.

둘째는 세상을 살아가는 데는 인의仁義**가 모든 선**善**의 근본이다.** 어진 성현의 이름을 얻은 자는 모두 인의仁義에서 비롯된다. 자애로움과 옳음으로써 지계와 인욕을 배우는 것이다.

셋째는 겸손한 마음이다[謙心]. 겸손은 아만의 병을 고치는 묘약이다. 불교를 배우는 사람은 먼저 아만심을 꺾어야 한다. 겸손한 마음으로 위로는 삼보를 공경하고, 중간에 어른을 공경하고, 아래로 범부들을 따라야 한다.

넷째는 부드러운 말씨다[軟語]. 남을 기쁘게 하는 것은 중생의 마음에 먼저 힘써야 할 일이다. 입으로 짓는 악업 중에 악언惡言이 가장 심한 것이다.

스스로 **보시**하고 **안인**安忍하며, **겸손한 마음**, **부드러운 말씨**는 하나하나가 성불의 씨앗 아닌 것이 없다. 만약에 갖추어 행하면 이보다 더한 선행은 없다. 출가인은 국왕의 은혜, 스승과 어른의 은혜, 부모의 은혜, 시주의 은혜, 이 **사은**四恩 가운데 시주의 은혜가 가장 막중하다.

우리들 출가자는 산림에서 편안하게 지내면서 경작하지 않고 밥을 먹고, 누에를 치지 않으면서 옷을 입을 수 있는데, 모두가 시방十方 시주자들의 은혜다. 네 가지 은혜를 비교한다면 시주의 은혜가 제일 급한 것이다. 하루 두 끼에서 한 끼라도 거르면 일이 잘 되지 않는데 이틀, 사흘, 이레를 걸러 보라. 목숨 부지하기도 어려울 터인데 수도修道가 다 무엇이겠는가.

이러한 까닭에 시주의 은혜가 급하고 국왕 및 스승과 부모의 은혜는 그 다음이다. 여러 출가자들은 이러한 뜻을 마땅히 알아서 예불하고, 염불하고, 향을 사르고, 등불을 켜고, 꽃을 올리고, 탑을 소지하고, 벽을 바르는 등의 작은 보시라도 응당히 우선적으로 회향하도록 해야 한다. 의복·음식·침구·의약의 사사四事는 어떤 시주자들이 복을 구하기 위한 것이기 때문에 자기의 양식과 처자의 용도를 절약한 것인 줄을 마땅히 알아야 할 것이다.』

◆ 무기스님은 불교사상과 자신의 실천철학이 뚜렷하며, 생활도 매우 검소한 선지식이었다. 더욱이 정토사상을 깊이 이해하고 실천한 정토문의 선지식이었다. 무기스님이 말하는 불교윤리는 모두 정토문에서 강조하는 덕목들이다. 이로써 정토문은 현실적 삶에 바탕을 두고 안심과 희망을 부여하는 실천철학임을 알 수 있다.

제3절
나옹선사의 염불법문

1. 선과 정토의 선지식

　나옹(懶翁, 1320~1376) 화상은 고려 공민왕 때 스님으로 이름은 혜근慧勤이요, 호는 나옹懶翁이다. 속성은 아牙씨다. 20세 때 친구의 죽음을 계기로 공덕산 묘적암의 요연了然선사를 찾아가 출가하였다. 1344년 양주 회암사에서 4년 동안 좌선하여 깨치고, 1348년 3월에 중국 원나라 북경에서 지공(指空: 인도스님)선사를 친견하고 2년간 수학했다.

　그 후 남쪽으로 가서 임제 의현(臨濟義玄, ?~867 임제종 개조)의 법손인 평산 처림平山 處林을 만나 몇 달을 지냈고, 1351년 2월 헤어질 때 게송과 불자拂子를 받았다. 다시 지공화상을 찾으니 1358년 3월에 법의와 불자 및 범어로 쓴 서신을 받았으며, 곧 귀국하여 가는 곳마다 유행하면서 법을 설하였다.

　1367년 보암상보가 시공화상이 유촉한 가사와 서신을 가지고 귀국하니, 그 가사를 입고 향을 사른 뒤 설법하였다. 1370년 정월 지공의 영골이 회암사에 도착하자 영골에 예를 올리고 광명사廣明寺에서 안거를 지냈다. 9월에는 양종오교兩宗五教의 승려들을 시험하는 공부선工夫選을 관장하였다.

　공민왕 20년인 1371년 8월에 왕사로 책봉되었다. 우왕 2년인 1376년 봄에 회암사에서 중창불사를 마치고, 4월 15일에 크게 낙

성식을 베풀었다. 사람들의 왕래가 잦아 번잡하므로 밀양 영원사塋源寺로 가던 도중 여주의 신륵사에서 1376년 세수 57세, 법랍 37세로 입적하였다.

나옹스님은 그의 생애에서도 보여주듯이 대선사였으나 민중을 위해 염불법을 아울러 권장하였다. 극락세계에 왕생하길 원하는 《서왕가》를 지어 염불하기를 권장하였고, 《승원가》를 지어 일상생활 가운데서 실천할 수 있는 염불법을 알기 쉽게 가르쳤다.

마음을 깨치면 정토라는 유심정토를 밝혔는가 하면, 더불어 범부를 위해 서방정토를 설하여 다 함께 아미타불 대원의 바다에 들어가도록 인도한 것이다. 이와 같이 나옹화상은 선법으로 깨달음에 이르도록 이끌어 주는 반면에 근기에 따라 염불을 권하였으니, 정토를 지향하여 선문과 정토문을 수용한 보기드문 선지식이다.

2. 완주가翫珠歌

이 신령한 구슬은 지극히 영롱하여
본체는 항하사에 두루 하니 안팎이 텅 비었네.
사람마다 부대 속에 당당히 있으며
희롱하여 가고 옴에 다함이 없어라.

혹은 마니주라 하고 혹은 영주라 하니
이름과 형상은 비록 많으나 본체는 다르지 않네.
세계마다 티끌마다 밝고 분명하니
마치 밝은 달이 가을 강물에 그윽한 듯하네.

배고픔도 그것이요, 목마름도 이것이니,
목마름 알고 배고픔 아는 것이 대단한 것 아니네.
아침에는 죽 먹고 재齋 때에 밥 먹으며
피곤하면 잠자는데 어긋나지 않네.

어긋남도 그것이요, 바른 것도 그것이라,
입 열어 아미타불 염하니 수고스럽지 않네.

만약 능히 오로지 전념하여 집착함이 없으면
세상에 머물되 자유로운 보살이라 부르리라.
이 마음의 구슬은 붙잡기 어려우니
구르면서 영롱하나 얻기 어렵다네.

◆ **완주가**翫珠歌는 "마음의 구슬을 가지고 노는 노래"라는 뜻이다. 완주가는 나옹스님이 밝힌 염불관 가운데 하나로 유심정토唯心淨土를 노래한 것이다. 〔翫: 가지고 놀 완. 珠: 구슬 주〕

3. 서왕가西往歌

내가 이럴망정 세상에선 인재였다네
무상無常을 생각하니 모두 다 허망한 것이요,
부모님이 거친 얼굴 돌아가신 후론 속절없는 일이로다.

한순간 생각하여 세상 일 뿌리치고 부모님께 하직하고
단 한개의 표주박과 한 벌의 누더기로

제3절 나옹선사의 염불법문

명아주 지팡이를 비껴들고 명산을 찾아드네.

선지식 친견하여 마음을 밝히려고
천경千經 만론萬論 자세히 열람하여
육적六賊을 잡으려고 허공을 다 아는 사람도 모르게

틈을 타서 반야검 손에 들고 오온산五蘊山에 들어가네.
번뇌는 첩첩하고 사상산四相山은 더욱 높네.
육근六根의 문 앞에 자취 없는 도적 들락거리는데
번뇌심 베어 놓고 지혜로 배 만들어 삼계바다 건너리라.

염불중생 실어두고 삼승三乘 돛대에 일승깃발 달아두니
춘풍은 순탄히 불어 흐르는 구름 섞여 날리는데
인간사 생각하니 슬프고 서럽구나.

염불 않는 중생들아 몇 생을 살려고
세상 일만 탐착하여 애욕에 잠겼는가,
하루는 열 두시오, 한 달도 서른 날에 어느 날 한가할까.

청정한 불성은 사람마다 가졌거늘 어느 날 생각하며
무량한 공덕은 본래 구족하였거늘 어느 때 꺼내 쓸까.
극락은 멀어지고 지옥은 가깝도다.

여보시오, 어르신네!
권하노니 갖가지 선근 심으소.
금생에 쌓은 공덕 후생에 받나니

백년 동안 탐낸 재물 하루아침 티끌이요,
삼일 염불은 백천만겁 다함없는 보배로다.

아! 이 보배 천겁을 지나도 없어지지 아니하고
만세에 이르러도 길이 값진 것이로다.
하늘과 땅이 넓다한들 이 마음에 미치리오
해와 달이 밝다한들 이 마음에 비길 건가.

삼세 모든 부처님은 이 마음 깨달으시고
육도중생은 이 마음 저버렸으니
삼계의 윤회는 어느 날에 그칠까.

한순간 생각하여 마음 고쳐먹고 주위를 살펴보니
청산은 첩첩이요 유수는 잔잔한데
바람은 슬슬하며 꽃들은 화사하고 송죽은 낙락한대
범부세계 건너가서 극락세계 들어가니
칠보금대에 칠보 망을 둘러싸니 구경하기 더욱 좋다.

구품언데는 염불소리 또렷하고
청학·백학·앵무·공작·금청·봉황 소리마다 염불이요,
청풍이 스치듯 부니 염불소리 이어지네.

아! 슬프도다.
우리 인간으로 나왔다가 염불 등지고 어찌할까.
나무아미타불

◆《명연집明衍集》에서 옮김.《명연집》은 1704년 명연明衍스님이 염불에 관한 글들을 모아 적은 것으로 1764년 구월산 흥률사 1775년 해인사에서 간행 유포하였다고 전한다.

4. 승원가僧元歌

관상염불
연화장 바다 건너 극락세계 들어가니
칠보 금 땅에 칠보그물 둘렀어라.
십육관경 하신 말씀 중에 **일몰관**이 제일이라

서산에 지는 해 눈 뜨거나 눈 감거나
눈앞에 걸어 두고 아미타불 대성 호를 주야 없이 많이 외라.
극락세계 장엄보소 황금이 땅이 되고
칠보 못 넓은 연못 들리는 소리마다
염불 설법뿐이로다.

칭명염불
아미타불 대성 호를 주야 없이 많이 외라
농부거든 농사하며 노는 입에 아미타불
직녀거든 길쌈하며 노는 입에 아미타불

많은즉 **육자**六字염불
적은즉 **사자**四字염불
행주좌와 어묵동정 고성이나 은념이나

육자 사자 염불을, **염불하여 극락 가세**

염불은 염치없이 일생에 말 잡고 소 잡은
도살장이 극악인도 임종에 염불하여
지옥보를 소멸하고 극락으로 바로 가리

신심으로 염불하여 선망부모 천도하고
일체중생 제도하여 세상사 다 버리고
연화선을 얻어 타고 극락으로 어서가자

◆ **승원가**僧元歌는 《나옹집》에 수록된 게송이다. 《승원가》는 '불제자의 근본 된 노래'라는 뜻인데, 염불을 말하는 것이다. '염불은 불교의 근본이다'라는 말을 증명하는 게송이다. 나옹스님은 사상思像염불과 칭명稱名염불을 설하였다. 사상思像은 관상觀相이다.

관상염불은 《관무량수경》에서 말씀하신 16관법 즉, 정토의 장엄한 경계를 관하되 그 중에서 일몰관이 제일이라고 하였다. 일몰관은 **일상관**이다. 이것은 관상염불의 이관理觀과 사관事觀 중에서 사관에 속한다. 정토의 모습을 구체적으로 관한다는 뜻이다.

여기서는 관상염불의 게송에서 칭명을 함께 말하고 있지만 관상觀相을 중심으로 행하는 염불입니다. 이 관상염불은 칭명염불보다는 차원이 높은 수행이다. **일상관**(일몰관)은 업장소멸과 집중력을 강화하고 공空을 투철하게 이해할 수 있도록 돕는 방편관이다.

◆ **칭명명염불**에서 **육자**는 '나무아미타불'이요, **사자**는 '아미타불'이다. 고성高聲은 '큰 소리로' 염불하는 것이요, 은념隱念은 소리를 내지 않고 마음으로 염불하는 것이다. 나옹스님은 관상염불

을 닦기 어려운 자에게는 일상생활 가운데서 '나무아미타불' 명호를 부르는 칭명염불로 정진하기를 권면서 이와 같은 게송을 지어 알기 쉽게 가르쳤다. 누구든지 염불로 정토에 왕생할 수 있음을 설하여 일체 중생에게 안심과 희망을 부여하였다.

5. 염불인에게 보임

하나

깊고 고요해 말이 없으니 뜻은 더욱 깊으리라
묘한 그 이치를 누가 감히 헤아리려 하는가.
앉고 눕거나 가고 오매 다른 일 없고
마음속에 지녀 생각하는 것 제일 당당하여라.

둘

자성의 아미타불 어느 곳에 계시는가.
언제나 생각하여 부디 잊지 말지어다
문득 하루아침에 생각조차 잊으면
물건마다 일마다 감춤 없이 드러나리.

셋

아미타불 생각할 때 부디 사이 떼지 말고
온 종일 동안을 언제나 자세히 관하라
하루아침에 문득 서로 친해 생각하면
동쪽서쪽 한 털끝만큼도 간격이 없으리라

넷
사람들 잘못 걸어 고향에 돌아가지 못하니
이 산승 간절히 또 격려하노라.
문득 생각의 실마리 잡아 뜨거운 곳에 두면
하늘 뒤집고 땅 뒤엎어 꽃향기 깨달으리.

다섯
생각마다 잊지 말고 스스로 지녀 생각하되
부디 늙어서 아미타불 보려고 하지마라
하루아침에 문득 애정 티끌 없어지면
뒤집거나 가로 접거나 항상 떠나지 않으리라

여섯
아미타 부처님 어느 곳에 계시는가.
마음 머리에 두고 간절히 잊지 말라
생각하여 생각이 다한 무념처에 이르면
육문에 항상 자주 빛 광명 빛나리라

일곱
몇 겁이나 괴로운 육도를 돌았던가.
금생에 인간으로 태어난 것 가장 희귀하네.
권하노니 그대들이여, 어서 아미타불 생각하고
부디 한가히 놀면서 좋은 때를 놓치지 마라

여덟
육도 윤회를 어느 때 그치려가.

떨어질 곳 생각하면 참으로 근심이니
오직 염불에 기대 부지런히 정진하여
세상 번뇌 털고 내 고향에 돌아가세

◆ 염불인에게 보임 ◆

나옹스님이 시제염불인示諸念佛人이라는 제목으로 남긴 8수의 게송이다. 앞의 6수는 유심정토, 뒤의 2수는 서방정토를 말하는 것이다. 나옹스님은 마음으로 정토의 경계를 생각하고 염원하는 것을 사상염불(思像念佛: 관상염불)이라 말하면서, 상근기는 칭명염불을 거치지 않고 행주좌와 어묵동정 희노애락 가운데서 생각하고 생각할 뿐이라고 하였다. 그리고 여기에 이르지 못한 하근기는 칭명염불을 해야 한다고 하였다.

염불은 아미타불의 본원력에 의지하는 수행이지만 관상염불은 자력적인 면이 강하고, 칭명염불은 타력에 의지하는 면이 강하다. 어떤 수행이든지 부처님의 지혜를 믿고 실천한다는 점을 생각하면 절대자력 혹은 절대타력이라고 치우쳐 주장하는 것은 무리일 것이다.

제4장

조선시대 염불수행

조선의 배불정책 교묘하게 이루어지니
선교양종 통폐합이 날마다 심해졌네.
함허의 지혜는 참으로 위대하여
아미타불 염불법을 세상에 알렸으니
불법의 씨앗 민중의 땅에 뿌려
대승불교의 바탕을 이루게 하였네.

불법의 혜명이 실낱같이 위태롭고
교단의 재정이 곤란하기 그지없을 때
설상가상으로 일제의 횡포는 가혹하였네.
지혜로운 승속은 만일염불 결사하여
꺼져가는 등불에 기름을 부었네.

제1절
함허선사의 정토사상

1. 함허와 염불향사

　함허(函虛, 1376~1433) 선사의 호는 득통得通이며, 중주 태생으로 성은 유劉씨다. 일찍이 성균관에 들어가 공부하다가 21세 때 출가하였다. 1414년 자모산 연봉사에 함허당涵虛堂이라 이름 붙인 작은 거실에서 3년간 수도한 뒤 《금강경오가해》를 세 번이나 강설하였다.
　1420년 45세 되는 가을에 강릉 오대산 나옹(1320~1376) 스님이 머물던 영감암에 가서 진영에 공양하였다. 그 곳에서 이틀 밤을 잤는데, 그 때 꿈에 한 선사가 나타나서 "이름을 기화己和라 하고 호를 득통得通으로 하라" 하였으므로 그대로 따랐다. 그 후 기화보다는 함허득통으로 잘 알려졌다.
　그는 무학대사(1327~1405)의 법을 계승하였으니, 고려와 조선을 이어온 대선사다. 여러 저술을 남겼으며, 그 가운데는 정토와 염불에 관한 법어와 글도 상당수 포함되어 있다. 함허스님은 한 때 염불향사念佛香社를 결성하여 염불정진에 힘썼다는 기록이 전하니, 선과 정토를 겸하여 불교를 빛낸 선지식이었다.
　《함어록》에는 스님이 동문인 혜봉惠峰의 영가를 위해 설한 법어 가운데 **염불향사**念佛香社에 관하여 이렇게 언급하고 있다.
　『혜봉 각령이시어, 60여년을 인간 세상에 살면서 몇 번이나 즐거운 자리에 오르고 근심의 바다에 빠졌던가요. 마치 지금 가죽 주머니를 벗어버리고 가벼운 마음으로 고향집으로 돌아가는 길을 밟으시겠지요. 제가 지금 생각해보니 사형께서 생전에 평소 하신 일은 아침저녁으로 대승경전을 염송하시고 회향을 발원하셨습니다. 역시 그로 말미암아 저도 염불향사念佛香社를 결성하여 오로지 아미타불을 생각하고 아미타불의 명호를 한결같이 염하였습니다.』라는 법어가 있다.

◆ 이러한 말씀은 함허스님이 한때 염불도량을 만들어 염불수행에 힘썼던 것을 보여주는 증거다. 또한 《미타찬》《안양찬》《미타경찬》등 정토문에 관한 여러 저술과 법문을 보더라도 염불의 깊은 뜻을 이해할 뿐 아니라, 남다른 정진력이 함께 하였던 것으로 생각한다. 조선시대의 불교사에 정토법문을 가장 많이 남기신 선사이기도 하다.

2. 아미타불을 찬탄함[彌陀讚]

제1장 종진기화從眞起化: 진어로부터 교화를 일으키신다.
　두루 밝은 공空의 참되고 청정한 세계에는 본래 몸[佛身]과 땅[淨土]이 없습니다. 중생을 위하여 자비의 원을 일으켜서 방편으로 숨고 출현하심이 있습니다. 우리 중생들이 오랫동안 미혹의 길에 있으면서 귀의할 곳이 없으므로, 장엄한 국토에 모습을 나투시니 매우 희유하십니다. 이것은 곧 환주장엄(幻住莊嚴: 실제가 아닌 방편의 장엄)이라 이름 하시니, 방편으로 섭수하여 인도하소서. 방편으로 섭수하여 인도하소서.

제2장 수기현상隨機現相: 근기에 따라 모습을 보이신다.

자수용신(自受用身: 깨달음의 법락을 자신만 누림), **타수용신**(他受用身: 깨달음의 법락을 회향함), **자타수용신**(自他受用身: 깨달음의 법락을 자타가 함께 누림)이 있습니다. 크게 교화하시는 몸과 작게 교화하시는 세 가지 화신이 있으니, 이 몸은 구름과 같아서 그윽하게 출현함이 자유자재합니다. 구경은 원만하여 널리 응하시니 미치지 않는 곳이 없으니 참으로 희유하십니다. 이것은 곧 대자비의 아버지라 이름 하시니, 근기 따라 섭수하여 교화하소서. 근기 따라 섭수하여 교화하소서.

제3장 도상생신覩相生信: 상호를 보고 믿음을 일으킨다.

대비의 왕 대자의 아버지이신 아미타 부처님, 정수리 모습의 육계상(수미산 같은 모습), 다함없는 모습, 하나하나 상호에 무량한 광명 비추시고 무량한 부처님으로 화현하시어 중생의 마음을 열어 깨닫게 하시니 역시 희유하십니다. 원만한 화장세계[十華藏海] 대인의 상호[大人相好]이시니, 바라보며 모두가 우러러 사모합니다. 바라보며 모두가 우러러 사모합니다.

제4장 문명감화聞名感化: 명호를 듣고 감화된다.

아미타 부처님은 48대원 광대한 서원의 왕이시니, 그 원력 하나하나 중생을 제도하기 위해 진실로 시방세계에 감응하고자 하셨습니다. 이와 같은 발원을 씨앗으로 이미 정각을 이루시고, 지금 이미 정토에 계십니다. 저 중생들을 제도하시려는 서원 역시 희유하십니다. 광대한 원력으로 평등하게 중생을 이익 되게[平等饒益]하시니, 명호를 듣고 모두가 감화됩니다. 명호를 듣고 모두가 감화됩니다.

제5장 잠칭개익暫稱皆益: 잠깐의 칭명으로 모두가 이익 된다.

열 가지 선업을 받들고 오계를 지녀도 오히려 고통을 면하지 못하니, 십악과 오역죄를 범하면 응당 무간지옥에 떨어집니다. 한순간 부처님의 명호를 부르면 죄가 가볍거나 무겁거나 가릴 것 없이 모두 여의게 하여 영원히 삼계를 벗어나도록 하시니, 역시 희유하십니다. 아미타 부처님의 대비원력大悲願力으로, 모두가 생사해탈을 얻습니다. 모두가 생사해탈을 얻습니다.

제6장 공소익대功小益大: 공덕이 적어도 이익은 크다.

부처님의 광명, 부처님의 수명, 부처님의 공덕 바다는 삼 아승지겁을 지나도록 만행萬行을 닦아서 비로소 궁극에 이른 것입니다. 단지 부처님의 명호를 생각하면 공덕의 얕고 깊음을 따라서 모두가 정토에 오르게 하여 수기를 받고 부처를 이루니 희유합니다. 아미타 부처님은 서원의 왕[誓願王]이시니, 십념十念으로도 왕생합니다. 십념으로도 왕생합니다.

제7장 수기보접隨機普接: 근기 따라 널리 맞이하신다.

저 아미타 부처님은 구품연대에 계시는데, 화신化身으로 출현함이 무량하여 염불인의 높고 낮음에 따라 그 가운데로 맞이하여 향하게 합니다. 이와 같은 방편으로 이와 같이 맞이하고 인도하여 성불하도록 하시며 중생을 제도하시되 거리낌이 없으시니 희유합니다. 아미타 부처님은 대방편력大方便力으로 구품연대에 태어나게 하십니다. 구품연대에 태어나게 하십니다.

제8장 초방독존超方獨尊: 시방을 뛰어넘어 홀로 존귀하시다.

과거 부처님, 현재 부처님이 한량없고 끝이 없으며, 사방四方과 더불어 상·하에도 부처님이 역시 헤아릴 수 없이 많습니다. 여기에 모든 부처님은 특별히 아미타 부처님을 칭찬하시고 제일이라 하셨습니다. 이와 같이 높고 수승하시니 역시 희유합니다. 아미타 부처님의 큰 위신력과 공덕의 힘은 높고도 수승하여 비할 데 없습니다. 높고도 수승하여 비할 데 없습니다.

제9장 권염공고勸念功高: 염불을 권하면 공덕이 크다.

삼천대천세계에 가득하도록 칠보를 보시하면 그 공덕은 이미 무량하며, 또 교화로써 사과四果를 증득하게 하면 그 공덕 역시 끝이 없습니다. 그러나 사람들에게 염불을 권하면 그 공덕은 그보다 더 수승하다고 부처님께서는 분명히 말씀하셨습니다. 이와 같은 공덕으로 교화하시니 역시 희유합니다. 사람들에게 권하고 스스로 염불하면 공덕과 행이 구족하니, 곧 바로 상품에 오릅니다. 곧 바로 상품에 오릅니다.

제10장 고초원증高超圓證: 높고 뛰어나며 원만히 증득하시다.

위대한 영웅이시고 용맹하시며, 큰 힘의 대왕이신 아미타 부처님은 무량한 광명이요, 무량한 수명이요, 무량한 공덕입니다. 자세히 살펴보니 사람 사람마다 그 분상에 각자가 스스로 구족하였으나, 부처님께서 먼저 원만히 증득하셨으니 역시 희유합니다. 오직 마음의 정토[唯心淨土], 자기 성품의 아미타불이시니, 부처님처럼 다 함께 증득하게 하소서. 부처님처럼 다 함께 증득하게 하소서.

3. 안락정토를 찬탄함[安養讚]

아미타 부처님의 세계에 대해 여러 가지 이름이 있는데, 《무량수경》에서는 안락安樂이라 하고, 《관무량수경》과 《아미타경》에서는 극락極樂이라 하였으며, 또 다른 경전에서는 안양국安養國이라고도 부른다. 전체적으로 말하면 안락정토安樂淨土 즉 '자연과 생명이 청정하여 마음이 편안하고 즐거운 세계'다. 함허스님은 서방정토를 안양이라 부르며 이와 같이 찬탄하였다.

제1장 피차동화彼此同化: 두 부처님이 함께 교화하신다.

대도사大導師이신 아미타 부처님은 저 안양국에 출현하시어, 맞이하여 끌어안으시고, 우리의 근본 스승 석가모니 부처님은 권하여 왕생토록 하십니다. 저 곳과 이 곳 두 부처님이 함께 대비심大悲心으로써 각기 방편을 베푸시어 미혹한 중생들을 다 같이 제도하시니 희유합니다. 저 부처님과 이 부처님이 대비심으로 크게 교화하시니, 부모님의 은혜보다 더 큽니다. 부모님의 은혜보다도 더 큽니다.

제2장 의정구승依正俱勝: 국토와 중생이 함께 수승하다.

극락이라 부르고 안양이라 부르는 것은 저 부처님의 나라 이름이며, 무량광 무량수는 저 곳 부처님의 명호名號입니다. 단지 그 명호만 듣고도 그 가운데서 살아야겠다는 생각으로 한 생각에 문득 저 왕생할 곳을 알게 되니 역시 희유합니다. 부처님은 저 국토에서 지금도 계시며 법을 설하시니, 대중이 바다처럼 모인 곳 밝기만 합니다. 대중이 바다처럼 모인 곳 밝기만 합니다.

제3장 순락무우純樂無憂: 즐거움만 있고 근심이 없다.

저 부처님의 나라에는 삼악도(지옥·아귀·축생)가 없고, 또한 8가지 고통(생·노·병·사, 애별리고·원증회고·구부득고·오음성고)도 없습니다. 왕생하는 사람은 몸이 금색이며, 모두 미묘한 상호를 갖추고 있습니다. 언제나 궁전에서 살며 의복과 음식이 저절로 생기고 일체가 구족하여 항상 향유하여도 끝이 없으니 역시 희유합니다. 보배 옷과 보배 그릇, 향기로운 반찬, 맛있는 음식이 생각 따라 앞에 나타납니다. 생각 따라 앞에 나타납니다.

제4장 비체장엄備體莊嚴: 본체를 갖추어 장엄하다.

일곱 겹 난간, 일곱 겹 그물, 일곱 겹 가로수, 칠보연못, 칠보연화대, 칠보누각, 하나하나가 화려하고 환하게 비치며 교차하는 그림자 겹겹입니다. 청정하게 꾸며진 것 역시 희유합니다. 보배연화대, 보배누각, 보배나무, 보배그물, 장엄이 묘하고 즐겁습니다. 장엄이 묘하고 즐겁습니다.

제5장 화지수생花池受生: 연꽃 못에 태어난다.

칠보연못에는 팔공덕수가 그 가운데 가득하고, 연못 주변에는 사방으로 계단 길이 있는데 갖가지 보배로 이루어져 있습니다. 연못의 연꽃이 큰 것은 차의 수레바퀴만한데 꽃이 피면 물 위를 덮습니다. 그 가운데 태어나니 역시 희유합니다. 구품九品 연화대가 차례로 펼쳐져 있으니, 분수에 따라 태어납니다. 분수에 따라 태어납니다.

제6장 시방유행十方遊行: 시방에 자유롭게 유행한다.

황금 땅, 푸른 허공, 언제나 하늘 음악 울리고, 하늘 꽃 비 내리니 향기 그윽합니다. 밤낮 온 종일 그 가운데 중생들이 몸은 보배 궁전에 오르고, 갖가지 묘한 꽃을 하사하면 타방의 부처님들께 공양하니 역시 희유합니다. 시방의 불국토에 공양한 후에 잠깐 다녀오지만, 가고 돌아오는데 걸림이 없습니다. 가고 돌아오는데 걸림이 없습니다.

제7장 문음진수聞音進修: 소리를 듣고 힘써 수행한다.

백학, 공작새 등이 화음의 아름다운 소리를 내고, 미세한 바람이 불어 모든 나무들이 움직이면 미묘한 소리가 흘러나옵니다. 이 소리를 듣는 사람은 자연히 부처님을 생각하고 법을 생각하는 마음을 일으켜서 더욱 힘써 수행하니 역시 희유합니다. 보배나무 보배연화대는 빛을 발하여 법을 설하니, 법의 교화를 널리 펼칩니다. 법의 교화를 널리 펼칩니다.

제8장 장수등불長壽等佛: 장수함이 부처님과 같다.

아미타 부처님이 정각을 이루신지 지금으로부터 10겁이 되었고, 왕생한 사람은 존귀하거나 천하거나 부처님과 수명이 같습니다. 십념을 성취하면 부처님의 원력에 힘입어 자연히 왕생하고, 영원히 생사를 끊어 버리니 역시 희유합니다. 부처님의 원력에 힘입어 십념으로 왕생하여, 수명이 무한합니다. 수명이 무한합니다.

제9장 인우도진因友道進: 벗으로 인하여 도에 나아간다.

관세음보살, 대세지보살, 무량한 바다와 같이 많은 대중들, 선근을 갖추고 복덕이 있으니 모두가 최상의 착한 사람들입니다. 그 가운데서 앉으나 누우나, 보고 듣고 익히며 힘써 수행하여 한결같이 지혜에 나아가니 역시 희유합니다. 모두가 최상의 착한 사람들을 법의 친구로 삼아, 익히고 더욱 정진합니다. 익히고 더욱 정진합니다.

제10장 염불몽화念佛蒙化: 염불로 교화를 입다.

만약 하루 이틀 및 이레에 이르러 일심으로 아미타불을 생각하면 모든 죄가 소멸되고 목숨을 마치는 때에 아미타 부처님과 보살님이 광명을 비추며 맞이하여 인도함을 입게 되어 구품의 연꽃에 왕생하니 역시 희유합니다. 이미 발원했거나, 지금 발원하거나, 미래에 발원하여 왕생을 원하여도, 모두가 왕생합니다. 모두가 왕생합니다.

4. 아미타경을 찬탄함[彌陀經讚]

제1장 개시첩경開示捷徑: 지름길을 열어 보이셨다.

위대하신 대도사 석가모니 부처님, 다양한 근기에 응하시어 삼승三乘을 열어 법을 설하지 않음이 없으셨습니다. 다시 그 사이에 따로 방편을 열어 이 경을 널리 설하여 정토업을 닦게 하셨으니 참으로 희유합니다. 대비하신 세존이 이 경을 설하여 보이시니, 어둠

속에서 등불을 얻은 것 같습니다. 어둠 속에서 등불을 얻은 것 같습니다.

제2장 지도미륜指途迷倫: 미혹한 중생에게 길을 가리키신다.

가련한 중생, 가련한 우리 중생들을 불쌍히 여기셨습니다. 태어나서 죽고, 죽어서 다시 태어나니 그 고통을 다할 기약이 없습니다. 생각해보니, 우리의 세존 훌륭한 방편을 열어 보이시고 정진을 권하여, 물러나지 않게 하시니 역시 희유합니다. 생각해보니, 우리의 본사 석가모니 부처님이 중생을 인도하시는 대비심은 갓난아이를 보살피듯 합니다. 갓난아이를 보살피듯 합니다.

제3장 찬토령흔讚土令欣: 정토를 찬탄하고 기뻐하게 합니다.

저 부처님의 나라 이름은 극락이요, 안양정토인데 우리 부처님은 하늘과 사람들에게 보이셨으니, 그 이유는 즐겁게 하려는 것입니다. 그 가운데 장엄은 갖가지로 수승한데 말씀으로 낱낱이 찬탄하시며, 권하여 왕생토록 하시니 역시 희유합니다. 우리의 대도사 위없는 법왕께서 저 정토를 찬탄합니다. 저 정토를 찬탄합니다.

제4장 찬불권념讚佛勸念: 부처님을 찬탄하고 염불을 권합니다.

저 부처님의 명호는 무량광이며, 또 무량수라 부릅니다. 우리의 본사 석가모니 부처님이 사람들과 하늘에 보이셨으니, 그 이유는 광명과 수명이 무량하기 때문입니다. 불가사의한 공덕의 이익을 말씀으로 낱낱이 칭찬하시며, 권하여 염불하게 하시니 역시 희유합니다. 우리의 대도사, 성인들 가운데 가장 존귀하신데, 저 아미타 부처님을 찬탄합니다. 저 아미타 부처님을 찬탄합니다.

제5장 육방동찬六方同讚: 육방의 부처님이 함께 찬탄합니다.

동·서·남·북, 위·아래 모든 부처님이 넓고 긴 혀로 삼천대천세계에 널리 성실한 말씀으로 '너희들은 마땅히 모든 부처님이 찬탄하시고 생각하시는 경을 믿으라.' 하셨습니다. 이와 같이 함께 찬탄하시니 역시 희유합니다. 부처님마다 모두가 넓고 긴 혀로, 함께 찬탄하시고 권하여 지니게 하셨습니다. 함께 찬탄하시고 권하여 지니게 하셨습니다.

제6장 피차상접彼此相接: 두 부처님이 서로 칭찬합니다.

본사 석가모니 부처님이 아미타불의 공덕을 칭찬하듯이 저 모든 부처님 역시 우리 부처님을 칭찬합니다. 능히 오탁의 세계에서 대지혜를 성취하시고 믿기 어려운 법을 설하셨으므로, 이와 같이 서로 칭찬하시니 역시 희유합니다. 저 부처님들과 이곳 부처님이 극락정토를 인하여, 서로 칭찬합니다. 서로 칭찬합니다.

제7장 인천공준人天共遵: 땅과 하늘에서 함께 따릅니다.

정토를 찬탄하고, 아미타불을 찬탄하며, 이 경을 설해 마치시니, 사리불과 모든 비구와 팔부의 하늘 용 등은 부처님이 말씀하신 것을 듣고 환희심으로 기뻐 뛰었습니다. 믿고 받들어 행하여 가르침을 전하고 교화하니 역시 희유합니다. 경의 말씀을 듣고 받아 지니며 왕생하기를 발원하니, 그 수가 무량합니다. 그 수가 무량합니다.

제8장 현미구익現未俱益: 현재와 미래에 함께 이익 된다.

정법正法과 상법像法 시대가 각각 천년이나 이미 과거가 되었지만, 왕생한 사람은 헤아릴 수 없이 많으니, 모두 이 경의 위력에 힘입었습니다. 기이합니다. 이 경은 모든 경전이 소멸한 뒤에도 홀로 세상에 남아 모든 인연 있는 사람들을 제도하니 역시 희유합니다. 누구나 보고 들음이 있으면 모두가 왕생하여, 다 함께 저 언덕에 오릅니다. 다 함께 저 언덕에 오릅니다.

제9장 이발기감易發機感: 쉽게 발심하고 기틀이 감화한다.

과거와 현재의 무량한 부처님은 중생을 제도하고자 세상에 출현하지 않음이 없습니다. 우리 불자들은 저 모든 부처님으로부터 일찍이 자신의 기틀을 피했으나 여기에 이르러 잘못을 알게 되니 역시 희유합니다. 기이하고 묘하신 우리 부처님이 교화하시니, 홀연히 머리를 돌립니다. 홀연히 머리를 돌립니다.

◆ **기틀**〔機〕: 근기. 말세의 중생은 염불을 해야 쉽게 발심하고 감응을 얻을 수 있는 근기이다. 그럼으로 자신의 근기를 피하지 말고 믿음으로 발심해야 한다는 것이다.

제10장 보념회향普念廻向: 널리 염불로 회향하시다.

생사를 해탈하는 큰 방편은 가르칠 것도 없고 말할 것도 없지만, 지름길을 가리켜 중생의 미혹함을 제도하고자 하셨으니, 이것 역시 깊고 간절한 일입니다. 시작 없는 때로부터 지금에 이르기까지 오랫동안 애욕의 강물에 빠져 벗어날 요체를 알지 못하다가, 이 경으로 인해 돌아갈 곳을 알았으니 역시 희유합니다. 넓고도 큰 것이 이 경의 위덕威德이니, 위풍 따라 곧장 교화됩니다. 위풍을 따라 곧장 교화됩니다.

◆ **미연추화**靡然趨化: 위풍을 따라 곧장 교화된다. **미연**: 초록이 바람에 자연히 쓰러지는 모양. **추화**: 달리듯 곧장 교화가 된다. 돈법頓法으로 생사해탈 한다. 위풍을 따른다는 뜻.
靡: 쓰러질 미, 然: 그러할 연, 趣: 달릴 추, 化: 교화할 화

◆ **자연법이**自然法爾: 염불인은 부처님의 본원력에 힘입어 자연히 생사해탈 하게 된다는 뜻이다. 다만 믿지 않고 의혹하는 것이 큰 병일뿐이다. 염불행자는 부처님의 말씀을 진실로 믿고 자비광명에 대한 결정신심決定信心으로 안심安心을 얻어야 한다. 그런 후에 깨달음

을 향해 이해를 깊이 하는 정진이 필요하다.

5. 염불왕생 영가법어

《함어록》에는 스님의 많은 법어들이 수록되어 있는데 그 가운데 죽은 영가에 대한 법어를 살펴보면서 염불관을 이해하고자 한다. 선사의 입장에서 깨달음을 얻는 것은 무엇보다 중요한 일이지만 그렇지 못한 경우는 서방정토西方淨土에 왕생하도록 염불을 적극 권장하였다.

1) 성령대군 영가법어

『성령대군 선가仙駕시여, 바른 안목을 열었습니까? 무명無明을 깨뜨렸습니까? 만약에 아직도 바른 안목을 열지 못하고 무명을 깨뜨리지 못했다면, 기쁜 마음으로 아미타불 대원의 힘에 의지하여 곧바로 구품연대를 향하여 올라 유행하십시오.』

◆ 조선조 태종의 넷째 아들인 성령대군은 14세에 병으로 죽었다. 스님은 그를 위해 이렇게 법어를 내렸다.

2) 정상국鄭相國 영가법어

『만약에 성불의 길을 밟으려고 하거든, 한 발짝도 움직이지 말고 깨달음의 길에 오르십시오. 만약 이 길에서 어긋나게 되었다면, 다음에는 저 무량수 무량광명 가운데를 향하여 몸을 던져 가십시오.』

3) 어떤 스님의 죽음 앞에서

『관觀하여 보건대, 그대의 지은 바가 비록 참선학도에는 능하지 못하였다 하더라도, 분수에 따라 계를 지키고 염불하며, 분수에 따라 복을 닦고 선행을 하였으니, 이는 가히 경하할 일입니다.』

4) 대령對靈 소참법문

『그것이 바로 깨끗하고 묘한 불국토입니다. 더없는 불국토이며 비교할 것 없는 불국토입니다. 한량없는 불토요, 불가사의한 불토요, 말할 수 없는 불토입니다. 그러한 불토가 있으므로 이 모임을 마련한 시주 최씨 등이 지금 산승을 청하여 이 큰 일의 인연을 밝히고, 돌아가신 어머니 나씨 영가를 천도하는 것입니다.』

5) 불사를 마친 후 천도법문

『오늘 이 모임을 마련한 시주 조씨는 돌아가신 부모님의 영혼을 위해 갖가지 불사를 하였습니다. 이런 공덕으로 어떤 죄가 소멸하지 않고, 어떤 업이 사라지지 않으며 어떤 복이 생기지 않고, 어떤 선인들 생기지 않겠습니까! 그 때문에 반드시 불국토에 왕생할 것입니다. 그로인하여 반드시 본래면목을 훤히 볼 것입니다.』

6) 봉령군奉寧君 영가법어

『금강金剛의 몸은 물물마다 원만하게 이루어지고 무량한 수명은 사람마다 완벽하게 갖추어져 있습니다. (오른 손으로 염주를 들고서) 이것이 금강신의 바른 눈이며, (또 왼손으로 염주를 들고서) 이것이 무량수의 자비광명입니다. 이 비추는 곳에 오온五蘊의 뜬 구름이 환하게 부서져버리고, 바른 안목이 열릴 때에 삼천대천세계가 다 비추어집니다. 이는 그만 두고라도 대중이여! 말하시오.

어디에 가서 금강의 몸을 받고, 어느 곳에서 무량한 수명을 얻습니까? (염주를 한번 탁 내리치고는) 이것을 아십니까? 금강의 몸은 다른 곳으로부터 얻는 것이 아니며, 무량수 또한 밖에서 오는 것이 아닙니다. 비록 그러하나, 무엇을 금강의 몸이라 하고 무엇을 무량수라 부릅니까? (잠시 침묵하다가) 한 생각 돌이키면 곧바로 그것이나 미혹해서 스스로 돌이키지 못하면 원숭이가 그림자 잡는 것과 같을 것입니다.

봉령군 선가仙駕시여! 이것을 알겠습니까? 한 생각을 돌이켰습니까? 만약 일념을 돌이키면 단계를 거치지지 않고 바로 불지佛地에 오르게 되며, 만약 이러한 무량의 묘용을 얻게 되면 구하지 않고도 스스로 얻을 것입니다. 이 경지에 이르면, 어찌 생사에서 벗어남이 있고, 어찌 열반을 구함이 있겠습니까! 태어나고 죽음에 대자재를 얻으면, 거꾸로 서고 가로 누워도 전혀 걸림이 없을 것이니, 이 아니 통쾌하며, 이 아니 활달한 일입니까!』

7) 상우상암尚愚上庵화상의 죽음에

『여기 한 경문經文에 의지하고, 서쪽에서 온 법에 의지하여, 바로 앞에 불상을 받들어 시설하고, 손으로 번의 끝을 잡고 입으로 부처님의 명호를 부르며, 부처님을 따라 왕생할 생각을 지었습니다. 문득 시자의 염불소리를 듣고는 조용히 그치라고 하였는데, 염불만이 아니고 아미타불을 관상觀想함에 있어서 그 마음 씀이 지극하였습니다.

평소에 화두를 참구한 공덕과 제불보살이 도우시는 법력에 의지하고 힘입어서, 자성의 아미타불을 얻어 보고, 유심정토唯心淨土를 통달하여 가십시오. 만약 자성미타를 보고 유심정토에 이르게 된다면, 곧 정신이 커다란 세계에 노닐어서 가고 머무름에 걸림 없음이 확실할 것입니다. 비록 그러한 경계에 이르지 못하였다 하더라도 아미타불의 대비 원력에 힘입어서 구품연대 중에 공덕에 따라 왕생하는 것은 의심할 것이 없습니다.

상암 각령이시여!

만약 정신이 극락에 노닐면서 가고 머무름에 걸림이 없게 되면, 곧 다시 이 세상으로 나오시어 원력에 따라 중생을 제도하여 주십시오. 만일 구품연대에 다시 태어나게 된다면 곧 면전에서 아미타불을 받들고, 직접 미묘한 설법을 듣고는 무생법인無生法忍을 크게 깨쳐서 부처님의 수기授記를 얻을 것입니다.

그 다음에는 다시 사바세계로 돌아오시어 정각을 이루어 보이시고, 대 법륜을 굴리시어 미혹에 빠진 중생을 널리 제도하여 주시기를 간절히 바랍니다.』

제2절
염불수행의 대중화

1. 서산대사의 염불관

　서산대사(1520~1604)로 잘 알려진 스님의 법명은 휴정(休靜)이다. 성은 최씨이며 평안도 안주에서 태어났으나, 9세에 어머니를 잃고 10세에는 아버지마저 돌아가셨다. 어려서 함께 공부하던 동급생들과 지리산에 들어가 경전을 공부하다가 선가(禪家)의 법을 깨닫고 숭인 스님에게 출가하였다.

　21세에 부용영관 대사로부터 인가를 받고 촌락을 돌아다니다가, 정오에 닭 울음소리를 듣고 크게 깨달았다고 한다. 30세에 선과에 합격하고 선교양종판사에까지 올랐으나, 승직을 버리고 금강산에 들어가 정진하였다. 1592년 임진왜란이 일어나자 승병을 이끌고 관군을 도와 공을 세워 세상에 더욱 알려졌다.

　한국불교는 서산대사 이후부터 선교양종통합종단이 되었는데, 스님은 도총섭이라는 최고의 승직을 맡았다. 서산대사는 한국 선맥의 한 줄기를 이은 대선사로 추앙받고 있지만, 그의 저술을 통해 염불법의 깊은 뜻도 전하였다.

　서산대사의 저서 《선가귀감(禪家龜鑑)》에 실려 있는 염불관을 살펴보겠다.

　『**염불이란 무엇인가?** 염불(念佛)이란 입으로만 하는 것은 그냥 외우는 것이요, 마음에 두고 하여야 염불입니다. 한낱 외우기만 하고 마음을 잃으면 도를 닦는데 이익이 없습니다. '**나무아미타불**' 육자 법문은 윤회를 결정코 벗어나는 지름길입니다. 마음으로는 부처님의 경계를 연緣하여 생각하고 잊지 않으며, 입으로는 부처님의 명호를 부르며 분명하게 하여 산란하지 않아야 합니다. 이와 같이 마음과 입이 상응하면 염불이라 말할 것입니다.

오조 홍인스님이 말씀하기를, "본래의 참마음을 지키는 것이 시방의 모든 부처님을 생각하는 것보다 낫다"하였습니다. **육조혜능**스님도 말씀하시기를, "다른 부처님을 생각하여서는 생사를 면하지 못하며 자기의 본마음을 지키면 곧 저 언덕에 이를 것이다" 하시고, "부처는 자신의 성품 가운데서 찾을 것이요, 몸 밖에서 구하지 말라"하였습니다. 또 "미혹한 사람은 염불로 왕생을 구하지만 깨달은 사람은 스스로 그 마음을 깨끗이 할 뿐이다"하였으며, "대저 중생이 마음을 깨우쳐 스스로 제도하는 것이지, 부처님이 중생을 제도할 수 없는 것이다"하였습니다.

이러한 조사스님들의 말씀에는 근본 마음을 바로 가리킬 뿐, 다른 방편이 없습니다. 이치대로 말하면 진실로 이와 같습니다. 그러나 현실적으로는 극락세계가 실제로 있으며 아미타부처님은 48대원이 있어서 누구든지 열 번만 염불하면, 이 원력에 힘입어서 연꽃의 대중에 왕생하여 쉽게 윤회를 벗어납니다.

이는 삼세의 모든 부처님이 이구동성으로 증명하시고, 시방의 보살들도 함께 왕생을 원하였습니다. 하물며 옛날이나 지금이나 극락세계에 가서 태어난 사람들이 전하는 기록이 분명하고 분명합니다. 원하노니, 여러 염불수행자는 삼가 잘못 알지 말고 열심히 하고 열심히 정진하여야 할 것입니다.

범어(고대 인도말)의 '**아미타**'는 우리말로 하면 '무량한 수명' 또는 '무량한 광명'이란 뜻이니, 시방삼세에 제일의 부처님 명호입니다. 아미타 부처님이 처음 수행하던 시절에는 법장비구라 이름 하였는데, 세자재왕 부처님 앞에서 48원을 일으켜 말씀하시기를, "제가 부처가 되었을 때 시방의 무량한 천인과 인민과 작은 미물에 이르기까지도 나의 이름을 생각하며 열 번만 부르면 반드시 나의 나라에 태어날 것입니다. 이 원이 성취되지 않으면 저는 부처가 되지 않을 것입니다"라고 하셨습니다.

옛 성인이 말씀하시기를, "염불 한 마디에 천마天魔가 가슴을 떨게 하고, 그 이름이 저승의 장부에서 지워지며, 연꽃으로 황금 연못에 피어난다."고 하셨습니다.

참법懺法에서 말하기를, "자력과 타력이 있는데 자력은 더디고 타력은 빠르다."하였습니다. 바다를 건너려는 사람이 나무를 심어 배를 만든다면 더디다고 하였으니, 이것은 자력에 비유한 것이요, 배를 빌려 바다를 건넌다면 빠르다고 하였으니, 이것은 부처님의 원력에 비유한 것입니다.

또 세간에서 어린아이가 물이나 불의 위험에 빠졌을 때, 큰소리로 부르며 절규하면 곧 부모가 소리를 듣고 급히 달려와 구원해주는 것처럼 사람이 목숨이 다할 때에 큰소리로 염불하면 곧 부처님이 신통을 갖추어 단연코 오시어 맞이하십니다. 이러하기 때문에 부처님의 자비는 부모보다 뛰어나고 중생이 겪는 생사의 고통은 물이나 불의 위험보다 심하다고 하였습니다.

어떤 사람이 말하기를, "자신의 마음이 정토이니 정토에 태어날 것이 없으며, 자신의 성품이 아미타불이니 아미타불을 볼 것이 없다"고 하였습니다. 이 말은 옳은 것 같지만 그릇된 것입니다. 저 부처님은 탐냄이 없고 성냄이 없으나, 나도 또한 부처님처럼 탐냄이 없고 성냄이 없습니까?

저 부처님은 지옥을 변하게 하여 연꽃으로 만드는 것이 손바닥을 뒤집는 것처럼 쉬운 일인데, 나는 업력 때문에 항상 스스로 지옥에 떨어질까 두려워하니 하물며 지옥을 변하게 하여 연꽃으로 만들 수 있겠습니까?

저 부처님은 다함없는 세계를 보는 것이 눈앞에 있는 것처럼 보시는데, 저는 담 너머 일도 알지 못하거늘 하물며 시방세계를 눈앞처럼 볼 수 있다는 말입니까? 이처럼 사람마다 성품은 부처님과 다를 것이 없지만 행동에 있어서 중생의 그 모양과 행위를 말한다면 하늘과 땅만큼 차이가 벌어지는 것입니다.

규봉선사가 말씀하시기를, "설사 실제로 문득 깨달았다 하더라도 결국 점차로 닦아야 한다."고 하였으니 진실로 옳은 말씀입니다. 스스로 생각하는 사람이라면 자연히 알 것이 아닙니까? 사람이 목숨이 다하여 생사의 고통이 일어나는 때에 반드시 자유자재를 얻어야 합니다. 그렇지 않습니까? 만약 그렇지 않다면 한 때의 배짱으로 영원히 악도에 떨어지지 말아야 합니다. 마명과 용수는 다 조사이지만 모두 분명히 가르침을 펴서 깊이 왕생을 권하였거늘, 나는 어떤 사람이어서 왕생을 바라지 않겠습니까?

부처님이 말씀하시기를, 서방정토가 이곳에서 멀리 있으니 십만 팔천리라 하셨습니다. 이것은 우둔한 근기를 위하여 현실을 말한 것입니다. 또 서방정토는 여기서 멀지 않으니 마음이 부처이기 때문이라 하셨습니다. 이것은 영리한 근기를 위하여 성품을 두고 말한 것입니다. 가르침에는 방편과 진실이 있고, 말씀에도 드러냄과 감추어진 뜻이 있습니다. 만약에 앎과 행이 상응한다면 멀고 가까운 것이 모두 함께 통하게 될 것입니다. 그러므로 조사의 문하에도 역시 '아미타불'을 부르는 자가 있었고, 주인공을 부르는 자가 있었습니다.』

◆《선가귀감禪家龜鑑》은 1579년(선조12년)에 초판이 간행되었다. 서산대사는 이런 게송을 남겼다.

『극락교주 아미타불의 존귀하신 모습
한 폭을 삼가 그려 향 사르고
정례하오며 큰 서원을 발하옵니다.
원하오니, 제가 임종할 때에 죄업의 장애 모두 없애고
서방의 대자비 존엄한 금색광명 속으로 나아가서
수기 받고 미래세 다할 때까지 중생을 건지겠나이다.
허공이 다한다 하여도 이 서원은 다하지 않을 것이오니,
시방세계의 모든 부처님은 증명하여 주소서.』

《청허집》

2. 명연스님의 《염불보권문》

명연明衍스님은 그 행적을 자세히 알 수 없다. 다만 이러한 기록이 전해진다. 스님이 1704년(조선 숙종30년) 봄, 경북 예천 용문사에서 주석할 때에 염불에 관한 글들을 모아 《명연집明衍集》이라 이름하고, 염불의 대중화를 위하여 유포하였다고 한다.

그 후 1764년 구월산 흥률사에서 간행하고, 1775년 해인사에서도 간행 유포하였다고 전하니, 조선 중기에 염불수행이 대중화되었음을 짐작할 수 있다. 이 《명연집》 가운데 《염불보권문念佛普勸文》이 들어 있는데, **염불을 널리 권하는 글**로써 정토를 염원하여 신심을 일으키도록 하였다.

1) 염불을 널리 권하는 글

도는 사람에게서 멀지 않으니 달리 갈 곳이 없다. 비록 만물이 형태는 각기 다르나 신령스런 성품은 동일하며 중생의 이름은 각기 다르나 심성의 근본은 다르지 않다.

그러므로 《화엄경》에서 말씀하시기를, 『마음과 부처와 중생, 이 셋은 차별이 없다』 하셨다. 그러나 세상에 오신 성인이 가신지 오래되어 도심道心이 미약하기 때문에 사람들이 모두 본래 가지고 있는 불성을 알지 못하여, 뜬 구름 같고 허깨비 같은 몸에 애착하여 윤회의 굴레에서 고생하고 있는 것이다.

우리의 세존께서는 정반왕의 태자로서 보위를 버리고 출가 수도하여 널리 중생제도 하기를 49년 동안이나 하셨다. 부처님이 열반하신지 천년 무렵에 가르침이 중국에 뿌려졌으니, 대승의 가르침이 바다를 이루어 미치지 않는 곳이 없다.

예나 지금이나 여러 나라의 황제와 임금·이름 높은 재상·덕 높은 관리들이 더불어 불법을 숭상하였으니, 저 이태백·백낙천·소동파·황산곡 등 이름난 선비들과 같다.

모두가 존경할 인물들로 저 아미타불을 향하여 찬탄하고, 스스로 발원문을 짓기도 하였다. 예나 지금이나 승속을 막론하고 이름 높은 사람들이 염불수행을 하여 이미 서방에 귀의하여 성불하였다는 것을 소상히 실어 기록으로 전해져 온다.

널리 여러 사람들에게 염불을 권하여 모두 고통을 여의고 즐거움을 얻게 하였으니, 그 공이 적지 않다. 그러나 글이 광대하고 뜻이 너무 깊어 말세의 사람들은 아는 이가 적고 의심을 내는 자가 많아서 능히 통하여 이해하기 힘들었다. 그러므로 염불의 큰 이익을 알지 못하고 세속적인 물욕에만 탐착하는 것이다.

이제 쉽게 풀어 선남자 선여인들로 하여금 쉽게 통하고 쉽게 알 수 있도록 하였으니 자세히 살펴보기 바란다.

<경>에서 말씀하시기를, "한결같이 아미타불을 염하는 자는 능히 생사의 고통을 면하고 곧 서방극락세계에 태어나 모두 성불하게 될 것이니라." 하셨다.

2) 모든 부처님이 아미타불만 같지 못하다.

여러 경전에서 석가모니 부처님이 말씀하시기를, 『삼천의 부처님 가운데서 서방 아미타불이 제일 존귀한 부처님이라 하시고, 또한 시방의 모든 세계 모든 부처님이 찬탄하시기를 아미타 부처님이 제일이니라.』하셨다. 이런 까닭에 <경>에서 말씀하시기를 『말법시대에 만약에 선남자 선여인이 아미타불의 명호를 얻어 듣고 열 번 생각하며 염송하면 비록 극악의 중죄를 지었더라도 능히 지옥의 힘든 고통을 면하고, 마땅히 구품연대에 태어나 모두가 성불하기 때문에 모든 부처님보다 수승하니라.』하신 것이다.

3) 모든 부처님을 생각하는 것이 아미타불을 염하는 것만 못하다.

《대집경》에서 말씀하시기를, 『말법시대의 사람들은 널리 여러 부처님을 염하여 마음이 신린하고 안정되지 못하기 때문에 다만 오로지 서방 아미타불을 염하라 하시고, 앉으나 서나 어느 때고 삼칠일 중에 아미타불을 부르고 염하여 잊어버리지 않으면, 목숨을 마친 후 마땅히 극락정토에 태어나리라.』고 하셨다.

《대비경》에서 말씀하시기를, 『만약에 세상 사람들이 밤낮으로 하루 동안 아미타불을 부르고 염하며 부지런히 생각하여 잊어버리지 않고, 또한 다른 사람에게 권하고 서로 권하게 하면 곧 함께 서방정토에 태어나리라.』 하셨다.

《십육관경》에서 말씀하시기를, 『만약 어떤 사람이 비록 극악한 중죄를 지었더라도 목숨을 마치는 때에 다행히 불법을 아는 스님을 만나 염불하는 하는 것을 그 사람이 믿어 듣고 아미타불을 열 번 부르고 염하면, 곧 무거운 죄가 모두 능히 소멸되어 지옥에 들어가지 않고 서방정토에 태어나리라.』 하셨다.

《무량수경》 48원에서 아미타 부처님이 말씀하시기를, 『모든 세계의 어떤 사람이라도 나의 이름을 염불하며 열 번만 부르면 몸이 죽은 후 나의 나라에 태어날 것이니라. 만약 그렇지 않다면 나는 성불하지 않으리라.』 하셨다.

또한 <경>에서 말씀하시기를, 『아미타불의 이름을 얻어 듣고 마음에 환희심을 내면 곧 목숨을 마칠 때에 아미타 부처님이 여러 보살들과 함께 서방정토로 인도할 것이니라.』 하셨다.

다시 부처님이 말씀하시기를, 『만약 선남자 선여인이 1일 2일 3일 4일 5일 6일 7일 중에 지극한 마음으로 아미타불을 염하여 열 번 외우면 곧 서방정토에 태어나 영원히 생사가 끊어져 결정코 성불하며, 여자의 몸으로 아미타불을 염하면 남자의 몸으로 변하여 극락에 왕생하고 성불할 것이니라.』 하셨다.

4) 모든 세계가 서방 극락세계만 같지 못하다

《대아미타경》에서 석가모니부처님이 말씀하시기를, 『아미타 부처님이 계신 국토는 이름을 극락이라 이름하고 바로 서방에 있느니라. 그 나라는 황금과 은과 유리와 수정과 산호와 호박과 자거 등 칠보로써 땅을 이루어 넓고 밝고 매우 좋으니라. 만 가지 보물이 자연히 모여 항상 조화를 이루고 알맞게 갖추어져 아주 좋아 비할 바가 없느니라. 봄·여름·가을·겨울, 크고 작은 추위 크고 작은 더위가 없느니라.

지옥, 높은 산, 크고 작은 바다와 강물이 없느니라. 누추한 사람과 여인과 악인과 짐승이 없느니라. 오직 모든 부처님과 모든 보살 여러 착한 사람들이 모두 서로 공경하고 사랑하여 형과 동생 같이 여기며 스스로 전생과 미래의 모든 일을 알고 옷과 밥이 자연스럽게 생기느니라. 모든 나라의 사람으로서 아미타불의 나라에 태어나는 자는 칠보로 된 연못의 연꽃 가운데 태어나게 되고, 그곳에는 젖을 먹지도 않아도 자라게 되느니라.

모든 하늘나라 사람들이 만 가지 악기와 여러 가지 보배와 옷과 음식을 각기 가지고 내려와 아미타불을 위하여 공양하고 예배하며 모든 사람들에게도 공양하여 날마다 부족한 것이 없느니라. 여러 가지 고통이 없고 갖가지 즐거움을 받으며 영원히 생사가 끊어지고 마음이 열려 뜻이 밝아지느니라. 칠보의 궁전에 올라가 날아다니되 자유자재하고 하늘과 땅 사이의 멀고 가까운 데의 일들을 모두 잘 알 수가 있고 쾌락이 비할 데가 없는데, 어찌 극락세계에 태어나기를 발원하지 않는가.』라고 하셨다.

부처님이 말씀하시기를, "아미타 부처님의 공덕과 국토의 훌륭한 점을 가히 다 말할 수 없어서 여러 사람들을 위하여 간략히 조금만 이야기하였을 뿐이니라." 하셨다.

5) 극락세계의 칠보연못 가운데 구품의 연화대가 있으니, 상삼품 중삼품 하삼품을 구품이라 한다.

《무량수경》에서 말씀하시기를, 『**상삼품**에 가서 태어나는 자는, 만약 어떤 사람이 불경에 능통하고 계행을 갖추어 행하고, 세간의 일들을 탐하지 않고, 능히 여러 가지 착한 일을 행하는 사람이 극락세계 태어나고자 원하면, 곧 목숨을 마치는 때에 아미타 부처님이 여러 선중과 더불어 와서 맞이하고 손가락 한번 튕기는 사이에 극락세계로 인도하느니라. 그 뒤 연꽃 가운데 들어가 3일을 지난 후에 연꽃으로 몸을 삼고 피어나면 32상의 형상을 원만히 갖추게 되느니라.

곧 아미타 부처님의 설법을 듣고 생사를 영원히 면하게 되느니라. 마음이 열리고 뜻이 밝게 되어 부처를 이루고 신통이 자유자재하며 만사에 능통하니 어찌 기쁘지 않겠는가. 이러한 사람을 상삼품에 왕생한 자라고 말하느니라.』하셨다.

<경>에서 말씀하시기를, "**중삼품**에 가서 태어나는 자는, 출가자나 세속의 사람이 비록 경전을 통달하지는 못했으나 불법을 믿고 들으며, 부모에게 효도하고, 약간의 계를 지키며 살생을 하지 않고, 어질고 자비스런 마음으로 보시하는 마음을 갖고 극락세계에 태어나고자 발원하면, 목숨을 마치는 때에 아미타 부처님이 여러 성중과 함께 와서 맞이하고 일념의 순간에 곧 서방극락세계에 태어나게 되느니라. 그 뒤 연꽃 가운데 들어가서 연꽃으로 몸을 삼고 7일을 지난 후에 연꽃이 개화하여 피어나면 몸의 형상은 금색으로 변하고 생사의 고통을 영원히 면하게 되느니라. 아미타 부처님의 설법을 듣고 부처를 이루게 되면 6가지 신통이 자유자재하게 되니 쾌락이 비할 데 없느니라. 이러한 사람을 중삼품에 왕생한 자라고 말하느니라."하셨다.

<경>에서 말씀하시기를, "**하삼품**에 가서 태어나는 자는, 만약에 모든 세계의 남녀들로서 평생 한 가지의 착한 일도 하지 않고 여러 가지의 나쁜 일만을 저질렀지만 매일 새벽마다 아미타 부처님의 명호를 열 번 염하여 목숨을 마치는 때에, 다행이 불법을 아는 스님과 인연이 되어 염불하는 것을 믿고 들어 나무아미타불을 열 번 염송하며 극락세계에 태어나기를 발원하면, 목숨을 마치는 때에 아미타 부처님과 보살들이 와서 영접하고 잠깐 사이에 영혼

을 극락세계 칠보의 연못 연꽃 가운데로 인도하느니라. 그 뒤 연꽃으로 몸을 삼고 49일이 지난 후에 연꽃이 피어나고 몸의 형상은 원만구족하게 되고, 아미타 부처님의 설법을 듣고 생사의 고통을 면하게 되어 곧 성불하게 되니, 만사에 능통하고 옷과 음식이 생각 따라 앞에 나타나게 될 것이니라. 이러한 사람을 하삼품에 왕생한 자라고 말하느니라."하셨다.

6) 다른 사람에게 염불하기를 권하면 함께 서방정토에 태어난다.

《현호경》에서 말씀하시기를, 『어떤 사람이 억만의 재물과 보배를 가지고 널리 여러 보살과 중생들에게 보시하면, 그 복덕이 비록 크기는 하지만 어떤 사람이 다른 사람에게 한번 아미타불을 부르고 염하게 한 공덕만 같지 못하리라.』하셨다.

대자비보살이 말씀하시기를, "두 사람에게 염불을 권하면 자기는 하지 않아도 한 것과 같으니라."고 하셨고,

"열 사람에게 권하면 복덕이 무량하니라."고 하셨다.

"만약 어떤 사람이 등불을 밝히고 아미타 부처님께 공양하면, 모든 부처님이 기뻐하고 목숨을 마치는 때에 극락세계에 태어나고 시방세계의 모든 일을 다 알 수 있느니라"하셨다.

《법화경》에서 말씀하시기를 『한번 **나무불**이라 부르는 자는 모두 불도 이룰 것이니라.』하셨다.

7) 불법에 인연이 있으면 부처님을 받들고, 인연이 없으면 훼방할 것이다.

<경>에서 말씀하시기를, "금세에 불법을 크게 훼손하는 자는 전생부터 내려오면서 악업만을 쌓고 선근 인연이 없었던 까닭에

금생에 이르러 불법을 받들지 못하고, 만약 부처님을 받드는 사람을 보면 크게 비웃고 훼방하는 것이니라." 하셨다.

<경>에서 말씀하시기를, "불법을 훼방하는 자는 지옥에 들어가 가히 세상에 나오지 못할 것이니라." 하셨다.

배움이 있고 착한 사람은 비록 불법을 받들지는 않더라도 받드는 사람들을 훼방하지 않을 것이다. 부처님을 받드는 일은 성스런 도에 들어가는 씨앗이 되고, 부처님을 훼손하는 일은 지옥에 들어가는 근본이 된다.

슬프도다! 말법시대의 스님이나 속인은 마음을 닦고 도를 닦는 데 열심히 하지 않고, 세간의 물질적 욕구로 탐내고 구하기 때문에 지옥에 들어가는 자는 많고 서방정토에 태어나는 자는 적으니 어찌 슬프지 아니한가! 지혜 있는 사람은 모두 알아야 한다. 소위 명부의 시왕은 높고 귀한 사람도 무서워하지 않으며, 지옥의 일이 없지 않다 하시니 생각하여 신중히 해야 할 것이다.

8) 믿음이 있으면 이익이 있고 믿음이 없으면 이익이 없다.

《대화엄경》에서 말씀하시기를, 『신심이 능히 불도를 이룬다.』하셨다. 《법화경》에서 말씀하시기를, 『신심이 있는 사람에게는 불법을 설하고, 믿음이 없는 사람 앞에서는 불법을 설하지 말라』하셨다. 설해봐야 믿지 않고 불법을 훼방한 죄로 반드시 지옥에 들어가 영원히 벗어날 기약이 없을 것이다.

<경>에서 말씀하시기를, "자신의 마음이 바로 부처이니 마음 밖에서 부처를 찾는 것은 외도라는 것을 깊이 믿으라."하셨다.

지혜 있고 착한 사람은 때때로 마음을 서방을 향하여 아미타불을 염할 것이다. 소위 염불하는 사람은 귀신이 능히 해치지 않으며, 시왕도 감히 잡아가지 못할 것이다. 부처님의 말씀을 믿고 들

어야 한다. 부처님은 헛되이 말씀하지 않는다.

9) 세간의 일을 탐하는 사람은 염불의 큰 즐거움을 알지 못한다.

<경>에서 말씀하시기를, "인색하고 탐내며 악을 짓는 자는 뒤에 지옥에 들어가 큰 고통을 받고, 효도를 행하고 보시하는 자는 뒤에 사람으로 태어나 부귀하게 되고, 어질고 착하며 염불하는 자는 마땅히 극락에 태어나 부처를 이루게 될 것이니라."하셨다.

생각해보니, 이 말법시대에는 깊이 아는 자는 적고 천박한 자가 많으므로 모두 불법이 허사라고 하며, 의식이 구족한 것으로 최상을 삼는다. 슬프도다! 인생 일대라 해야 얼마나 머무르는가!

아침에 살아 있다가도 저녁에 죽고, 찰나마다 변하는 것이 높은 산봉우리의 뜬 구름과 같고 물위에 뜬 거품과도 같도다. 세간의 일만을 탐내면서 비굴하게 천년을 살려하고, 악업 짓기에 다함이 없으며 미래의 좋은 과보를 닦지 않으니 어찌 한심하지 않은가!

세상 사람들은 이 세계의 즐거움을 서방극락의 즐거움과 비교하지만 백분의 일도 미치지 못한다. 온전히 여러 경전에 있지만 어찌 가히 믿지 않는가? 신하가 된 자는 임금의 말을 믿어 들어야 하고, 아들이 된 자는 아버지의 훈계를 믿어 들어야 하는데, 만약 믿어 듣지 않는다면 어찌 충효라 이름 하겠는가!

대개 부처님은 삼계의 대도사이시니 인간세계와 천상의 사람은 모두 부처님의 제자가 아님이 없으니, 어찌 사람이 따라 기뻐하지 않겠으며 극락에 태어나기를 원하지 않겠는가!

옛사람이 말씀하시길, "염불은 일체 세간의 일을 방해하지 않습니다. 벼슬을 하여도 방해하지 않고, 직업을 방해하지도 않습니다. 선비에게는 수행하고 글 읽는 일을 방해하지 않습니다. 상업에 종사하여도 판매하는 일을 방해하지 않습니다. 농사짓는 사람이 밭 갈고 씨 뿌리는데 일을 방해하지 않습니다. 출가자에게는 참선하고 독경하는 일을 방해하지 않습니다. 무릇 일체 행위를 모두 서로 방해하지 않기 때문에 비록 소를 잡고 말을 잡는 사람이라 할지라도 염불 열 번으로 서방극락에 태어나는 것이 어렵지 않는 것입니다."하였다.

《나선경》에서 말씀하시기를 『국왕이 나선 도승에게 물어 말하되 '세상 사람들이 평생 악업을 짓는데 명을 마치는 때에 나무아미타불을 열 번 부르면 죽어서 서방극락에 태어난다 하니, 나는 이 말을 믿지 못 하겠소.'하였다.

나선이 이에 대답하여 말하기를, '비유하자면 큰 바위를 배로 실어 가는 것과 같습니다. 즉 배의 힘을 빌리기 때문에 물에 빠지지 않는 것입니다. 이러하기 때문에 <경>에서 말씀하시기를 '사람이 비록 극악의 죄를 지었더라도 한 번 염불하면 곧 능히 지옥을 면하고 곧 바로 서방극락에 태어나느니라.'하신 것이다.』라고 하였다.

소위 자력과 타력이 있다. 여러 가지 착한 일, 육바라밀 등을 행하여 부처를 이루고자 하는 것을 자력이라고 하는데, 마치 나무를 심어 키워서 배를 만들어 그리고 바다를 건너는 것과 같아서 성불이 지연된다. 염불을 하여서 부처를 이루고자 하는 것을 타력이라고 하는데, 배를 빌려서 바다를 건너는 것과 같아서 성불이 빠른 것이다. 이러하기 때문에 〈경〉에서 말씀하시기를 "삼천 량으로 보시한 공덕이 일념으로 아미타불을 부른 공덕만 못하느니라."하셨다.

부처님의 말씀을 믿고 들어야 한다. 대저 이 글들은 <경>과 <논>에서 뽑아 낸 것들이므로 모든 사람들은 모두 훤히 보고 가히 의심하지 말라. 비록 술을 마시고 고기를 먹는 사람일지라도 일념으로 아미타불을 부르면 재앙이 소멸되고 복과 명이 늘어날 것이다. 한가한 때에는 이 글을 보고, 본 뒤에는 높고 깨끗한 곳에 두며, 낮은 곳에 두고 밟지 말도록 하라. 염불은 만사를 행하는 때에도 역시 생각하고 아미타불을 염하여야 할 것이다.

3. 현씨의 신심과 《염불보권문》

조선중기 명연스님의 《염불보권문念佛普勸文》에 이렇게 기록하였다.

『경상좌도 밀양에 사는 성은 현玄씨요 불명은 본원本願이라는 사람이 있었습니다. 기사년 12월 어느 날 마침 가사 화주를 하는 스님이 있어서 시주를 청하므로 홀연히 신심을 내어 시주를 하게 되었습니다. 그날 밤 삼경(11시~1시 사이)에 스스로 자기 입으로 염불이 나와 일상의 업으로 삼게 되었습니다. 추우나 더우나 가고 오며 낮과 밤이 길고 짧은지도 도무지 알지 못하고 큰소리로 염불하였습니다.

하루 반낮으로 3만 번씩 하여 36개월이 되는 신미년 12월 24일 삼경에 염불 독송을 하고 있었습니다. 이 때 서쪽으로부터 오색의 상서로운 구름이 다가와 한가로이 날리면서 가까이로 다가왔습니다. 악기소리가 한가히 들려오고 묘한 누각 가운데 세 송이의 꽃이 있었습니다. 꽃 위에는 세 부처님이 계시는데 앉아 계셨습니다.

현씨가 부처님을 바라보자 부처님이 말씀하시기를,

"네가 염불하기를 삼년을 채우고 발원하여 부처님 보기를 간절히 원하므로 앞에 나타나 너를 위하여 말하노라. 스승을 정하여 참회하고 출가하여 산으로 들어가라. 너의 자손과 밭과 땅과 재물이 태산 같지만 모두가 허망한 것이다."하셨습니다.

현씨는 그 말씀을 듣고 잊어버리지 않고 믿고 받들어 행하여 계를 닦은 지 27년이 되었습니다. 이와 같이 염불하는 사이에 25번이나 부처님을 뵙고 법문을 들었습니다. 그는 하루 저녁에 서쪽을 향하여 예불하기를 50배를 하며 일념으로 항상 염불하였습니다. 다른 사람들도 함께 염불하게 되었고, 재가자들도 하루 동안 출가 입산하여 초당에 머물면서 향을 사르고 연비를 하고 더욱 열심히 염불하면서 부처님의 원력으로 극락국토에 왕생하기를 서원하였습니다.

현씨가 목숨을 마치는 때에 자손들을 모아 놓고 유언으로 말하기를,

"목숨이 오늘 밖에 없으니 너희들은 모두 나의 말을 들어라. 나를 화장한 후에 《염불보권문》을 발행하여 일체 만인을 극락국토로 인도하여라. 나는 지금 부처님의 원력으로 마음이 즐거우니 돌아가련다."하였다.

그때 앞에 나타나신 아미타부처님이 말씀하시기를,

"너희들 대중은 여러 경전의 부처님과 조사의 말씀을 믿고 들어라. 무수한 방편을 설하셨느니라. 이러한 까닭에 상근기와 중근기는 **정법**(正法: 혹은 戒法)과 **상법**(像法 : 계법 비슷함)이 견고하여 득도하지만 하근기의 **말법**末法**시대**에는 여러 문이 열려 있거나 혹은 닫혀 있는 것이니라. 말법에 고통과 번뇌로부터 벗어나고자 하는 사람들을 위하여 설하노라. 이 시대에 일어나야 할 가장 적당한 수행은 **정토문**이니 왕생을 구하여 염불하는 사람은 누구든지 극락세계에 왕생할 것이니라."하셨습니다.

이러한 까닭에 현씨가 특별히 막내아들인 각성에게 이르기를,

"너희들은 입산하여 불도를 위하여야 할 것이니 재물을 내어 판을 새겨 《염불보권문》을 발행하여 일체 노·소·남·여 등에게 아미타불을 염할 것을 권하여라. 매일 이른 아침에 서쪽을 향하여 예불 삼배씩을 하고 다음에 40번씩 염불하는 자는 나의 국토 연꽃 가운데 모두가 태어날 것이니라."하셨습니다.

각성은 어머니 현씨의 말씀을 듣고 받들어 봉행하여 《염불보권문》을 새로이 새겨 합천 해인사 장경각에 유치하였습니다.

현씨는 73세에 왕생극락하였습니다.』

◆ **《염불보권문念佛普勸文》**: 국립도서관 소장본.

◆ **도작**(道綽, 562~645: 당나라)은 서하선사西河禪師라고도 부르는데, 담란의 정토사상을 계승하여 당대의 초기 정토교를 개척하였다. 《안락집安樂集》을 지어 불교의 일대 교설을 **성도문**聖道門**과 정토문**淨土門으로 분별하고, 말법시대에는 시대와 근기에 상응하는 정토문이 유일한 법이라고 역설하였다.

이것은 불교의 역사관 가운데 삼시설을 들어 주장하는 것으로, 대개 정법 500년, 상법 1000년(혹은 500년) 말법 1만년설에 의해서 말하는 것이다. 그러나 이미 결정된 시대가 아니라, 시대와 근기가 혼탁해짐을 염려하여 말하는 것이며, 정법을 행하는 사람에게는 언제나 정법시대요, 깨달음의 법락을 누릴 수 있을 것이다.

4. 강원의 간경과 염불

본 강원講院의 간경看經제도는 어느 시대에 마련된 것인지 자세하지 않으나, 전해오는 바에 의하면 세존 67대 법손 환성지안(喚惺志安, 1664~1729)선사가 전북 김제 금산사에서 천명이 넘는 학인을 제접할 때(1725년) 시행된 실례다.

1) 간경 과목

간경제도(看經制度: 경을 읽으면서 뜻을 이해하는 법도)란 강의를 받는 학인을 두 파로 구분하였는데, 제1은 **독서파**, 제2는 **간경파**다.

독서파 중에서 다시 2과로 구분하였다. 첫째는 **사미과**沙彌科인데, 《초발심자경문初發心自警文》과 《치문緇門》 3권을 수지하는 사람이다. 둘째는 **사집과**四集科인데, 《서장書狀》, 《도서都序》 《선요禪要》, 《절요節要》 네 책을 독송하는 사람이다.

간경파 중에서 다시 3과로 구분한다. **제1과**는 《능엄경》, 《기신론》, 《반야경》, 《원각경》, 사교과四教科요, **제2과**는 화엄1부, 현담, 삼현십지와 회현기를 겸수하는 대교과大教科이며, **제3과**는 《선문염송》, 《전등록》 양부에 속하는 격외과格外科다.

2) 간경의 자세

독서파는 각 개인이 재능의 분수에 따라 매일 아침 배우는 것으로부터 밤늦도록 열심히 읽다가 다음날 아침 강사 앞에서 책장을 덮고 외운 후 다시 강의를 받는다. 단, 묵언하는 간경파에게 방해가 되지 않도록 다른 방에서 독서한다.

간경파에 있어서는 그 절차가 크게 다르다. 사교과의 《능엄경》을 위시하여 내지 《선문염송》 《전등록》까지 각자 이력에 의하여 첫날에는 각 과마다 경 머리에서부터 몇 장씩을 정하고, 강사 앞에 말씀드린 후 강당으로 돌아와서 모두 장삼 위에 가사를 수하고 말없이 앉아 연구한다.

점심공양 후에 모두 모여 종을 다섯 번 친 후, 부처님 전에 잠시 삼귀의례를 올리고 일렬로 앉은 후 간당기(看堂機: 간경의 시작과 끝을 알리는 신호기)를 방 가운데 안치한다.

종두鐘頭가 부처님을 향하여 일 배하고 간당기 앞에 무릎을 꿇고 앉아 먼저 죽비로 세 번 치면 입승이 이에 응하여 세 번 치고, 종두가 선채(禪채: 간당기를 치는 채)를 양손에 갈라 쥐고 먼저 3통, 중간에 1통, 후에 3통을 쳐서 마치고, 일어서서 부처님을 향하여 일 배 한 후, 다시 무릎을 꿇고 앉아 죽비를 세 번 치면 입승이 이에 응하여 세 번 친다.

간경을 시작하여, 대중이 각자 묵언하고 연구하다가 공양주가 저녁공양을 준비하는 종을 치면 입승이 먼저 죽비를 세 번 치면, 종두가 간당기(선틀)가 있는 곳에 가서 선채(간당기를 치는 채)로 1통만을 내리고, 죽비를 세 번 치면 입승이 이에 응하여 세 번 치고, 각자 법복을 벗은 후 자기 뜻대로 외출한다.

이는 오후 방선放禪 행사이고 저녁 공양 후에 일동이 양치질을 하여 마치고는 일제히 저녁예불을 한다.

3) 참선 간경 염불의 삼문

저녁에 등불을 켠 후에는 독서파와 간경파기 등불 아래 모여 앉아 법복을 정리하여 가지런히 한다. 입승은 목탁을 가져서, 고성으로 '**나무아미타불**' **육자를 십념**十念하는데, 대중의 합창에 강당이 떠나갈 듯이 한다. 즉 **참선 간경 염불**의 삼문직지三門直指가 속행된 것이다. 그 후 오후와 마찬가지로 묵묵히 앉아 간경하다가, 이경(二更: 저녁10시)에 방선放禪이 되면 법복을 벗고 경전을 일면으로 정돈한 후 각자 취침에 들어간다.

4) 논강과 문강

강원에서 행하는 논강論講과 문강問講에 대해서 말해보겠다. 사경(四更:새벽2~4시)이 되면 기상하여 세면만을 행하고 법복을 단정히 하여 입선을 행하는 등은 하지 않고 자기 뜻에 따라 간경하다가 지전(예불담당 스님)의 목탁소리를 듣고는 다시 법복을 단정히 하여 예불을 한다.

아침공양이 완료되면 역시 양치질을 한 후 논강 종을 친다. 따라서 일제히 정복하고 각 과마다 둘러 앉아 논강을 시작한다. 먼저 강통(추첨을 하는 통)의 추첨으로 **중강**中講 **발기**發起 2명을 선전하는데, 각 과의 최연소자로 하여금 강통을 흔들게 하여 먼저 나오는 자는 중강이 되고 다음에 나오는 자는 발기가 된다.

일동이 무릎을 꿇고 앉은 후 중강이 책장을 덮은 채로 지내온 연구경론 과목을 한 번 읽고 대의大義만을 들어 설명하여 마치고는, "오늘날 본경의 대의만은 이와 같거니와 세세한 말은 논강시에 합시다"하고는 합장 반배하는 동시에 모두 답례하여 마친다.

그 다음 발기가 책장을 펴고 글을 따라 해석하는데 일동은 책장을 열어 조용히 들을 따름이다. 그 해석에 있어서 사기私記만은 연담기(蓮潭記: 연담스님의 주해서) 인악기(仁岳記: 인악스님의 주해서)를 막론하고 정한 바대로 암송하고 설명한다. 대중 생각에 발기의 해석이 맞지 않은 글귀가 있다면 각각 자기의 의견을 발표하여 합의가 되면 인정하고, 그렇지 않으면 강사의 결재로 미루어 둔다.

발기가 해석을 완료하면 각 과의 좌석에 들리도록 "종강終講"이요 라는 소리를 크게 부르짖고 그 순서에 따라 문강問講이 이루어진다. 강사 앞에 이르러서는 중강이 먼저 과목을 독송하고 글을 따라 해석하는데 논강시 상호간에 달랐던 견해는 해결을 보게 된다. 문강이 끝나면 다음 연구될 경론 몇 장을 결정하고 마친다.

5) 상강식上講式

본 식은 강사가 월 2회 즉 그믐과 보름에 집행하는데, 그 날은 학인 전체가 수업을 폐지하는 강당의 공휴일이다. 아침공양을 마치면 즉시로 종두(종치는 일을 담당)가 상강종 다섯 번을 치고 난 뒤에 학인 수대로 양치질 혹은 대소변, 길을 걷는 곳에 빠짐없이 종을 울리고 돌아오는 길에도 종소리가 중단되지 않도록 집행한다.

강사와 학인이 외무를 마친 다음, 각기 법복이 정리되면 종두가 상강종을 집행하되, 살타(殺打: 크게 쳐서 점점 작게 침)로만 내려가다가 두 번 겹치는데 이르러 지전이 경쇠를 치며 예불이 시작되고, 마칠 무렵 종두가 활타(活打: 적은 소리로 시작하여 점점 크게 침)로 높여서 다섯 번 치고 종결한다.

신중단 예배를 마치고 강사가 단에 올라 정좌하면 학인 일동은 자기 경전을 앞에 놓고 일제히 기립하여 강사에게 일 배하고 모두 제자리에 앉는다. 그 다음 강사가 학인 전반의 모든 경의 과목을 한번 읽고는 독서파와 간경파에게 가르치는 책자에 한하여 대의만을 들어 분명히 명시하여 마친다. 시간 여유가 있으면 학인의 풍기 등 기타에 대하여 약간 설명하고 상강식이 종료되면 학인은 일제히 기립하여 일 배하고 폐식한다.

6) 간경은 진선진미

앞에서 말한 소정학과 외에 다시 수의과隨意科가 있으니, 가령 《법화경》, 《열반경》, 《유마경》, 《지장경》 등을 자기 생각에 따라 섭렵하기도 하고, 또 다시 불교 밖의 연구도 무방하다. 간경 제도는 가히 진선진미眞善眞美라, 청매조사靑梅祖師 십종무익十種無益 중에 **심불반조**心不返照**하면 간경무익**看經無益이라 함은 철저한 금언金言이다. 의리선義理禪 삼매 중에 허회심구虛懷深究가 아니면 경전의 깊고 오묘한 뜻을 그 누가 찾아 탐구할 것인가! 만일 칠판 교수로 경전을 연구한다는 것은 나무 위에서 고기를 구하는 것이라[緣木求魚], 실로 먹던 밥을 뿜으며 배를 잡고 웃을 일이 아니겠는가!

《이회명선사 실록》

5. 진허스님의 《삼문직지》

진허스님은 그 행적에 대해서는 자세히 알 수는 없다. 다만 1769년(조선 영조 45년)에 진허팔관振虛捌關 스님이 당시에 주류를 이룬 수행법인 염불문念佛門, 교문教門, 선문禪門의 삼문에 대하여 그 뜻과 수행법의 요체를 실은 수행지침서를 **《삼문직지三門直指》** 라 이름하고, 안주 은적사에서 처음 발간하였다고 전해져 온다.

이 책에는 주로 염불수행법을 구체적으로 많이 싣고 있어서 당시에 염불의 대중화를 위해 힘썼던 자취를 읽을 수가 있다. 보조국사의 《염불요문念佛要門》도 여기에 수록되어 있다. 여기서는 그 서문과 염불수행의 주요한 부분만을 간추려 참고가 되도록 하였다.

1) 《삼문직지三門直指》 서문

저 음양이 없는 땅에 가람이 있으니, 대원각사圓覺이라 부르며 뿌리없는 나무로써 자연히 번성합니다. 그러한 곳에 들어가는 문이 셋 있는데, **경절문逕截門**과 **원돈문圓頓門**과 **염불문念佛門**입니다. 이 문으로써 정토에 왕생하고, 법계에 증득하여 들어가며, 성품을 바로 볼 수 있습니다. 이러한 세 가지 문은 같은 것인가, 다른 것인가? 성곽의 문은 비록 다르지만 요체를 알면 같은 것입니다.

이러한 까닭에 우리 부처님이 설산에 들어가 별을 보고 진리를 깨달아 문득 정각을 이룬 자리에 올라서, 선禪을 가섭에게 전하니 곳곳에 아름다운 꽃을 피웠고, 교教를 아난에게 전하니 세계에 넓은 바다를 이루었습니다. 넓고 넓은 대도는 방장산方丈山처럼 넓음을 바탕으로 하지만 오히려 깊이가 그윽하고, 경절의 오묘한 문은 경산經山처럼 바르고 높은 곳을 향하지만 오히려 넓고 넓음을 볼 수 있습니다. 신라에서 멀리 계족산 가섭의 법을 받아드리고 해인삼매의 가르침이 이 땅에 들어와 흐르게 되었습니다.

《화엄경》, 《법화경》, 《간화결의론》, 《기신론》 등, **수십여 권**의 〈경〉과 〈논〉에서 부처님과 조사가 한결같이 염불을 권하여 빈부귀천을 막론하고 모두를 이익 되게 하였습니다. 그러하니 곧 만리에 동일한 청풍이 불어 문은 셋이나 방은 하나인 셈입니다. 오직 그 가는 사람이 서쪽을 향하고자 하는 것이며, 만약에 서쪽에서 동쪽으로 가고자 한다면 동쪽을 정문으로 할 것입니다. 정면은 말을 달려 똑바로 가는 방향과 함께 결정되기 때문입니다.

염불문에는 **10종염불, 2종염불, 4종염불, 5종염불, 승행염불, 임종염불**이 있습니다. 원돈문에서는 《원돈성불론》과 의상대사의 《사법계도송》이 들어 있습니다. 경절문에는 《간화결의론》《휴휴안주좌선문》《示각오선사법어》《정진도설》《가당규》《행선축원규》가 있습니다.

2) 염불문念佛門

염불에는 두 종류가 있습니다. 첫째는 평생平生염불이요, 둘째는 임종臨終염불입니다. 평생염불에는 여러 가지가 있으나 **황금과 백옥**을 각기 지극한 보배로 삼습니다. 초목과 사람이 근본적으로 좋아하는 바가 다르기 때문에 자라는데도 여러 가지 모양을 갖추고 있는 것과 같은 것입니다.

【문】 염불이 열등한 것이기 때문에 세 가지 수행문 중에서 맨 처음 둔 것인가?

【답】《비로품소》에서 염불삼매는 보살의 아버지라 하였습니다. 그렇기 때문에 맨 처음 밝힌 것이며, 십지보살에 이르기까지 염불을 떠나서는 안 됩니다. 그래서 삼문三門에 서로 선후가 있는 것이지, 수승하고 열등한 것을 말함으로써 차례를 삼은 것은 아닙니다.

◆ 위에서 염불을 권한 **수십여 권**의 〈경〉과 〈론〉은 대개 이러하다.

- 《반주경》 만약에 어떤 사람이 아미타불의 명호를 듣고 1일 동안 염불하고, 2일에도 생각을 끊이지 않고 계속하면 아미타불이 앞에 나타나 곧 왕생한다.
- 《무량수경》 아미타불을 염하는 마음을 꼭 잡고 끊이지 않으면 곧 왕생한다.
- 《대비경》 낮과 밤으로 부처님의 명호를 부르고 주위 사람들에게 서로 권하면 함께 왕생한다.
- 《대보적경》 10번 생각하면서 저 무량수불을 부르면 죽음을 맞이할 때 꿈에 부처님이 나타나 극락세계에 태어날 것임을 결정해 준다.
- 《관무량수경》 오역죄를 짓고 지옥에 떨어질 중생이 지옥의 불길이 앞에 나타날 때 열 번 아미타불을 부르면 곧 왕생한다.
- 《대법고경》 임종시에 능히 부처님을 관하거나 염불하지 않았으나 아미타부처님이 계신다는 것을 알고만 있어도 곧 왕생한다.

• **《미타대경》** 염불을 하는 것에 대하여 의심을 내면 벗어날 수 없는 지옥에 떨어질 것이다.

• **《법화경》** 한번 나무불南無佛을 부르면 그 사람들은 모두 이미 불도를 이룬 것이나 다름없다.

• **《결의경》** 말법시대 일만 년 동안은 염불하는 것이 가장 견고한 수행이다.

• **《월장경》** 나의 가르침의 말법시대에도 수많은 중생이 행을 일으켜 도를 닦을 것이지만 마지막에는 한 가지 얻을 것이 있을 터인데 그것은 오직 정토의 한 문이다. 가히 통하여 그 길에 들어서 염불하여 극락세계에 태어나기를 구하면 만 명 가운데 한 명도 실패하지 않을 것이다.

• **《불성경》** 항상 보살이 있는데 한 분은 관세음이라 하고, 또 한 분은 대세지라고 이름 한다. 오색구름 위에 여섯 개의 이빨을 한 흰 코끼리를 타고 때때로 연화대에서 염불하는 사람들을 맞이하여 부동국에 태어나 자연히 즐겁게 한다. 《업보차별경》 《정토경》 《문수경》《대집경》《대화엄경》《금색등경》《천친론》《보왕론》《기신론》 등에서 모두 아래에 말하는 글들이 실려 있다.

◆ 십종염불은 보조국사의 염불관에 있으므로 생략한다.

3) 유상염불과 무상염불

대개 염불법에는 두 종류의 모습이 있는데, 첫째는 유상염불有相念佛이요, 둘째는 무상염불無相念佛이다.

(1) 유상염불

유상염불은 수를 세는 염주를 가지고 매 한번 염불할 때마다 염불하는 수를 세는 것이다. 잠깐 사이에 틈이 생기거나 단 한 번이라도 빠뜨리지 않아야 하는데, 만약 잠깐이나 한 번이라도 빠뜨린다면 **사이가 끊어짐**이라고 하여 구하고자 하는 삼매를 성취하기 어려우며 응당 기운이 다한 줄 알아야 한다.

한 번 염불하면 한 개의 구슬을 옮기는데 이를 **일념**一念이라고 한다. 이와 같이 열 번 숨을 쉬면 **십념**十念이 되는 것이다. 숨 쉬는 동안이 길고 짧음에 따르고, 부처님의 명호를 부르는 수에는 구애받지 않는다. 오직 길고 오래하여 숨이 극에 이르게 하되 염불을 하는 소리는 높지도 않고 낮지도 않고, 느리지도 않고 급하지도 않게 하여 한 번 숨을 쉬면 한 개의 구슬을 옮긴다. 이를 일념이라 하며, 이와 같이 백팔 번 숨을 쉬면 **백팔념**이라고 한다.

이와 같이 하면서 부처님을 향하여 염불하는 뜻이 산란하지 않게 하여 더욱 정진하면 마음이 깨끗해지고 1일 1야 내지 7일 7야로 염불하면 마침내 문득 아미타불을 보게 될 것이다. 혹은 꿈을 꾸는 가운데서도 볼 수 있을 것이다.

〈경〉에서 말씀하시기를, "어느 경우라도 극락에 태어날 수 있다"고 하셨다.

(2) 무상염불

무상염불은 코끝 위에서 숨이 나오고 들어가는 것을 상상하며 오로지 마음을 쏟아 아미타불의 모습을 생각하고 관찰하는 염불이다. 날숨과 들숨이 끊어지지 않게 하며 생각마다 둥글고 밝음을 생각하고 마음을 그 곳에 머물게 한다. 안과 밖이 툭 트여 밝아지면 탐·진·치가 바로 삼매이니 삼독이 삼매를 이룰 것이다. 이러한 상태가 깊어지면 번뇌가 엷어지고 믿음이 증장되어 속히 불퇴전의 지위를 얻을 것이다. 오직 의심을 갖지 말아야 하니 믿지 않고 비방하거나, 무거운 죄로 업장이 두껍거나, 아만을 가진 자, 게으른 자 등은 이러한 경지에 들어 갈 수가 없음을 알아야 한다.

◆ **일념**一念은 나무아미타불을 한 번 부르는 것이 아니라 숨 한번 쉬는 동안의 염불이다. 한 번 숨 쉬는 사이에 아미타불을 세 번을 부르든지, 열 번을 부르든지 상관하지 않고, 숨 한 번 쉬는 동안의 염불을 일념이라고 한다. 열 번 숨 쉬는 동안의 염불이다. 집중력을 강화하여 삼매를 얻을 수 있도록 하기 위해서다.

◆ **유상**有相**염불**은 명호를 부르며 염주를 세면서 정진함으로써 소리와 동작이 드러나는 동적인 염불을 말한다. 무상無相염불은 마음으로 관찰할 뿐이고, 소리나 몸으로 움직이지 않는 정적인 염불이다. 두 염불의 공통점은 다 같이 호흡의 조절에 큰 비중을 두고 있다는 것이다. 염불수행도 동적이건 정적이건 호흡을 고르고 길게 해야 효과적이다.

우리들이 행하는 다양한 수행법은 결국 마음의 적정 상태인 **삼매와 깨달음**을 얻기 위한 방편이다. 그러므로 처음부터 선지식의 바른 가르침을 따라 바탕을 확고히 하여 마침내는 깨달음을 성취할 수 있는 방향을 향해 정진해야 한다.

4) 구념口念과 심념心念

《정토소》에서 말씀하시기를 염불에는 두 종류가 있는데, 마음으로 하는 것과 입으로 하는 것이 있다고 하였다. 심념은 마음이 염하는 체가 되고 입은 염하는 모양이 된다. 마음으로 염하는 것은 깊어서 행하기 어렵고 입으로 염하는 것은 얕아서 행하기 쉽지만, 어느 경우라도 왕생한다. 즉 두 방법 모두 정토로 향하는 바른 길이지만 근기에 따라서 상·하가 있을 뿐입니다.

(1) 구념

구념은 칭명염불이라고 하는데, 여기에도 한 부처님만을 부름과 여러 부처님을 부르는 두 가지 방법이 있다.

《문수반야경》에서 말씀하시기를, 『일행삼매―行三昧를 밝히고자 하면, 오직 홀로 머물며 비어 있고 한가한 곳에서 여러 가지 어지러운 생각들을 버리고, 한 부처님을 끊이지 않게 염하되 형상의 모습을 관하지 말고 오로지 명호만을 불러야 한다. 그리하면 염불하는 중에도 아미타불과 일체의 부처님들을 뵐 수가 있을 것이다.』라고 하셨다.

【문】 무엇 때문에 모습을 관하지 못하게 하고 바로 명호만을 부르게 하는가?

【답】 중생은 미혹한 업의 장애가 무겁기 때문에 모습을 관하여 성취하기가 어렵습니다. 그러므로 대성인께서 자비스런 마음으로 가엽게 여겨 오로지 바로 명호만을 부르도록 권하는 것입니다. 바르게 명호만을 부르는 것은 쉽기 때문에 끊어지지 않고 계속하면 왕생할 수 있습니다.

【문】 오직 한 부처님만을 부르는데 왜 여러 부처님이 나타나는가? 이것은 바른 것과 잘못된 것이 서로 교차하여 하나와 여럿이 어지럽게 나타나는 것 아닌가?

【답】 모든 부처님이 대자대비하기 때문이며 아미타불의 원력이 깊기 때문입니다.

【문】 일체의 모든 부처님이 삼신(법신, 보신, 화신)을 함께 증득하시고, 자비와 지혜가 결국 원만하여 역시 두 모습이 없으나

방편을 따라 예불하고 염불하는 것입니다. 생각해 보면 어떤 한 부처님만 불러도 응당 정토에 태어날 것인데, 왜 한 쪽에 치우쳐 서방의 아미타불만을 찬탄하게 하는가?

【답】 모든 부처님이 증득한 바는 평등하여 하나입니다. 만약 원을 행하여 받게 되는 데는 인연이 없는 것이 아닙니다. 그러므로 아미타 부처님은 본원이 깊고 지중하여 광명의 명호로써 시방의 중생들을 섭수하여 교화하기로 원을 세웠습니다.

그러므로 다만 신심으로 정토를 구하고 염하여 위로는 아미타 부처님 한 분께 예배하기를 다하고, 아래로는 십념의 염불에 이르면 부처님의 원력으로 쉽게 서방정토에 태어날 수 있습니다.

이러한 이유로 석가모니 부처님과 모든 부처님이 서방을 향하기를 권한 것이 다를 뿐이지 아미타불 외의 부처님을 부른다고 해서 능히 업장이나 죄가 소멸되지 않는 것은 아닙니다.

《연종보감》에서 말씀하시기를, 『석가모니 부처님이 곧 아미타부처님이지만 서방은 고요하고 동방은 움직이므로 움직임으로써 고요함을 구하는 때문입니다.』 라고 하였습니다.

《무량수경》에서 염불의 공덕에 대하여 말씀하시기를, 『현세에는 가히 재앙을 소멸하고 맺혀 있는 원한을 풀며 복이 증장되고 수명이 오래도록 보전될 것이다.』 라고 하셨습니다.

(2) 심념

심념은 고요한 곳에서 일상생활 가운데 공양 예배 찬탄 등의 의식을 마치고 도량을 나섰다가 돌아와 염불을 하고자 하는 때에는 앉거나 서거나 정면으로 서쪽을 향하여 일심으로 합장하고 나무아미타불과 관세음보살, 대세지보살 등 여러 보살의 대자비한 명호를 10번 부르고 이러한 원을 세워 다음과 같이 말한다.

"제자가 지금 생사의 범부로서 죄의 업장이 깊고 무거워 육도에 윤회하니 고통을 가히 말할 수 없습니다. 이제야 참된 선지식을 만나 아미타불 본원의 명호를 얻어 듣고 비록 다시 명호를 부르면서 서방에 태어나기를 빌어보지만, 어찌 아미타불의 신상광명身相光明과 관세음, 대세지 두 분 보살을 알아볼 수가 없습니다.

원하노니, 부처님께서 크신 서원을 버리지 마시고 자비로 받아드려 제자가 친견 할 수 있게 하여 주십시오" 혹 누워 잠을 자려고 할 때도 이러한 원을 내게 되면 꿈 가운데서도 부처님을 뵐 수가 있을 것입니다.

【문】 어찌하여 입으로 염하고 마음으로 생각하는데 서방정토에 태어날 수 있단 말인가?

【답】 마음으로 부처님의 상호를 떠올리고 기억에 간직하여 잊어버리지 않고 입으로는 부처님의 명호를 불러서 분명하여 산란하지 않게 합니다. 이와 같이 마음과 입, 즉 내외가 서로 하나가 되어서 만약 한 구절의 아미타불을 염하면 80억겁 생사의 죄를 능히 소멸하고 80억겁 수승한 공덕을 성취할 수 있을 것입니다. 한 구절을 염한 공덕이 이러할진대 하물며 십구 백구 천 만구를 염한다면 물어서 무엇 하겠습니까?

1일 1달 1년 평생을 두고 행주좌와 어묵동정으로 주야로 정근하면 죄의 때가 어찌 소멸하지 않겠습니까? 어찌 공덕이 늘어나지 않겠습니까. 어찌 그 씨앗이 극락에서 싹트지 않겠습니까. 어찌 그 인연으로 아미타불을 친견하지 못하겠습니까? 마치 비유하자면 어린아이가 두려워하는 곳에 있을 때, 소리를 내어서 크게 부모를 부르면 부모는 자비스럽게 아들의 부르는 소리를 듣고, 만사萬事를 제쳐두고 급히 와서 구해주는 것과 같은 것입니다.

이 시대 오탁악세의 중생들은 항상 생·노·병·사와 지옥·아귀·축생 등의 고통으로 핍박받고 있음을 깨달아 알고 있으므로 불안하고 두려워하고 있습니다. 진실한 마음으로 큰 소리로 저 부처님의 명호를 부르고 염하면서 구원해 주기를 구하면 아미타 부처님이 결정코 친히 오셔서 자비를 베푸시어 인도해 주실 것입니다.

(3) 심념의 원리

심념(心念)은 관상(觀想)염불이라고 말한다.

《관무량수경》에서 말씀하시기를, 『저 부처님을 상상한다고 하는 것은 마땅히 부처님의 형상을 눈을 뜨거나 감고 있을 때나 부처님의 보배 모습을 관찰하는 것입니다. 마치 염부단금색(염부수 사이를 흐르는 강의 황금)이 저 꽃 위에 앉아 있는 것처럼 부처님의 형상이 앉아 있는 것을 관합니다.

마음의 문이 열려 뚜렷하고 분명해지면 정토의 칠보장엄, 보배의 땅, 보배의 연못, 보배의 나무가 줄지어 있는 모습, 하늘세계의 깃발, 그 위를 가득 덮고 있는 수많은 보배 그물 등을 허공 가운데서 관합니다. 지극히 밝고 분명해지면 손바닥 가운데서 이러한 일들을 볼 수 있습니다.

다시 마땅히 하나의 거다란 연꽃이 부처님의 왼편에 놓여 있고, 또 하나의 커다란 연꽃이 부처님의 오른편에 놓여 있는 것을 관합니다. 관세음보살의 모습이 왼쪽 꽃방석에 앉아 있고 역시 금색으로 된 모습을 상상합니다. 앞에서처럼 대세지보살이 부처님의 오른쪽 꽃방석에 앉아 있는 것을 상상합니다.

이러한 상상이 이루어진 때에 부처님과 보살 모습에서 모두 광명을 쏟아 내고, 그 광명의 금색이 모든 보배나무들을 비추고 하나하나의 나무 아래는 세 개의 연꽃이 피어 있고, 모든 연꽃 위에는 각기 아미타불, 관세음보살, 대세지보살이 있어 저 나라에 가득할 것입니다.

계를 지녀 몸을 깨끗이 하고 마음을 청정히 하여 서쪽을 향하여 편안히 앉아서 관합니다. 그리고 눈을 감고 묵묵히 아미타불의 진금색 몸이 서방의 칠보 연못 가운데 있는 커다란 연꽃 위에 앉아 있는데 그 몸의 크기는 장육이며, 양 눈썹 사이에는 위로 향한 흰 털이 있는데, 오른 쪽으로 빙빙 말아 돌려져 있으면서 자금색의 몸을 비추고 있는 모습을 마음으로 상상합니다.

마음을 쉬고 몰두하여 백호(이마의 흰털)를 상상하되 다시 망령되게 조금도 다른 생각을 하지 않으면 마땅히 눈을 감으나 뜨고 있거나 항상 그 모습을 볼 수 있을 것입니다. 모두 생각생각 마다 잊어버리지 않도록 하고자 하는 것입니다. 이와 같이 오래도록 하여 생각하는 마음이 성숙되면 자연히 감응하여 부처님의 온 몸을 볼 것입니다.

이 법은 최상의 방법이니 말하자면 부처님을 생각하는 때에 이 마음이 곧 부처인 것입니다. 구념(칭명염불)을 하고 난 후에는 차례로 관세음보살의 몸이 자금색이며, 손에는 백련을 들고 있고 머리에 쓴 관 가운데는 부처님이 서 있는 모습을 상상합니다.

그 다음에는 대세지보살의 자금색 몸과 천관(모자) 육계 위에 보배 병 하나가 있는 것을 상상합니다. 또 다시 차례로 자신의 몸이 서방 극락세계에 태어나 연꽃 가운데서 결가부좌를 하고 연꽃이 있어서 오므라들었다가 피어나는 모습을 상상합니다. 그리고 부처님과 보살이 허공 가운데 가득한 모습을 관합니다.』

◆ 관상염불 ◆

심념 가운데 관상(觀象: 관상(觀想)과 다름) 염불은 아미타불 형상의 상호를 마음으로 관하면서 입으로는 명호를 불러서 마음이 산란하지 않게 한다. 마음이 산란하지 않으면 곧 본래의 성품인 불성이 드러난다. 이와 같이 생각 생각마다 끊어지지 않고 순일하여 산란하지 않으면, 임종시에 반드시 저 부처님을 친견하게 되고 직접 영접을 받아 결정코 극락세계에 태어난다.

◆ 실상염불 ◆

실상實相염불은 **아미타불** 법성의 몸을 생각하는 것으로 실상의 이치를 얻는 것이다. 무형無形, 무상無相, 허공과 같은 마음, 중생이 본래 평등하다는 것 등 이와 같은 생각이 곧 참된 생각이다. 이렇게 생각 생각이 끊어지지 않고 계속 이어지면 삼매가 현전하여 결정코 정토에 태어난다. 그러나 번뇌가 치성한 범부의 마음으로 실상염불을 행하기는 쉽지 않다. **아미타불 법성의 몸**이란 법계를 몸으로 삼는다는 뜻이며, 법계신法界身이라고 한다.

◆ **아미타**는 범어이며 번역하면 무량한 수명, 무량한 광명의 뜻이다. **삼매**三昧는 정정正定 즉 바르고 고요하다는 뜻이다.

◆ **관상**觀想 관상觀像 실상實相은 칭명과 더불어 4종 염불이라고 부른다. 그러나 관상觀想 관상觀像 실상實相은 모두 상相을 관하는 것이기 때문에 통틀어 관상觀相이라 하여 칭명염불과 관상염불로 분류기도 한다. 《정토삼부경》은 이 두 종류를 설하고 있다.

5) 오념문五念門 수행

오념문五念門은 세친의 《왕생론》에서 권하는 염불 수행법이다. 만약에 발원하여 서방정토에 태어나고자 하는 자는 오념문으로 수행하기를 권하였다. 다섯 가지의 문을 갖추게 되면 반드시 서방정토에 태어난다고 하였다. 어떤 것이 다섯 가지 수행문인가?

(1) 신업예배문身業禮拜門

일심으로 뜻을 모아 공경히 합장하고 향과 꽃을 공양하며 저 아미타 부처님께 예배한다. 예배는 저 아미타 부처님께 오로지 예배하는데, 그래야 임종시에도 다른 예배와 섞이지 않는다.

(2) 구업찬탄문口業讚歎門

오로지 저 아미타부처님의 신상身相의 광명과 일체 성중의 신상의 광명 및 극락세계 가운데 일체의 보배 장엄 광명 등을 생각하며 명호를 부르며 찬탄한다.

(3) 의업억념관찰문意業憶念觀察門

오로지 한 생각으로 저 아미타불 및 일체성중의 신상광명身相光明과 국토의 장엄 등을 관한다. 《관무량수경》에서 말씀하시기를, 『오직 잠을 자는 때를 제외하고는 이러한 일들을 항상 생각하고 관하라.』고 하신 때문이다.

(4) 작원문作願門

오로지 마음으로 낮이나 밤이나 시간과 장소를 막론하고, 몸과 입과 마음으로 행주좌와에서 지은 공덕을 조금도 묻지 말고 모두 진실로 마음 가운데서 발원하여 서방정토에 태어나기를 발원한다.

(5) 회향문廻向門

오로지 한 마음으로 스스로 지은 선근 및 일체 삼승(성문·연각·

보살), 오도(五道: 지옥·축생·아귀·인간·천인) 개개의 범부와 성인 등이 지은 선근을 깊이 따라서 기뻐하고, 제불보살이 지은 바 선근을 따라서 기쁨을 내는 것처럼 자신도 역시 이와 같이 기뻐한다. 이렇게 남이 지은 선근 및 자기가 지은 선근을 따라서 기뻐하고, 그러한 선근 모두를 중생과 더불어 공유하여 서방정토에 회향한다. 정토에 태어나서는 육신통(신족통·천안통·천이통·타심통·숙명통·누진통)을 얻고 사바세계에 다시 돌아와 중생을 교화하고 확철대오하여 마음에 싫어하고 좋아하고 만족하는 것이 없는 데에 이르면, 성불하게 되므로 회향문이라 이름한다.

◆ 회향에는 예토에서 쌓은 공덕을 돌려 정토에 왕생하고자 하는 **원생회향**과 정토에 왕생한 후 중생제도를 위해 공덕을 베푸는 **공덕회향**이 있다.

◆ 염불은 **오로지** 한 가지 염불만을 닦아야 공덕을 빨리 성취할 수 있는데, 이러한 염불을 **승행염불**勝行念佛이라고 한다.

《아미타경》에서 말씀하시기를 『사리불아, 만약에 선남자 선여인이 아미타불에 대한 말씀을 듣고 **명호를 잡아 지녀**〔執持名號〕, 혹은 1일 혹은 2일 3일 4일 5일 6일 7일 동안 **한마음으로 흐트러지지 아니하면**〔一心不亂〕, 그 사람이 죽음에 이르는 때에 아미타 부처님이 여러 성중과 함께 그 앞에 나타나시니라. 이 사람은 목숨이 다하는 때에도 마음이 뒤바뀌지 아니하니, 아미타불의 극락국토에 곧장 왕생하게 되느니라.』하셨다.

《무량수경》에서 말씀하시기를, 『현세에는 가히 **재앙을 소멸**하고 맺혀 있는 **원한을 풀며 복이 증장되고 수명이 오래도록 보전될 것이다.**』하셨다. 이와 같이 한 가지 염불만으로도 모든 공덕을 성취할 수 있다. 염불하는 데는 세 가지 마음을 갖추어야 한다. **보리심·지성심**至誠心·**원생심**(원왕생심)이다. 이 세 가지 마음으로 염불하는 그 자리에 복과 지혜는 증장한다.

6) 임종臨終 염불

《화엄경》〈현수품〉에서 이렇게 말씀하셨다.

『광명을 비추시니 이름이 견불見佛이라
그 광명이 장차 죽으려는 자 정신을 맑게 하여
생각 따라 부처님을 뵙게 하시니
그 사람이 죽으면 정토에 태어나리라.
임종하는 사람 보면 염불을 권하고
불상을 보여주며 우러러 공경하게 하고
부처님 계신 곳 향해 귀의하여 우러르게 하라.
이러한 까닭에 이 광명 이루셨네.』

임종을 맞이할 때에는 평생 수행한 힘을 억누르는 것이 매우 날카로워 불꽃과 같고 독과 같기 때문에 부처님 법에 의지하는 것이다. 부처님을 만나게 된 사람은 죽음이 두렵지 않으며, 악도에 떨어져도 두려워하지 않는다고 하였다. 그러므로 반드시 임종시에 부처님을 뵐 수 있도록 권한다. 만약 묘하게 여겨 대 방편을 싫어하며 가고 머무는데 걸림이 없는 자라면 언설에 매이지 않기 때문에 이런 의식에 힘쓸 필요가 없다.

임종염불에는 두 가지가 있는데, 첫째는 임종이 아직 남은 때의 염불이다. 이때는 고요한 마음 혹은 산란한 마음으로 하지만 가히 반연을 떨쳐버리기가 쉽지 않다. 둘째는 임종시에 하는 염불이다.

이때는 모름지기 모든 반연을 끊고 일심으로 정신을 집중하여야 한다. 만약에 마음과 경계가 서로 어긋나 분별이 있으면 잘못된 것이므로 일심으로 염불해야 한다.』

<임종시 바르게 염불하는 비결>

선도화상은 《임종정념결臨終正念訣》에서 사람이 임종을 맞이할 때에 생각을 바르게 하여 염불하는 비결을 이렇게 말씀하셨다.

『지귀자라는 이가 선도화상에게 와서 물었다.

"세상에 가장 큰 일은 죽고 사는 일을 뛰어 넘는 것은 없습니다. 한번 숨을 들이 쉬었다 다시 오지 않으면 이에 다음 생이 되어 버리니 한 생각 잘못 되면 문득 윤회에 떨어지는 것입니다. 어릴 적부터 가르침을 받아 염불로 왕생하는 법에 대해서는 그 이치를 비록 밝혔으나, 병들어 죽음에 이르는 때가 되면 마음이 산란할 것을 두려워하고 아울러 집안사람들이 정념을 흔들어 염불하는 것을 잃을까 염려되오니 엎드려 바라오니, 거듭 돌아갈 방법을 보여 주시어 윤회에 빠지는 고통을 벗어나게 하여주소서." 하였다.

화상이 대답하여 말했다.

"기특하십니다. 당신의 질문은 중요한 것입니다. 대개 사람들이 임종을 맞이할 때에 정토에 왕생하고자 하면, 미리 준비하여 죽음을 두려워하지 않고 살기를 탐하지 않으며 스스로 이렇게 생각하여야 합니다. '나의 현재 몸은 고통이 많고 깨끗하지 못하며 악업으로 갖가지에 얽혀 있으니, 이 더러운 몸을 버리면 곧 정토에 왕생한다. 저 곳에서 무량한 즐거움을 얻어 부처님을 뵙고 법을 들어 고통을 멀리하여 해탈할 것이다. 이것이 뜻에 맞는 일이니, 헌 옷을 벗어 버리고 보배의 새 옷을 갈아입는 것과 같은 것이다.'라고 생각해야 합니다.

　그리고 몸과 마음을 송두리 채 놓아 버리고 삶에 대하여 탐하거나 집착하지 말아야 합니다. 병환이 있으면 고통의 정도를 막론하고 무상함을 생각하여 일심으로 죽음을 기다려야 합니다. 또한 가족들과 병문안 오는 사람들과 왕래하여 절하며 찾아오는 사람들에게 부탁하여 환자 앞에 와서는 **오직 염불만 하고**, 눈앞에서 한가하게 잡담을 하거나 집안의 크고 작은 일들을 말하지 말도록 해야 합니다. 역시 부드러운 말로 위로하여 축원하며 편히 오래 살라는 말을 하지 말아야 합니다.

　이런 말은 속절없이 재앙이 미치는 말이며 병을 악화시키는 말일 뿐이기 때문입니다. 가족들도 임종이 매우 가까워 졌을 때는 눈물을 흘리거나 울음을 터뜨리지 말아야 합니다. 혹 정신을 산란하게 하여 염불하는 마음을 잃게 할 수 있으므로 **다만 아미타불만을 생각**하고 함께 고성으로 환자를 위하여 염불하고, 기운이 끊어지기를 지켜보고 기운이 다하여 마치는 때를 기다렸다가 비로소 곡소리를 내어야 합니다.

　혹 정토에 대하여 분명히 해설하는 사람이 있다면 자주 와서 권할 것이니, 그런 도리가 가장 아름다운 것입니다. 만약 이와 같이 한다면 천만 명이라도 왕생한다는데 반드시 의심하지 말아야 합니다. 이것은 분명하고 긴요하며 절실한 뜻이니, 마땅히 믿고 행하여야 할 것입니다.』하였습니다.

　【문】 의사를 찾아 약을 쓰는 것은 어떠합니까?
　【답】 여기서 말하는 바는 단지 마음을 쓰는 법을 말한 것일 뿐 약을 쓰고, 치료를 위해 스스로 구하는 것은 방해하지 않습니다. 그러나 약은 단지 병을 치료할 뿐 어찌 목숨을 치료할 수 있

겠습니까? 목숨이 다하게 된다면 약인들 어찌 하겠습니까?

【문】 신에게 빌어 화복을 구하여 기도하면 어떠하겠습니까?

【답】 사람의 명이 길고 짧음은 태어날 때 이미 정해진 것인데 어찌 귀신이 길게 할 수 있겠습니까? 세상 사람들은 어리석어 반대로 명을 구하려고 여러 생명을 살해하여 귀신에게 제사를 지내니, 이는 다만 죄업을 증가시키고 갑절로 원수를 맺으며, 오히려 목숨을 손상케 하고 있습니다. 크고 큰 수명이 다하는데 작은 귀신이 어찌하겠습니까? 헛되이 스스로 당황하고 반드시 건널 곳이 없을 것이니, 간절히 바라오니 마땅히 삼가 하시기 바랍니다. 이 글을 집 앞이나 음식을 먹는 곳 또는 사람들이 왕래하는 곳에 붙여 두고 때때로 보고 항상 마음에 기억하여 열심히 보아 위험함을 당하였을 때는 이 말을 잊지 말아야 합니다.

【문】 평생 염불을 하지 않은 사람도 이런 방법을 사용해서 되겠습니까?

【답】 이 법은 승가나 속인이나 염불을 하지 않은 사람도 사용하면 모두가 왕생할 수 있음을 결정코 의심하지 말아야 합니다. 세상 사람들을 보면 평소에는 염불하고 예배하며 왕생을 발원하다가도 병환으로 임종을 맞이하게 되면, 다만 죽음만을 두려워하여 모두기 위에서 말한 것들을 실행하지 않습니다.

이 일을 몸이 쇠하고 기운이 끊어져서 식(혼)이 저승에 떨어진 뒤에 시행하여 비로소 염불을 하니 어찌 하겠습니까? 비유하자면 도적이 나간 뒤에 문을 닫으면 무엇을 건지겠습니까? 하물며 죽는 일이 크고 크니 모름지기 스스로 마땅함을 쫓아야 합니다. 임종시에 한 생각이 어긋나면 만겁에 고통을 받을 것인데, 그때 누가 서로 대신할 것입니까? 생각하고 거듭 생각해야 합니다.

◆ 우리들 스스로가 임종을 맞이하는 상황을 상상해 본다면 죽음이라는 것이 얼마나 큰일인지 짐작할 수 있을 것이다. 한 생애가 후대에 어떻게 평가되든지 그 사람은 우리들로부터 현실에서는 다시는 만날 수 없는 사람이 되어 떠나간다. 한동안 마음 한 곳에 자리잡고 그리움과 추모의 대상이 될지언정 더 이상 사랑이나 미움, 원망의 상대일 수는 없다.

그러므로 생전에 맺힌 것들을 모두 풀어 버리고 부처님의 나라에 태어날 수 있도록 왕생을 염원하는 염불의 공덕을 베풀어야 한다. 그리하여 죽음의 공포로부터 벗어나 부처님의 광명을 기다리며 안심과 희망을 갖고 자신에게 남은 마지막 에너지를 오직 염불하는 마음으로 바꾸어 새로운 생명을 꿈꾸며 편히 잠들게 해야 한다.

태어남과 죽음보다 큰 일이 없다고 할 때 이는 생生과 사死라는 순간만을 의미하는 것이 아니라 태어남에서부터 죽음에 이르기까지의 한 생애를 말하는 것이다. 어느 한 순간도 의미 없는 시간은 없기 때문이며 죽음은 예정된 기다림이 아니라 살아 있음과 동시에 공존하고 있기 때문이다.

한 생각 한 숨이 이어져 생을 이룬다고 생각한다면 하루에도 만 번 죽고 만 번 태어남을 잊지 말고 어느 한 순간도 방일하지 않고 죽음까지도 진지한 삶이 되도록 끊임없이 정진해야 할 것이다.

6. 설법시 나무아미타불 제창

조선 후기에는 설법說法하는 도중에 **나무아미타불을 제창**하는 관습이 생기게 되었다. 이것은 용암龍巖스님으로부터 창시되었다. 용암龍巖스님의 법명法名은 혜언慧彦이며, 속성俗姓은 조趙씨다. 나주 사람이며, 1783(계묘)년에 출생하였다. 일찍이 율봉화상栗峯和尚을 시봉하였고 금강산 유점사에 들어가 백일기도를 하였는데, 꿈에 일만 이천 봉우리가 금련으로 변화하고 율봉화상栗峯和尚이 꽃 가운데 앉아 있으면서 사자좌로써 그를 맞이하였다. 이로 인해 신심이 더욱 견고해졌다.

용암에게는 두 제자가 있었는데 포운윤취佈雲潤聚와 대운성기大雲性起였으며, 모두 순천 사람이다. 음성에 특징이 있고 범음(염불)이 유창하여 듣는 사람들을 환희케 하였다. 그 스승의 글을 해석하는 법을 크게 드날렸으며, 드디어 제산諸山의 설교체제를 성립하였다. 또한 경전을 해석하고 강연하는 때에 매 중요한 구절에서 반드시 **나무아미타불을 제창**하였다. 법회의 청중 역시 모두 창을 따라서 하였는데, 그 뜻은 하나는 **부처님의 명호를 염송**하는 것이고, 둘은 **대중의 혼침을 경책**하는 것이었다.

혹 어떤 이는 덕사의 용암화상이 이와 같은 방편을 창시한 것이라 하고 금강산의 용암화상을 의심하여 근래에는 그가 아니라는 사람도 있다. 설교와 염불은 각기 그 때가 있는 것이기 때문에 병행하는 것이 불합리 하지만, 비록 그렇다 해도 이미 관습이 되어 버려 마침내 그것을 고치기가 어렵게 되었다.

《불교통사》

7. 계모임이 성행하다

원래 큰 사찰에는 왕가王家에서 논밭을 하사하였으나, 뒤에는 점점 빼앗기다가 현종 때(1659~1674) 와서는 마침내 전부 빼앗기게 되고 말았다. 그 후 다시 논밭을 받은 사찰은 석왕사·용주사

·법주사 등이 있기는 하지만 대부분의 일반사찰은 사원경제 일체를 그 사찰에 적을 두고 있는 승려들이 스스로 부담하였다. 즉 가람수리, 산림보호, 도로수리, 법회의식, 손님접대 내지 인정물(人情物: 남을 돕는 보시물) 등 사찰의 대소에 따라 그 비용의 명목도 적지 않았다. 사찰의 경비는 대체 무엇으로부터 나오는가?

승려가 사찰에 봉납하는 전답과 신도들의 희사(보시) 외에는 아무 것도 없다. 그러나 신도의 희사란 것도 불법이 쇠퇴한 조선시대에는 실상 보잘 것 없었다. 그리고 가지가지의 기도 천도공양을 하기 위해 신도가 가져오는 금액 중에서 조금씩 남겨 사찰 수입을 만들기도 하였다.

경성부근의 사찰은 궁정(궁중)과의 관계가 밀접해서 궁인의 큰 기도가 있을 때면, 한 번에 500원 이상이 될 때도 있는 만큼 사찰 경제를 전적으로 여기에 의존하고 있는 경우도 있었다. 또 범어사·통도사·석왕사·은진관촉사 등의 수계법회라든가 사리탑 공양 법요식 등 재일에는 선남선녀 특히 선녀가 끊이지 않고 참례하여 각각 얼마씩의 희사를 하는 사찰도 없지는 않았지만, 그것은 오히려 드문 일이었다.

한편 승려가 사찰에 봉납하는 전답에는 **불공전**佛供田 **제위전**祭位田 **계전**契田의 3종이 있었다. 불공전이란 승려가 사망할 때 유산 중의 얼마를 봉납하여 사찰의 불공양비에 충당케 하는 것이다. 제위전이란 사후의 명복을 위하여 사찰에 기부한 것이며, 계전은 사찰의 승려가 **동갑계**同甲契를 조직하여 계전을 모아 사찰을 위해 전답을 구매하여 기부한 것이다. 이 밖에 **염불계** 같은 것도 있는데, 이는 속인과 신도 또는 승속이 힘을 합하여 계를 조직하고 계전契田을 사들여 염불당의 유지비로 충당하는 것이다.

근래에는 사찰부근의 촌민들에게 사찰소유의 산에 입산을 허락하고 그 입산세를 징수하는 예도 있다. 요컨대 사찰의 경제는 그 사찰에 적을 두고 있는 승려의 수가 많을수록 기부금도 증가되어 재정이 풍부하게 된다. 다수의 승려들이 모여 살게 되면 자연 기강이 정비되어 강력한 사회를 조직할 수 있는 까닭에 생활상의 편리도 가져오게 되므로 그들은 자연히 모여 사는 것을 좋아한다.

통도사 · 범어사 · 해인사 · 석왕사 · 건봉사 · 유림사 · 송광사 · 월정사 등은 일본에서는 볼 수 없는 다수의 대중을 보유하는 부유한 사찰이 되었다. 통도사 · 범어사 · 해인사는 보통 대중이 200명이 넘고, 그 이하의 여러 사찰에도 100명 혹은 50명은 되었다. 범어사 · 통도사 같은 데는 추수 200석을 초과하여 그 실력은 한 도의 쌀값을 움직일 만 했다.

결국 조선사찰은 그 제도가 저절로 치부할 수 있도록 되어 있었기 때문에 해가 감에 따라 부는 더욱 늘고, 따라서 승려수도 많아져서, 심산대곡 안에서 별로 세간의 생활난에 구애를 받지 않는 한 개의 특수사회를 이루게 되었다.

《조선불교》

◆ 조선 후기 16세기 중엽부터 1910년까지 사찰계는 모두 201개나 되었다. 시대별로 살펴본 계의 이름과 그 숫자는 다음과 같다.

	甲契	燈燭契	門徒契	佛糧契	喪布契	念佛契	地藏契	廳契	七星契	기타	합계
18세기	19	4	1	9	1	4	0	1	0	1	40
19세기	37	11	13	17	2	20	2	8	8	12	130
1900년 후	5	3	2	3	0	8	2	5	0	3	31
합계	61	18	16	29	3	32	4	14	8	16	201

이 밖에도 산림을 육성하는 송계松契, 후학을 양성하는 학계學契, 범패를 전수하기 위한 어산계魚山契 등이 있었다. 신앙적 목적으로 출발한 사찰계가 경제적 목적으로 전환된 것은 1737년부터 익산 숭림사에서 결성된 불공계佛供契가 최초의 불량계佛糧契였다.
　《조선후기 사찰계 연구》 2000 한상길 (논문). 사찰계는 신앙적인 목적 외에도 사찰을 유지하기 위한 경제적 목적으로도 큰 역할을 한 것으로 보인다.

제3절
조선 후기 염불부흥

1. 만일염불회의 부흥

1) 범어사 내원암 미타계(1875년 5월)

경상도(부산) 범어사梵魚寺 우화대사雨華大師가 초년에는 세상일에 바빠 분주하다가 나이 50세에 이르러 발심하고, 만일회를 본사 해행당解行堂에 시설하여 계원을 모집하고 매월 15일, 동지, 불탄일에 아미타불께 공양함으로써 만년 귀의의 대사를 만들었다.

어느 날 대중이 금세의 만일회는 대개 한가하고 조용한 곳에 있는데 우리는 너무 번잡한 곳에 있어서 상근대지上根大智가 아닌 우리로서는 적당치 않다고 하여 대사가 내원암으로 옮겼다. 이 때 김열화 보살이 화주를 하여 시주자들로부터 수 백전을 화주하였다.

2) 고양군 흥국사 만일회(1904년 11월)

고종 갑진년 11월 단월이 열 가지 원을 세워 만일회를 창설하였다. 만일회라는 것은 백련사白蓮社의 다른 이름이다. 살펴보니 30년 염불회는 향화의 인연이다. 대중이 혜월공을 선출하여 연사蓮社의 화주가 되었다. 다음 해는 진관사 해송공을 맞아 연사의 화주로 모셨다. 생각해보니, 해송공이 청중과 더불어 연사를 체결하여 이끌어 오니, 26년 심안이 부동하여 함께 부처님의 명호(나무아미타불)를 염송하니 몇 만 편인지 알 수 없었다. 깊이 불법의 바다에 들어가니 과果가 경에서 설한 바와 같았다.   《한미산 흥국사 만일회비기》

3) 범어사 극락암 만일회(1905년)

범어사 극락암에서 1905년 8월에는 만일회에 시주한 사람들의 공덕을 새긴 헌납기를 작성하였다. 특히 범어사에는 예로부터 여러 가지 계契가 있어서, 혹은 친목을 도모하고, 혹은 사찰의 보수를 위해 재산을 축적하고 있었다. 재산 축적은 계전을 모아 이것을 승속 간에 대부한 다음, 연리 3푼씩을 징수함으로써 이루어졌다. 각종 계로서는 **갑계 · 어산계 · 미타계 · 지장계 · 열반계 · 성도계 · 칠성계 · 누룩계** 등이었다.

4) 화계사 만일염불회(1910년 12월)

경술년 겨울인 11월 월해화상越海和尙이 주관하여 뜻을 함께 한 월초月招 · 포응抱應 · 동화東化 등 제공諸公이 협력하여 화엄산림華嚴山林을 하기로 의논하고, 각자가 힘에 따라 혹은 재물을 내고 혹은 시주자들을 모집하였다. 팔공산八公山 동화사東華寺 월제화상越霽和尙이 회주會主에게 《80권 화엄경》 일부一部를 가져와 초하루부터 열흘 동안 밤낮으로 강설하여 환희에 찬 회향을 하였으니, 실로 말세 중에 드문 일이었다.

원유화상爰有和尙은 호가 월명越溟이다. 어려서 머리를 깎고 입산하여 염불念佛로써 근본을 삼고 정토淨土에 태어나기를 구한지 50년이었다. 홀연히 금년 겨울 병고가 들어 사대가 온전치 못하므로 스스로 목숨이 오래가지 않을 것임을 알고 한날 저녁 월해화상越海和尙을 불러 말하였다.

"스님과 나는 승가의 형제이니 나의 뒷일을 어찌 말하지 않겠습니까. 본인이 금년에 70살인데 병으로 누워 일어나지 못하니 명이 다한 것 같습니다. 평생 수용하고 있는 논이 양양襄陽에 있는데 몇 백 두락에 지나지 않습니다. 그러나 이것은 승속 사이에 남겨

온 재물이 아니라, 본인이 입산 후에 빈손으로 이루어 근근이 생계를 도와 온 물건입니다. 어떻게 하면 옳겠습니까?" 하였다.

월해화상越海和尙이 말씀을 듣고 있을 때 회주會主, 월제화주月薺化主, 월초月初, 포응抱應 동화東化 등 여러 스님이 역시 한 자리에 있다가 이구동성으로 말했다.

"스님이 예로부터 염불念佛로써 날마다 공부의 업業을 삼았으니, 만일염불인萬日念佛人들의 월료月料에 쓰인다면 곧 비록 천만년에 이르러도 염불念佛의 금고金鼓 소리가 도량에 그치질 않을 것입니다. 단지 만인에 염불을 권할 뿐 아니라, 역시 화상의 몫은 비록 서방으로 돌아가지만 이름은 본산本山에 머물러 가히 흐르는 향기가 백세百世에 이른다 할 만하니, 어찌 이 세간의 일대사인연一大事因緣이 아니겠습니까, 그렇지 않다면 곧 사람은 황천에 가고 재물은 허무로 돌아갈 것이니, 원하오니 화상은 깊이 살펴주소서"라고 하였다.

이에 화상이 크게 깨우쳐 논의 문서를 사중寺中에 송두리째 드렸으니 헌신짝을 버리는 것 같았다. 만약 숙세에 선근의 깊고 두터움을 심은 것이 아니라면 평생 사랑하고 아끼던 재물을 일시에 헌납하는 것이 그 어찌 이와 같겠는가?

(하략) 석존강탄 후 2937년 경술(음) 12월.

대공덕주 김월명 답畓 270두락 만일회, 답畓 60두락 제위

〈화계사 현판〉

5) 봉원사 만일회(1912년 2월)

경성의 서대문 밖 봉원사 이보담李寶潭스님은 당시에 만일회를 개설하여 사찰 안의 중년 이상의 승려로 하여금 모두 염불정진에 종사하게 하였다. 《불교월보 2호》

6) 개운사 만일회(1912년 4월)

경성 개운사 이보련행 보살이 만일회를 창설하였다.

◆ 현재 공덕비가 있음

7) 건봉사 만일염불회

제1차 서기 758년(경덕왕 17년)에 발징화상이 신도 정신, 양순 등과 함께 최초로 만일염불회를 개설하여 염불정진 하였는데, 이것이 만일염불회의 효시다. 이 결사에는 승려 31인과 재가불자 1820인 참여하여 염불정진한 후, 서기 787년에 회향하였다.

제2차 서기 1802년(순조 2년)

제3차 서기 1851년(철종 2년)

제4차 서기 1881년 만화관준 스님을 회주로 하여 결성, 1908년 회향

제5차 서기 1908년 금암의훈 스님을 회주로 제5차 염불만일회 개설

제6차 서기 1998년 8월 6일 입재하여 서기 2025년 12월 21일 회향할 예정.

2. 경허선사의 염불관

경허(鏡虛, 1849~1912) 선사는 성이 송 씨요, 이름은 동욱이며, 출가한 후 법명은 성우(惺牛), 호는 경허(鏡虛)다. 1849년 8월 24일 전주 자동리에서 태어났는데 어려서 아버지를 여의고, 9세 때 어

머니를 따라 서울로 올라와 경기도 광주군 청계산 계허 스님 아래로 출가하여 계를 받았다. 14세 무렵 머리가 매우 총명함을 알았으나, 계허 스님이 환속을 하게 되어 하는 수 없이 계룡산 동학사 만화 강백에게 편지를 써서 추천하였다.

그 곳에서 일대시교를 수료하고 24세 때 동학사에서 강설하니 사방에서 대중들이 모여 들었다. 31세 때 환속한 계허 스님이 생각나서 찾아뵙고자 길을 가는 도중에 폭풍우를 만나 마을에 들렸을 때, 전염병으로 많은 사람들이 죽어간다는 소문을 듣고, 스스로도 생사를 뛰어넘지 못했음을 크게 뉘우쳤다.

강당에 돌아와 학인들을 돌려보내고 화두 참구에 전념하였다. 일념으로 참구하기를 석 달째 하던 어느 날, 어떤 스님이 묻기를, "소가 되어도 고삐 뚫을 구멍이 없다는 것이 무슨 말입니까?" 하는 말 아래 크게 깨달았다고 한다. 이후 20여 년간 홍주 천장암, 서산 개심사, 영주 부석사 등지를 왕래하며 선풍을 날렸다.

51세 때 합천 해인사에서 법주로 추대되었고, 54세 때 부산 범어사 금강암, 마하사의 나한 개금불사 증명법사로 법을 설하기도 하였다. 56세 때 오대산 금강산 등지에서 유행하였는데, 그 후 세상을 피하고 이름을 숨기고자 갑산, 강계 등지에서 자취를 잘 드러내지 않았으며, 머리를 기르고 선비의 관을 쓰고 만행을 하기도 하였다. 64세 때 4월 25일 갑산에서 병도 없이 입적하였다. 선사의 여러 법문 가운데 여기 염불에 관한 긴요한 말씀을 싣는다.

<등암藤菴 화상에게 법문하다>

『부처님이 일대장교를 설하시어 오계五戒와 십계十戒의 법으로써 인천人天에 태어나게 하고, 고집멸도 사제四諦 법으로써 아라한 과를 증득하게 하고, 무명·행 등 십이인연十二因緣 법으로써 연각과 벽지불을 증득하게 하고, 사홍서원과 육바라밀 법으로써 보살도를 행하도록 하였습니다.

권교權教의 보살은 아승지겁을 지나면서 사홍서원과 육바라밀을 행하되, 십신十信·십주十住·십행十行·십회향十廻向의 과위를 지나도 오히려 묘도를 통달하지 못하였기 때문에 아직도 유위법有爲法을 보고 희유하다는 생각을 내며, 무상법無相法을 들으면 망연하게 어쩔 줄을 모릅니다. 부처를 구하려는 지견은 마음에서 항상 끊어지지 않으나 번뇌와 습기의 뿌리와 꼭지가 없어지지 않으므로 부처님의 경계와 가르침에 의하여 항상 눌러 항복 받습니다.

비유하자면 환주幻呪를 잘하는 사람이 주술의 힘으로써 맹수와 독사를 제지하여 그 독으로 하여금 사람을 다치거나 물지 못하게 하되, 사람을 해치는 독은 제거하지 못하는 것처럼, 불법 가운데서 의심의 뿌리가 끊어지지 않아서 마치 어떤 물건이 가슴 속에 걸려 있는듯하니, 이럴 때에 참된 선지식을 찾아서 묘한 도를 깨달아 얻으면 곧 바로 십지十地 자리에 오르게 되며, 선지식을 찾지 않고 깨닫지 못하면 마침내 타락할 뿐입니다.

보조국사가 이르되, "대개 도를 배우는 자는 처음에 먼저 바른 인연을 심어야 하니, 오계와 십선과 십이인연과 육바라밀 등의 법은 모두가 바른 인연이 아닙니다. 자기의 마음이 바로 부처인 줄을 믿으면 일념무생一念無生에 삼아승지겁이 공하니 이렇게 믿는 것이 바른 인연입니다."한 것이 이것입니다.

성인이 가신지 오래 되어 스승과 제자의 근본 맥이 이미 끊어져서 대개 참선하는 수행자들이 미혹하여 막히고 껍질에 걸려서 권교와 절반의 말에 길들여진 이들이 계행과 선행으로는 사제 십이인연 등의 법도 오히려 닦아 나아가지 못하는데, 하물며 바른 인연을 개발하여 나아가겠습니까? 그러면 절반이란 무엇입니까?

도의 극치에 이르지 못하고 중도에서 그침을 말합니다. 권교란 무엇입니까? 형수가 물에 빠져 위급하니 손을 잡아 건지는 것을 말합니다. 권이니 반이니 하는 것으로는 상常 실實 원圓이 되지 못하니, 결국 슬기로운 이는 기다릴 것이 못됨을 알아야 합니다.

연수 선사가 이르기를, "대도를 구하려는 이에게는 일승의 묘한 뜻을 설하였고, 작은 수행을 구하는 이에게는 육행과 방편문과 육도 등의 법을 설하였다."하였습니다. 이것도 역시 방편을 면하지 못하는데 하물며, 오계·십선·사제·십이인연 등이야 말할 것이 있겠습니까?

부처님이 **방편의 힘으로 염불하는 법을 설하여** 중생들을 인도하시니, 그 뜻이 매우 묘하건만 사람들이 알지 못하고 마음을 잘못 써서 효력이 없으니 어찌 하겠습니까! 《아미타경》에서 정토의 장엄을 크게 설하시고 왕생하는 법을 설하시기를, "하루 이틀 내지 이레 동안 한 마음으로 어지럽지 않으면 이 사람은 왕생한다."하였고, 《관무량수경》에 불상을 관하여 성취하는 법이 있는데, "마음을 한 곳에 매어서 그 관하는 것을 역력히 하여 오랜 시간을 또렷이 하면 삼매에 들어 무량수를 성취하리라."하셨습니다.

〈경〉 가운데 세 무리들이 왕생하는 것은 모두 보리심을 발하였기 때문인데, 보리심이란 무엇입니까? 곧 중생들이 날마다 쓰는 신령스럽게 느끼는 성품입니다. 만약 능히 이 신령스럽게 느끼는 성품을 개발하거나 혹은 능히 **관상삼매**觀像三昧를 성취하거나 혹은 능히 **일심불란**一心不亂을 성취하면 저 왕생하는데 무엇이 어렵겠습니까?

그래서 규봉 선사께서 이르시기를, "염불하여 정토에 나기를 구하더라도 또한 **십육관선**과 염불삼매와 반주삼매를 닦아야 한다."하였으니, 이것은 산란한 마음으로 명호를 외어서 문득 생사를 해탈하고 정토에 태어나려는 것과는 다른 것입니다.

신역과 구역의 <경>과 <논>에 모두 이르기를 "십지 이상의 보살도 보신불報身佛의 정토를 조금 밖에 보지 못 한다"하였으니, 아미타불의 정토가 어찌 보신불의 정토가 아니겠습니까? 십지보살에게도 전부 보는 것을 허락하지 않는데, 하물며 어찌 번뇌에 얽힌 범부가 산란한 마음으로 한갓 명호만을 외운다고 능히 생사에서 해탈할 수 있단 말입니까? 만약 산란한 마음으로 명호만을 외우고 생사를 해탈한다면 어찌 괴롭게 일심불란과 십육삼매를 닦겠습니까? 벌써 부처님 말씀에 어긋나니, 어찌 능히 성공하겠습니까?

옛적에, "자기의 힘으로 하는 것은 나무를 심어서 배를 만드는 것에 비유하고, 남의 힘은 배를 빌려 타고 바다를 건너는 것에 비유하였으니, 더디고 빠르고 어렵고 쉬운 것은 공을 들임에 차이가 있다."라는 말이 있는데, 이것도 또한 권하여 교화하는 방편이니 잘못되었을 때 변명하는 것을 면하기 어려울 것입니다.

부처님 가르침에 어긋나고 뒷날 중생들을 크게 그르치게 하는 것이니, 이것은 어쩔 수 없이 변명해야 할 것입니다. 본래 뿌리 없는 나무이니, 어찌 종자를 심을 수 있으며, 본래 밑 없는 배이니 만들 필요가 있겠습니까? 삼천대천세계를 뒤엎고 천인과 인간을 널리 제도함에 그 도와 작용이 일찍이 조금도 모자라지 않는데, 다만 어지러움으로 안정되지 못하고 혼미한 꿈을 깨어나지 못하였을 뿐입니다.

또한 《인명론》에 같은 비유와 다른 비유가 있으니, "불성佛性이 허공과 같다"함은 같은 비유요, "군사가 숲과 같다" 함은 다른 비유요, 같은 비유가 아닙니다.

만일 같은 비유에 붙인다면, "자기 집의 돈과 재산으로써 굶주리고 빈곤한 사람을 구제 한다." 함은 자기의 힘이요, "남의 집안의 재물로써 두루 베풀어 준다" 함은 남의 힘이다.

이러한 비유는 부처님의 교리에 어긋나지 않기 때문에 <경>에 이르기를, "옷 속에 밝은 구슬이 있는 줄 모르고 돌아다니며 걸식한다." 함이 이것입니다. 어렵고 쉽고 더디고 빠른 것은 변명을 기다릴 것도 없이 스스로 명백합니다.

만약 능히 하루 동안 마음이 산란하지 않고 이틀 동안도 마음이 산란하지 않다면 어찌 이레를 기다리며, 만일 한 번 관함이 역력하여 오랫동안 명백하고 내지 십육의 관법이 분명하면 오랫동안 명백하리니, 보리심을 발하는 것도 또한 여기에서 벗어나는 것이 아닙니다.

만약 이와 같이 온전한 공력을 조사의 참구하는 문 가운데 베풀면 누가 견성성불을 못하겠습니까? 화두를 참구하는데 말한 깨어 살피고 고요함을 균등히 지니면 반드시 능히 견성하고 염불문 가운데서 말한 일심불란은 결정코 왕생할 것이니, 일심불란이 어찌 깨어 살피고 고요함을 균등히 지니는 것이 아니겠습니까?

만약 일심불란이 남의 힘이라고 한다면 깨어 살피고 고요함을 균등히 지님이 어찌 남의 힘이 아니며, 만약 깨어 살피고 고요함을 균등히 지님이 자기의 힘이라면 일심불란이 어찌 자기의 힘이 아니겠습니까? 그러한즉 일심불란과 깨어 살피고 고요함을 균등히 지님에 과연 어떤 것이 더디고 빠르며, 무엇이 어려우며 쉬운 것입니까?

대개 십지十地 이상 보살도 오히려 보신불의 정토를 전부 보지 못하는데, 번뇌에 얽힌 범부가 능히 생사를 해탈하는 것은 그 공덕이 온전히 일심불란에 의지하는 것입니다. 만약 일심불란이 되지 않으면 어찌 단박 벗어버리겠습니까?

대개 모양이 곧으면 그림자도 단정하고, 소리가 크면 메아리도

웅장하며, 착하게 살면 천상에 나고 악하게 살면 지옥에 들어가며, 청정하여 어지럽지 않은 마음으로 살면 생사에 해탈하며 불국정토에 태어나니, 이것은 필연의 이치입니다.

만일 그렇지 않다고 한다면 어찌 모양은 굽은데 그림자는 곧을 수 있으며, 소리는 작은데 메아리가 클 수 있겠습니까? 뿌리를 복돋아 주지 않고 가지와 잎이 무성하기를 바라며, 기초를 단단히 쌓지 않고 건축물이 기울어지지 않기를 바라는 자는 어리석지 않으면 미혹한 사람입니다.

청허화상(서산대사)도 자기의 힘과 남의 힘 이야기를 인용하여 왕생하기를 깊이 권하였지만은 산란한 마음으로 생사를 해탈한다는 글은 보지 못하였습니다. 〈경〉에 이르기를, "부처님께서는 중생들이 생사고해에 빠진 것 보기를 마치 사랑하는 어머니가 어린 자식이 물불을 모르고 뛰어드는 것을 보는 것과 같다."하셨습니다.

그러니 명호를 부르는 이는 구제하여 주고 명호를 부르지 않는 이는 구제하여 주지 않는다면 이것이 말이나 되겠습니까? 나무를 심고 배를 빌린다는 작은 비유로써 얼마나 많은 수행자들이 성명性命을 그르쳤습니까?

애석하도다. 근래의 수행인들을 보니 능히 참되고 바른 스승과 도반을 찾아 도의 안목을 결택하지 못하고 온전히 남의 힘만 의지하며, 그저 부처님 명호만 외우고 부처님이 구제해 주기만을 바라다가 그 공력이 궁극에 가서는 모두 마구니에게 포섭되는 것을 내가 보고 듣고, 허물을 증거할 수 있는 것이 그 수가 매우 많습니다. 대개 발심하여 수행하고자 하는데 그릇되고 삿된 마구니에게 떨어지니 어찌 슬프지 않겠습니까?

조사가 이르기를, "생각한다는 것은 마음에 지녀 잊지 않는다는 것이다."하였으며, 또 이르기를, **"염불하면서 만약 생각하지 않**

는다면 그 염불은 참된 염불이 아니다."하였습니다.

또 이르기를, "돌이켜 비추어서 어둡지 않음이 바름이다." 하였으며, 또 이르기를, "본래의 참마음을 지키는 것이 시방세계의 모든 부처님을 생각하는 것보다 낫다. 내가 만일 너를 속인다면 십팔 지옥에 떨어질 것이요, 네가 나를 믿지 않을 것 같으면 세상에 태어날 때마다 호랑이에게 잡혀 먹히리라" 하였으니, 이와 같은 이야기가 어찌 황당한 말씀이겠습니까!』

3. 만해스님, 가짜염불을 경고함

1913년 5월 25일 백담사 만해卍海 한용운 스님은《불교유신론》에서 가염불당假念佛堂의 폐기를 주장하며 이렇게 역설하였다.

『지금 말하는 것은 중생의 가염불假念佛을 폐기하고 진염불眞念佛을 위하고자 하는 것입니다. 가염불假念佛이란 무엇인가? 지금의 염불을 말하는 것이니 부처님의 명호만을 부르는 것이오. 진염불眞念佛이라는 것은 무엇인가? 부처님의 마음을 염송하여 나도 역시 그런 마음을 갖고, 부처님의 교학을 염하여 나도 역시 그것을 배우고, 부처님의 행行을 염하여 나도 역시 그것을 행하고, 비록 일어 일묵 일정 일동(一語 一黙 一靜 一動)이라도 그것을 항상 염하여 그 진가권실眞假權實을 택하여 내가 거기에 실답게 있다면, 이것이 진염불眞念佛입니다.

대저 사람들의 참되지 못한 염불念佛을 폐기하고자 하는 것은 가염불假念佛의 모임일 뿐입니다. 동일한 불성佛性의 엄연한 칠척七尺으로 밝은 대낮, 맑은 하늘 가운데 모여 앉아서 북 가죽을 두드리고 동전조각을 잡고 놀면서 무의미한 소리로 구몽일각九夢 一覺

가운데서 응낙하지 않는 명호를 부르니 과연 어찌된 것입니까!

　이를 보건대, 염불念佛하는 그 폐단이 어떠합니까? 무슨 일을 막론하고 마음으로서 염송하는 자는 대저 인품으로써 알 수 있을 것이나, 천하에 어찌 소리로써 염하는 자에 있어서야! 만일 진실로 염불하는 사람이라면, 농업·공업·상업 어디에 종사하며 무슨 일을 하더라도 모두가 염불을 가히 행할 수 있을 것이니, 반드시 당상堂上에 모여 앉아 저렇게 기계소리가 있은 연후에 비로소 가능한 것이 아닙니다.

　누가 만일 가염불假念佛을 폐기하면 사람과 더불어 재물에 백 가지가 이익 되고 한 가지의 손해도 없을 것입니다. 범부와 성인이 서로 통하고 용과 뱀이 혼잡합니다. 불문佛門이 광대하여 이렇게 단단하고도 부드러운 것입니다. 비록 그렇지만 권權으로써 중도中道를 얻지 못하면 가히 할 만한 교敎가 아니요, 가假로써 때를 만나지 못하면 가히 할 만한 교敎가 아닐 것입니다.

　군왕이 비단옷을 좋아하니 궁중에 굶어 죽는 자가 많고, 장안에서 벼슬을 좋아하니 지방도 마찬가지입니다. 불교의 많은 방편에 말세의 폐단이 여기서 극에 달했습니다.

　슬프도다! 이름난 의사의 문전에 환자가 많고 관을 만드는 곳에 발길이 한가한 법이지만, 나와 중생이 오히려 번성함을 걱정하는데 부처님은 대자비하시니, 어떻게 생각하실는지 모르겠습니다.』

　◆ 종교의 가르침에 귀의한 사람은 그 신행체계信行體系와 실천방법實踐方法에 대한 기본적인 이해가 반드시 필요하다. 불교에는 수행과 깨달음이라는 이름 아래 여러 수행문이 있다. 그 가운데 정토문의 염불수행은 가장 쉽다고 말하지만, 여기에도 믿음과 원과 행이라는 실천체계가 있음을 알아야 한다. 바로 이런 문제를 소홀히 하고,

부처님의 가피력 혹은 신비한 힘에만 의지하려는 염불행에 대하여 비판하는 것이다. 염불수행은 기본적으로 **보리심**菩提心, **지성심**至誠心, **원생심**願生心에 대한 이해가 선행되어야 깨달음으로 향한 실천이 가능할 것이다.

4. 통도사 양로염불만일회

1915년 10월 통도사 극락암에서 양로염불만일회養老念佛萬日會가 조직되었다. 발기인은 박환담朴幻潭 외 50인이요, 화주는 김경봉金鏡峰, 김용성金龍惺, 정보우鄭普雨 등 3인이었다.

1) 양로 염불만일회 취지서(養老 念佛萬日會 趣旨書)
『어떤 사람이 **고덕**古德에게 묻기를 "극락세계가 하필 서방에 있습니까?" 하자, 고덕古德이 대답하기를 "극락세계가 동방에 있다고 하였으면, 그대는 극락세계가 하필 동방에 있습니까? 하고 다시 물으리라" 하였습니다.

서방은 사철의 가을이 되고 하루의 저녁이 되니, 만물이 늙어서 생기가 없어 죽게 되고, 해가 기울어 유유히 오므라드는 방향이기 때문에, **늙어 죽는 자를 영접하여 인도하시려는 본원력**本願力으로 변화로써 장엄하심에 의심이 없습니다.

"늙어 죽는 자만 접인하고, 젊은 사람은 접인하지 않느냐?" 하고 혹 묻는 자가 있을 것이나, 어떤 생물이 죽지 않을 수 있으며 어떤 사람인들 늙지 않겠습니까! 사람이 처음 태어나던 제일 찰나보다 제이 찰나는 이미 늙고, 제삼 찰나는 더욱 늙어, 날마다 변하고 달마다 달라져서 걸음걸음이 죽음으로 나아가는 것입니다.

해가 떠오르면 제일 초분보다 제이 초분이 이미 늦고, 제삼 초분이 다시 늦어서 각이 옮고 시가 옮기므로 생각 생각에 회향하나니, 이와 같이 관觀을 지으면 인시寅時가 어둡지 않은 것이 아니요, 젊은이가 늙지 않는 것이 아니므로 비록 일찍 죽어도 노인이라고 말하지 않을 수 없을 것입니다.

비록 그러하나 관찰이 지둔한 **육안중생**肉眼衆生은 닭이 홰에 오르고 기러기가 나무숲으로 돌아가며, 밝은 달이 휘영청 떠올라서야 비로소 밤인 줄 알며, 머리털이 성성하고 치아가 모자라며 기력이 쇠미하여서야 비로소 늙음을 알고 느끼게 됩니다.

이러하기 때문에 아침부터 오후까지는 한가하게 방일하다가 저녁 무렵이 된 후에야 동작이 조급해지고, 젊은 소장시절에는 심력을 기울여 분주하다가 늙은 후에야 고생스러움을 느끼기 시작하니, 저 중생들을 맞이하여 인도하니, 극락세계가 늙고 어둠에 걸맞은 서쪽에 있지 않을 수 없는 것입니다.

사궁四窮에 홀아비, 홀어미, 외로운 사람이 모두 노약자이며, **사고**四苦에 노·병·사老·病·死가 모두 애달픈 모습이므로 어진 정치로써 외로운 사람들을 구제함에 노약자를 먼저 베풀지 않을 수 없고, 극락세계로써 고통을 구제함에 노약자를 먼저 권장하지 않을 수 없는 것은, 주리고 목마름에 음식이 쉽게 달콤하며, 늙고 병듦에 믿음이 쉽게 발동하기 때문입니다.

금번에 뜻있는 사람들의 발기로 염불회念佛會를 조직하니, 그 존재는 만일萬日로 기약하게 됨이요, 그 목적은 양로養老로 그 주主를 삼으리라. 마을의 나이 많은 노인들에게 받들어 권하노니, **"지는 해가 매달린 북과 같음을 관하라.** 얼마 있지 않아 그 그림자가 서천西天의 못에 드리워지며 왼쪽에는 수양버들이 돋아남을 생각하라."

며칠 있지 않아서 그 몸이 진흙으로 변하리니, 이러한 때로서 **신념을 발하지 아니하면** 어느 때를 다시 기다리며, 이 모임에서 수승한 인연을 맺지 못하면 좋은 모임을 다시 만나기 어려우리라. 어찌 돌아가지 않겠는가!

아름다운 구품의 연꽃은 봉우리마다 미소를 머금고 있는데, 어찌 왕생하지 않겠는가! 많고 많은 대해의 중생들은 영접에 모두 환희하리라. 그 기한이 장구하니 광겁에 만나기 어려운 만일萬日의 결사結社요, 간단하고 쉽고 수승하니 뭇 고통 해탈하는 육자六字의 불명佛名을 염송하는 것이니라.

뒤에는 규칙을 열거하여 결사의 인연을 원하오이다.

1915년 10월

발기인發起人

김구하金九河, 김경봉金鏡峯, 김포광金包光 등 51명.』

◆ **고덕**古德은 덕이 높은 선지식을 말한다. **육안중생**肉眼衆生은 사물의 실상을 바로 보지 못하는 범부의 눈을 가리키는 것이다. 지혜로운 안목을 갖추면 혜안慧眼이라고 부른다. **사궁**四窮은 늙은 홀아비, 늙은 홀어미, 부모 없는 아이, 자식 없는 늙은이를 가리키는 것으로 외롭고 곤궁한 사람들을 말한다. **사고**四苦는 생·노·병·사이다.

◆ **통도사 양로 염불만일회 특징**은 **칭명염불** 및 **관상염불**을 함께 실천하고자 하는 뜻을 볼 수 있다. 또한 취지서에서도 염불을 권하는 논리가 정연하고, 누구나 믿음을 일으킬 수 있도록 설득력 있게 설해져 있다. 염불은 믿음을 성취하는 방편임을 분명히 하고 있다. 지혜로운 선지식의 뜻을 읽을 수 있는 글이다.

2) 통도사 양로 염불회 규칙(養老 念佛會 規則)

『제1조 본회의 명칭은 양로 염불만일회라 하고, 위치는 양산군 통도사 극락암에 정함.

제2조 본회의 주된 뜻은 출가자와 재가자를 일치하여 빈궁 고독한 사람으로서 청정심을 발하여 불교를 성심으로 신앙하며, 신심이 견고하고 원력이 광대한 자를 운집하여,

염불수심念佛修心으로써 **견성성불**見性成佛하여 **광도중생**廣度衆生하기를 목적함.

제3조 본회의 기한은 만일萬日로 정하되 이를 10기로 분하여 1기를 3개년으로 정함.

제4조 본회의 회원은 좌의 3종으로 정함.

1. 보통회원: 본회 기한에 매년 백미白米 1두씩 납입하여 본회를 유지케 하는 자로 함. 단, 1회에 전부 납입하는 자는 金 20원으로 정함.

2. 특별회원: 金 30원 이상으로 납입하여 본회를 유지케 하는 자로 함.

3. 결연동참회원(結緣同參會員): 金 1원 이상을 할당하여 본회를 유지케 하는 자로 함.

제5조 본 회원은 아래와 같은 권리와 의무가 있음

(1) 본 회원은 임원의 선거와 피선거권이 있으며 회무를 처리할 권리가 있음. 단, 결연동참회원은 여기에 해당하지 않음.

(2) 회금의 납부를 준비하되 미루지 않는 의무.

(3) 불교사업을 찬조하여 증진케 하는 의무.

(4) 주소를 변경하거나 사고가 있을 시는 회중에 신속히 통지하는 의무.

(5) 본 회원은 본회 규칙에 복종할 의무.

제6조 본회의 목적을 달하기 위하여 내호법반(內護法班: 사찰 안에서 법을 보함)과 외호법반(外護法班: 사찰 밖에서 법을 보호함)을 두고 아래의 임원을 배정하여 임무를 분담함.

내호법반(內護法班)

(1) 회주(會主)1인, 본회의 기강숙정과 일체 회무를 총괄함.

(2) 입승(入繩)1인, 수행대중을 지휘 총괄함.

(3) 부전(副殿)1인, 불공(佛供) 및 시불(侍佛: 부처님 시봉)에 집무함.

(4) 병법(秉法)1인, 법요집행과 시식(施食: 재를 지냄) 담임.

(5) 종두(鐘頭)2인, 입승을 보좌하여 법회 시에 일반준비를 담임.

(6) 시자(侍者)1인, 회주화상을 시봉,

(7) 간병(看病)1인, 공부하는 대중이 병이 생겼을 때 성심으로 이를 간호함.

(8) 지빈(知賓)1인, 빈객영송과 손님을 응접하는 일 등에 집무함.

(9) 정통(淨桶)2인, 매월 3일과 8일에 대중의 목욕물을 준비함.

(10) 정두(淨頭)2인, 매월 3일과 6일에 대중의 의복 세탁물을 준비함.

(11) 체두(剃頭)2인, 매월 초3일에 대중의 이발 담당.

(12) 마호(磨糊)1인, 대중이 옷에 먹일 풀을 쑤는 일을 담임.

(13) 봉다(奉茶)1인, 매일 3회씩 대중의 차 끓이는 일에 집무함.

외호법반(外護法班)

(14) 화주(化主)약간, 본회의 재정처리와 유지에 관한 일체사를 관리함.

(15) 원주(院主)1인, 회주를 보좌하여 치산(治山)에 관한 일체 일을 관리함.

(16) 별좌(別座)1인, 원주를 보좌, 회무에 종사함.

(17) 미감(米監)1인, 대중을 상찰하여 공양미의 수입지출 등을

감독함.

(18) 서기(書記)1인, 회중會中 일체 문서와 장부를 관리함.

(19) 원두(園頭)1인, 채소밭에 씨 뿌리고 가꾸는 일과 산나물 채취하는 일

(20) 공사(供司)1인, 대중의 밥하는 일에 종사.

(21) 채공(菜供)1인, 찬수 요리를 담당.

(22) 부목(負木)1인, 땔감 나무 공급을 담임.

제7조 본회가 확장되어 유지가 풍족할 시는 회원의 지원에 의하여 참선회參禪會를 증설함도 가능함.

제8조 본회 회원 중 만약에 죽는 자가 있을 시는 본회에서 49재를 행하여 영혼을 천도함. 단, 결연동참회원은 여기에 해당하지 않음

제9조 본회의 주된 뜻을 이루기 위하여 아래의 조항을 정함.

(1) 매월 초1일에 설법회를 개최함.

(2) 평시에는 묵언을 시행함. 단 외호법반은 여기에 해당하지 않음.

(3) 외호법반 이외는 무고히 마을 입구에 출입을 불허함.

(4) 도량 내에 오신채(五辛菜: 파, 마늘, 고추, 부추, 달래)와 주육酒肉을 엄금함.

세 칙

제1조 본회에 입방하여 공부코자 하는 자는 청원서에 호적과 승적초본을 첨부하여 제출, 본회 승낙서를 수득한 후에 안거케 함.

제2조 본회에 입방 수행자는 승려는 십계十戒, 비구계比丘戒, 보살계를 수지하기로 정하고, 거사는 오계五戒와 보살계를 수지키로 정함.

제3조 결제 중에 범행(梵行: 청결한 행)이 불결하거나 정진이 나

태하여 회규를 존중하지 않고 회중을 문란케 하는 자는 출송케 함.

제4조 수행인 중에 개인의 재산과 도구가 있는 자는 매월 쌀 작은 두 말씩 납입키로 함.

제5조 결제 중에 작은 계율을 어긴 자는 회주화상이 경중에 의하여 이를 징계함.

제6조 본회는 정기총회, 임시총회, 2종으로 하되 정기총회는 매년 음4월 10일로 정하고, 임시 총회는 필요로 인정하는 시에 회주가 이를 소집함.

제7조 본칙에 명문이 없는 조건은 회원총회 또는 역원회의 결의로써 실행함을 얻음.』

《통도사 양로염불회 규칙 끝》

◆ 통도사 양로염불 만일회는 취지서에서 칭명염불 및 관상염불을 함께 실천하고자 하는 뜻을 나타내었는데, 여기 염불회의 주된 뜻을 밝히는 곳에서는 그 방향과 목적을 더욱 뚜렷이 하고 있다.

또한 "**염불수심**念佛修心으로써 **견성성불**見性成佛하여 **광도중생**廣度衆生하기를 목적함"이라고 하였으니, 염불수행으로 깨달음을 성취한다는 뜻을 분명히 하고 있다. 염불수행으로 견성성불하기 위해서는 반드시 관상염불을 실천하고, 관불삼매觀佛三昧를 얻어야 한다.

5. 해인사 만일염불회

해인사 원당암 만일염불회 창설(1925년 1월)

『당내 산내 말사인 원당암은 본래 염불업을 전수한 도량이더니, 10여 년간 염불업을 폐하고 본즉 산사가 적막함을 개탄하고,

1925년 1월부터 만일염불회를 설립했는데, 당시의 스님 금담화상은 금 250원을 당 염불회에 납입했다.』

〈불교 29초〉

<해인사 만일염불회 취지문>

『우리의 생이 백년이라 할지라도 그 경과는 꿈의 일장이다. 목숨이랄 것 없으며, 그 주위는 고통이 만반이라 약이란 없도다. 한 조각 꿈을 떠나서 장수하기를 뉘 아니 빌며, 뭇 고통을 없애고 묘락妙樂 받기를 뉘 아니 원하랴만, 나루를 건너는 길을 미혹하여 취하지 못하는 자 세상에 많고도 많을 새, 그 대중을 인도하여 장수를 누리는 지역과 낙원으로 나란히 나아가게 하자는 취지에서 해인사의 만일염불회가 설립 되는도다.

예서부터 서방으로 10만억 국토를 지나서 아미타불의 정토가 있으니, 국명은 극락이요, 불의 명호는 무량수라. 누구나 그 국토에 왕생하면 고통이 없이 즐거움만 받고 불타와 함께 장수하나니, 적은 선근복덕으로 왕생하기 어렵지만 아미타불 인행시因行時에 광대 발원하신 중에 "만일 어떤 중생이나 내 명호를 부르는 자는 내 국토에 와서 태어나리라"는 본원력本願力이 있기 때문에 어떤 사람을 막론하고 1일 2일 내지 7일까지 **일심불란**一心不亂하고 **칭명염불**稱名念佛하면 **즉득왕생** 한다 하였다.

이는 망어 아닌 경전 중에 명문이 소연하니 기약치 못할 티끌세간의 부귀영화도 일생의 심력을 다하여 구하기에 노력을 마지않거든, 단기의 1일만 일심을 전념하면 영원한 장수와 무상한 극락을 받는데 이익을 어찌 하지 아니하랴. 그러나 진노塵勞에 오랫동안 물든 우리의 심식이라, 7일의 단기로는 전일하기 어려우며 약간의 소선근복덕으로는 결정 왕생할 수 없으므로 만일의 장기를 정하여 선신인善身人의 정토연을 권하오니, 둔근鈍根이면 육자 고성으로 만일정진萬日精進이요, 상기上機이면 일심불란으로 칠일 성취라.

이 세계가 고苦뿐이요, 나의 생이 장수 없음을 각성하신 이는 이때와 이 도道를 가볍게 넘기지 못하리니, 티끌 같은 연緣들을 몰록 버리고 정업淨業을 열심히 닦아서 한 줄기 연꽃에 의지하여 태어나 만겁토록 화목하사이다. 나무아미타불』

◆ 일심불란一心不亂의 칭명염불稱名念佛 ◆

이 유명한 금구는 《아미타경》의 말씀이다. 원효스님은 《아미타경소》에서, 『(정토왕생의) 조인助因을 밝히는 것은 **집지명호**執持名號 **일심불란**一心不亂을 말하는 것입니다.』 라고 하였다.

이와 같은 칭명염불로써 염불삼매를 얻어야 하는데 **염불삼매는** 바로 자신이 무량한 광명 안에서 존재하고 있다는 생각이 끊이지 않는 심적 상태다. 믿음이 깊은 염불삼매를 얻으면 '나무아미타불'이라는 염불 소리가 자연히 나온다. 믿음 깊은 염불삼매를 통해 자비광명에 대한 **결정신심**決定信心을 성취한다. 칭명염불은 믿음을 성취하는 방편이며, 안심을 얻는 안심법이다.

6. 참선, 교학, 염불의 삼문

조선 후기에 이르러 한국승단의 수행은 **참선**參禪 · **교학**敎學 · **염불**念佛의 삼문三門이 뚜렷하게 구분되었다. 그리하여 상당히 큰 사찰이면 의례히 좌선당坐禪堂, 염불당念佛堂, 강당講堂의 설비가 있어서 각각 감원(監院: 관리 책임자)으로 하여금 이를 관리하게 하였다. 선승과 염불승은 모두 교를 떠난 무학승無學僧으로 밤낮으로 하는 일은 오직 자성을 찾기에 전념하던가, 혹은 서방 아미타불의 내영을 기다릴 뿐이었다.

다시 말하면 이들은 서산대사의 법궤를 따르지 아니하는 수행자였다. 다만 교학을 하는 스님들만이 처음부터 교를 가지고 진정지 견眞正知見을 개오하다가 점차 선방에 들어가 견성見性 공부에 종사함으로써 서산대사의 선교겸수禪敎兼修의 종지를 지켰다.

결국 참선과 교학의 위치에 전도가 생겨 교승이 도리어 선승을 무식무학한 승려라고 얕보게 됨으로써, 조선불교의 명맥은 교승에 의하여 유지되게 된 것이다. 이 시기에 명승으로서 저명한 사람은 대개 교종의 승려였으며, 이들은 교에서 선으로 나가는 것을 관례로 하였다.

1929년 1월 경성 각황사에서의 본산 주지 회의에서 전형위원회의 신중한 검토 끝에 종단내의 최고의 선임으로서 조선불교 교정 7명을 선정하였는데, 그 이름은 곧, 백양사 김환응·통도사 서해담·용암사 박한영·법주사 이용호·유점사 김동선·선암사 김경운·월정사 방한암 이다. 그리고 이들 가운데 방한암 스님만이 순수한 선장禪匠일 뿐 그 밖의 여섯 스님은 모두 화엄 혹은 율종律宗의 어른이었다.

염불만일회 중에서 가장 유명했던 것은 금강산 건봉사에 있었던 전후 3회의 대회로써 순조 때 용허聳虛스님이 멀리 신라 경덕왕 때 발징스님의 제1차 만일염불회를 계승하여, 제2회의 만일회를 열어 꼭 일만 일을 채웠고, 다음은 철종 때 벽오碧悟스님이 제3회 염불회를 시설하여 역시 일만 일로써 회향하였다. 1881년에는 만화萬化스님이 계승하여, 제4회 만일염불회를 1908년 9월에 회향하였다.

《이조불교》

7. 염불당 폐지와 염불부흥

조선의 불교는 선교禪敎 명의名義가 분명하기 때문에 간성군(지금의 고성군) 건봉사를 제외한 각 본사와 말사에 있는 염불당은 선당禪堂 명의로 일체 변경하기로 결의하였다. 그리하여 1913년 2월 순천 선암사의 염불당을 선당으로 변경하는 등 각 사찰의 염불당이 폐지되게 되었다. 그 후 10여년이 흐른 뒤 **1924년 김천 직지사 서전암**에서 윤퇴운(화주스님) 화주가 염불회를 시설하면서부터 해인사 등에서 다시 대규모 염불회를 결성하기 시작하였다.

불교를 깨달음의 종교에 국한하여 포교한다면 8만 4천 법문을 펴시며 병에 따라 약을 시설하여 "일체 중생을 구제하리라" 서원하신 부처님의 보편적 구제원리를 망각하는 과오를 범하게 될 것이다. 불교는 부처님의 지혜를 믿는 종교이다. 그러므로 진실한 믿음으로부터 출발해야 한다.

이러한 까닭에 원효스님은 《무량수경종요》에서 불자는 모름지기 『앙유여래 일향복신仰惟如來 一向伏信, 부처님의 공덕을 우러러 생각하고 그 지혜를 한결같이 엎드려 믿어야 한다.』고 하였다. 우러러 믿는 앙신仰信은 삶 전체를 맡기는 진실한 믿음이다. 이 진실한 믿음을 역설하고 믿음으로 해탈하는 길을 보여주는 가르침이 바로 정토문의 염불수행이다.

염불수행은 부처님이 "일체중생을 구제하리라" 서원하신 보편적 구제원리를 실현하는 가르침이다. 그러므로 모든 수행에 앞서 믿음을 바탕으로 시설된 염불의 참뜻이 이해되고 실천되어, 믿음으로 안심을 얻을 수 있어야 한다. 깨달음은 그 후의 일이다.

염불의 강물이 민중의 땅에서 끊이지 않고 흐르는 것은 바로 이런 연유에서다. 부처님의 깊고도 넓은 뜻을 조금이라도 이해한다면 감히 '염불은 하근기의 수행'이라고 말할 수 없을 것이다. 선근공덕이 깊은 사람은 정토문에서 환희심을 일으키고, 지혜로운 사람은 염불을 널리 권장하리라.

제4절
염불은 안심과 깨달음의 길

불교에 입문한 사람은 누구든지 염불念佛·염법念法·염승念僧하는 마음으로부터 출발해야 한다. 염불은 부처님의 세계를 염원하여 명호를 생각하고 부르며, 그 경계와 불보살의 덕상을 관찰하는 수행이다. 부처님을 생각함으로써 자비광명에 대한 결정된 믿음을 성취하여 정토에 태어나 성불할 수 있다는 확신으로 안심安心을 얻는다.

법을 이해하고 실천함으로써 자신의 번뇌를 소멸하고 생사윤회로부터 해탈하여 영원한 자유를 얻을 수 있다고 확신한다. 보살을 생각함으로써 가르침을 따르는 자는 지혜와 복덕이 증장하고, 뭇 생명을 구제하니 자신도 그렇게 하리라고 서원한다.

삼보三寶를 생각하는 마음은 불도를 이룰 때까지 결코 놓아서는 안 된다. 염불·염법·염승은 불교의 시작이요, 종극이다. 염불을 민중의 종교로 대중화 하는데 공헌한 원효스님은 "부처님의 공덕을 우러러 생각하고, 그 시혜를 한결같이 엎드려 믿어야 한다."고 하였다.

삼보를 생각하는 가운데서도 염불이 으뜸이니, 염불念佛은 불교의 근본根本이다. 부처님의 지혜에 대한 진실한 믿음으로 출발하여 어떠한 장애에도 흔들리지 않는 결정신심決定信心을 성취하고 안심安心을 얻어야 참다운 수행이 가능하다. 자신의 불성佛性 뿐 아니라 부처님의 자비광명을 더불어 의심하지 않고 믿는 결정신심의 경지에 도달해야 참 불자요, 깨달음을 통해 창조적인 인간으로 거듭날 수 있다.

깨달음을 위해 어떤 수행문에 들어서거나, 보살의 명호를 부르거나, 어떤 공덕을 닦더라도 염불로써 신심을 일으킨 후에 정진하여야 한다. 염불은 자성自性을 찾는 참선보다 앞서며 육바라밀행보다 앞선 선행善行이다. 염불은 모든 선행 가운데 최상의 선행이다.

불교가 종교宗教로 출발한 것도 염불하는 마음에서 비롯된 것이며, 여러 종파가 형성된 것 역시 근원적으로는 염불을 근본으로 하되, 깨달음을 얻는 방법을 달리한 것에 불과하다. 참선參禪·간경看經·주력呪力·육바라밀행 등 모든 수행문은 믿음을 바탕으로 깨달음을 얻기 위한 방법이며, 그 수행이 자력自力이거나 타력他力이라 하더라도 마찬가지다.

불법佛法 문중에는 많은 사람들이 자신의 업력業力에 따라 다양한 교법教法을 선택하여 정진하고 있다. 이들은 자성불自性佛을 찾거나, 정토의 아미타불에 귀의하거나, 때로는 먼저 여래의 화신인 보살의 가르침에 귀의하기도 한다.

이처럼 근기根機에 따라 깨달음을 향해 정진하지만, 수많은 경전과 조사스님들은 오탁악세五濁惡世의 중생들이 가장 쉽게 믿음을 성취하고 생사해탈할 수 있는 길은 정토문에 귀의하여, 아미타불의 본원력에 힘입는 염불수행이라고 말씀하셨다. 진실한 믿음으로 신앙의 빛을 일으켜 자비광명을 관하라는 것이다.

정토문과 염불수행은 대승불교 권역에 널리 전파되었다. 한국에서는 민중들 사이에 실천된 것은 물론이고, 선교禪教 양종에서도 다양한 방식으로 수용되어 사상과 실천면에서 지대한 비중을 차지하고 있다. 한국불교는 초기부터 선교 통합성을 안고 출발하여 기나긴 역사를 거쳐 마침내 선교 통합종단인 조계종으로 마무리 되었다.

이러한 교단사적 역사과정에서 염불수행을 근간으로 하는 정토문은 단일 종파로 성립되지는 않았지만 모든 종파에서 수용되었다. 교종과 선종의 의례 속에서, 그리고 천태종에서 맥을 잇고, 선종의 염불선과 민중의 신앙생활 가운데서도 언제나 아미타불의 광명은 빛나고 염불수행은 끊이지 않았다. 심오한 사상과 광범위한 포용력으로 인해 종파를 형성하지 않은 이유도 있겠지만, 무엇보다 근원적인 이유는 염불이 불교의 근본이기 때문이다.

불교는 깨달음을 추구하는 종교라고 말하지만 현실적으로 생업에 종사하면서, 그리고 끝없이 야기되는 고통 속에서 번민하는 사람들에겐 결코 쉬운 일이 아니다. 고통과 불안의 늪에서 방황하는 민중들에게 가장 절실히 요구되는 것은 안심安心과 희망希望이다.

종교의 근본이념은 안심과 희망을 부여하는 것이며, 여기에는 현실의 고통과 불안뿐 아니라 죽음이라는 절박한 문제까지도 초월할 수 있는 지혜를 설하고 있다. 이와 같은 종교적 사명의 핵심에는 불교의 정토문이 있음을 알아야 한다.

정토문의 사상과 그 실천인 염불수행은 진실한 믿음으로 안심安心을 얻는다. 정토에 왕생함으로써 깨달음을 성취하고 보리심을 꽃피울 수 있다는 희망希望을 부여한다. 범부로부터 현성에 이르기까지 일체 중생을 섭수하여 한 생명[一心] 무량광명無量光明의 세계로 인도하는 진리가 염불수행에 담겨있다. 염불은 대승불교를 장엄하고 정토의 꽃을 피우는 씨앗이다.

오늘의 한국불교가 새롭게 태어나기 위해서는 선종의 풍토에서 뿌리내릴 수 있고, 시대와 근기에 상응하는 대중적 수행매체가 절실히 요구된다. 그것은 근기의 상·중·하를 막론하고 일체 중생을 포용하여 안심을 얻고 깨달음에 이르도록 인도하는 '나무아미타불'의 염불수행이다. 한국불교의 정토문에는 위대한 조사와 독창적인 실천철학이 있다.

한국불교는 경전과 뛰어난 조사어록에 의거하는 염불수행의 정맥을 이어왔다. 대개 《정토삼부경》에 의거하여 실천하고, 그 방법이 어렵지 않은 전통 염불수행 법을 계승하여 왔다. 그 가운데 원효스님은 일심사상을 바탕으로 서방정토西方淨土와 유심정토唯心淨土를 포용하여 다 함께 일심의 바다로 인도하였다.

원효스님의 정토사상은 안심을 얻고 깨달음을 성취하는 위대한 실천철학이다. 그 양이 방대하지는 않지만 사상을 이해하고 실천하는데 충분하다. 원효스님의 독창적인 정토사상과 더불어 한국의 염불수행을 실천하여 안심을 얻고 깨달음을 성취하시기 바란다.

이 시대의 고뇌로부터 안심을 얻고 깨달음을 확보해주는 염불수행은 우리 모두의 희망이요, 불교의 대중화, 정토의 새벽을 여는 지름길이다.

끝으로 지금 정진하고 활동하는 출가 수행자와 수많은 염불행자들의 아름다운 행적이 이 시대 고뇌하는 민중들의 희망이 되어주기를 간절히 바란다.

맺음말
끝없이 흐르는 염불의 강물

한국에 정토문이 열리고 염불수행이 시작된 것은 불교 역사와 함께 하였다. 신라 진평왕대(579~632) 무렵부터 미타사彌陀寺라는 사찰이 건립되어 민중은 서방정토를 염원하는 염불수행을 실천하였다. 그 후 자장율사가 당나라에서 귀국(643년)한 후부터는 교학적인 연구도 활발하였다.

원효스님(617~686) 이후로는 교학뿐만 아니라, 승속을 막론하고 염불수행이 확산되었는데, 700년대에 가장 성행하였다. 신라불교 상류층에서는 교학이 성행한 반면, 민중들 사이에서는 정토문이 전개되어 염불이 크게 호응을 얻었다. 민간에서 뿐만 아니라 산문의 출가 수행자들도 염불수행에 전념하는 경우가 많았다.

수많은 승속이 함께 모여 만일염불회라는 결사를 조직하여 회향할 정도였으니, 그 성행을 가히 짐작할 만하다. 민중 사이에서는 칭명염불稱名念佛, 승가에서는 칭명과 관상염불觀相念佛이 함께 실천되었다. 이 당시에 한국의 정토문은 원효스님을 비롯한 여러 선지식들의 노력으로 교학 및 신행체계가 이미 정립되었다.

신라시대의 염불수행은 선종禪宗이 유입된(821년 이후) 이후에도 지속되었다. 그것은 염불이 불교의 근본인 까닭도 있지만, 신라불교는 전반적으로 선교의 통합, 통불교적 성격을 안고 발전하였기 때문이다. 선종은 본래 불입문자不立文字 교외별전敎外別傳을 표방하고 강력한 실천을 주장하며 성립되었는데, 그 특징은 대개 이런 것이었다.

"불전을 세우지 않고 오직 법당만을 세운다. 현명하지도 않고 어리석지도 않는다. 선악을 생각하지 않는다. 마음이 곧 부처이다. 평상심이 도다. 어느 곳에서든지 주인이 된다. 일하지 않으면 먹지도 않는다." 등이다. 그러나 이와 같은 중국의 선풍禪風과는 달리 신라에서는 교종의 가풍을 수용하였다. 불전과 불탑을 세워 예불하고 독경하였으며, 비를 세워 선사의 덕을 추모하고 선양하였다.

이러한 일들은 교종의 가풍과 다를 것이 없었다. 그러므로 자성의 부처를 찾는 수행 외에 어떤 의미나 형식으로든지 부처님의 가피력에 의지하는 염불의례를 배제할 수 없었다. 이러한 까닭에 통일신라(668년)시대 전후에 시작된 염불수행은 선종이 도입된 이후에도 여전히 승속에서 널리 실천되었던 것이다.

고려시대의 염불수행은 중기까지는 천태종에 흡수되어 그 맥을 이었다. 대각국사 의천(義天, 1055~1101)은 선교의 융합을 시도하는 천태종을 성립시켰으므로 선교통합의 성격은 신라보다 더 강했다. 천태종은 《법화경》 사상에 입각한 염불수행을 권장하여 자력수행의 방편으로 실천하였기 때문에 출가자 가운데서도 선호하게 되었으며, 승속이 함께 염불결사도량을 개설하여 성행하기도 하였다.

천태종의 운묵스님은 서민적인 정토사상을 홍포하며 염불을 권하였고, 나옹스님(1320~1376)은 공안참구와 함께 염불수행을 권하였다. 특히 나옹스님은 칭명과 관상을 모두 수용하여 알기 쉽게 게송을 지어 민간에 보급하며, 근기에 따라 실천하도록 권하였다. 고려시대의 염불은 초기에는 대개 자력수행의 방편으로 수용되었으나, 후대에는 점차 민중신앙으로써 주로 본원력에 의지하는 칭명염불을 실천하였던 것으로 보인다.

조선시대는 초기 태종대(1401~1418)부터 배불정책의 일환으로 불교 종파의 통폐합이 단행되어 한국불교는 통합종단의 형태로 변해가고 있었다. 세종대(1419~1450)의 선·교양종 시대를 거쳐, 선조대(1568~1608)는 임진왜란(1592년)을 계기로 통합종단인 총섭시대가 시작되어, 1941년 조선불교조계종이 탄생될 때까지 지속되었다. 이때까지 사실 종파성은 없었고 통불교인 조선불교였다.

함허(1376~1433) 스님은 일찍이 염불을 권하여 대중불교의 씨앗을 뿌렸고, 그 후 서산(1502~1604) 스님은 염불의 깊은 뜻을 전하며 범부의 수행 방편으로 적극 권장하였다. 이 시대의 염불은 산문에서는 자력수행의 방편으로 수용하였고, 민중들은 오직 아미타불의 본원력에 의지하는 칭명염불을 널리 행하였다.

조선중기 이후의 불교는 전반적으로 활동이 미약하였으며, 염불수행도 민간에서 칭명염불이 행해졌던 것으로 보인다.

조선후기에는 불교의 세력이 약화되었을 뿐 아니라, 일제의 간섭까지 심하여 사찰의 재정도 매우 어렵게 되었다. 당시 불교는 내적 어려움과 일제의 탄압 등으로 자유와 희망을 염원하던 시기였다. 이 시대에 각 사찰에서 재정 확보와 불교의 부흥을 위해 일어난 운동이 바로 각종 계모임과 만일염불회라는 수행결사였다.

한국불교 교단사에 염불결사가 가장 많이 일어난 시대이기도 하다. 이러한 시대적 상황에서 실천된 당시의 염불은 대개 오직 아미타불의 본원력에 힘입고, 자비광명에 의지하여 정토에 태어나기를 염원하는 칭명염불이었다. 그러나 자력 수행의 방편으로 실천하기도 하였는데, 통도사 염불회는 염불로써 견성성불 광도중생할 것을 주된 목적으로 삼았다.

한국 염불은 그 수행사를 살펴보면 《정토삼부경》과 《왕생론》에 의거한 전통적 염불수행으로 칭명염불稱名念佛과 관상염불觀相念佛을 주로 실천하였다. '아미타불이 누구인가?'를 간看하는 염불선念佛禪은 실천한 사례를 볼 수 없다. 염불선은 간화선看話禪의 한 부류로써 아미타불 본원력에 의지하는 전통 염불수행은 아니기 때문이라 생각한다.

대승불교 정토문의 발전사 가운데 그 교학과 신행체계를 가장 간단명료하게 밝힌 조사는 한국의 원효스님이다. 원효는 《무량수경종요》와 《아미타경소》를 통해 일심정토一心淨土를 열어 서방정토와 유심정토를 모두 수용하여 범부와 현성이 다 함께 일심의 근원에 돌아가 중생을 이익 되게 하도록 인도하였다.

원효스님의 일심정토 염불법은 독창적 정토사상이요, 순수한 한국불교이며, 일체중생을 구제하는 가장 대중적인 수행법이다. 원효스님의 칭명염불은 믿음을 성취하는 방편이요, 안심법安心法이며, 관상염불은 깨달음을 성취하는 지관止觀의 수행으로 차원 높은 염불수행의 선禪이다. 이제 그 뜻을 계승하여 안심을 얻고, 깨달음을 성취하여 일심의 바다에 나아갈 수 있도록 신행체계를 알기 쉽게 전해야 한다.

신라시대부터 민중 가운데 뿌리내린 정토문의 염불수행은 변화와 고난의 교단사에서도 끊이지 않고 면면히 이어져 왔다. 역사를 돌이켜 보면 민중의 종교심宗敎心을 어떻게 일으켜야 하는가를 잘 보여 준다. 바로 이해하고 행하기 쉬운 교법으로써 민중에게 안심과 희망을 부여해야 한다는 것이다.

이러한 점에서 불교의 대중화를 위해서는 정토문의 염불수행 밖에는 대안이 없다. 그것은 지나온 역사가 증명한다. 염불은 불교의 근본이요, 안심을 얻고 깨달음을 성취할 수 있는 수행이다. 그러므로 염불수행은 민중의 요구에 부응하며 모든 종파에 수용되어 끊이지 않고 실천될 것이다. 일심의 바다로 흐르는 염불의 강물은 끊임없이 흘러왔고, 또 앞으로도 민중의 터전을 윤택하게 하며 역사와 더불어 끝없이 흘러갈 것이다. 다 함께 한국불교의 새 역사를 창조하기 위해 쉬지 않고 정진합시다.

　　나무아미타불

　　　　　　　오룡산 정토원에서
　　　　　　　　정목 씀

부록

불교 전래와 정토문

제1절 한국의 불교전래
1. 고구려의 불교전래 / 238
2. 백제의 불교전래 / 239
3. 신라의 불교전래 / 241

제2절 한국의 종파 형성
1. 교학의 오종시대 / 245
2. 선종의 구산선문 / 247
3. 오교 양종시대 / 249
4. 선교 양종시대 / 251
5. 선교 통합시대 / 256
6. 대한불교 조계종 / 257
7. 경율론과 수행문 / 260

제3절 정토문의 가르침
1. 근본 경전 / 263
2. 정토의 뜻 / 266
3. 아미타불의 뜻 / 269
4. 정토문의 근원 / 271
5. 정토문의 조사 / 275
6. 정토문의 지위 / 278

제4절 정토문의 수용
1. 전통신앙의 이해 / 282
2. 정토문의 수용 배경 / 284
3. 정토문의 선지식 / 288

제1절
불교 전래

1. 고구려의 불교전래

1) 고구려(B.C. 37~A.D. 668 : 28대 705년)

고구려는 북부여 주몽朱蒙 동명왕東明王이 기원전 37년에 건국하였다. 제15대 미천왕 14년(313)에는 420여 년간이나 주둔한 낙랑군과 그 남쪽의 대방군을 정복하여 중국의 세력을 완전히 축출하였다. 제28대 보장왕 27년(668) 9월 나당연합군에 의해 멸망하였다.

인류의 성인이신 석가모니 부처님이 열반(B.C. 544년 2월 15일)하신지 600년이 지난 후, 그 가르침이 중국에 전해지고(불기 609년, 서기 65년) 그로부터 300년이 흐른 뒤, 동방의 나라 고구려에 여래의 광명인 불법이 전해졌다. 이때는 고구려 제17대 소수림왕 2년이 되는 서기 372년이었다.

2) 《삼국사기》 고구려 본기

소수림왕 2년(372), 여름 6월에 진나라前秦 왕 부견이 사신과 승려 순도順道를 보내어 불상과 불경을 전하니, 왕은 사신을 보내어 회답으로 감사해 하며 토산물을 전하였다.

소수림왕 4년(374), 승려 아도가 진나라에서 왔다.

소수림왕 5년(375), 2월에 처음으로 성문사省門寺를 창건하여 순도스님을 머물게 하고, 또 아불란사를 세워 아도스님을 머물게 하니, 이것이 해동 불법의 시초였다.

고국양왕 8년(18대: 391), 3월에 교지를 내려 불교를 받들고 믿어서 복을 구하라 하고, 관리에게 명하여 국사國社를 건설하고 종묘宗廟를 수리하게 하였다.

《삼국유사》

광개토왕 2년(392) 8월, 평양에 9개의 사찰을 창건하였다. 6년(396)에는 진晉나라 승려 담시가 요동 지방에 와서 포교활동을 하였다.

《삼국유사》

◆ 이와 같은 기록들로 보아 고구려는 불교가 전래된 초기부터 불법이 활발하게 전개되었음을 알 수 있다. 그러나 이러한 활동 이전에 고국원왕대(331~370)에 동진의 승려인 지둔도림(314~366) 스님이 고구려 도인에게 서신을 보내 동진의 승려 축잠(286~374) 스님의 덕을 칭찬하였다(《한국사 고대편》)고 하였으니, 불교가 공인된 372년 전에 이미 고구려 사회에 불법이 행해지고 있었던 것으로 짐작할 수 있다.

2. 백제의 불교 전래

1) 백제(B. C. 18~A. D. 660 : 31대 678년)

백제는 온조왕溫祚王이 건국하였다. 온조왕은 고구려 태조 동명왕의 셋째 아들이다. 첫째는 이복형인데 뒤늦게 나타나 태자로 책봉되니, 둘째 형 비류와 함께 남쪽으로 내려 왔다. 형과 헤어져 한산(漢山 : 경기도)에 도읍을 정하고 B. C. 18년 백제를 건국하였으나, 서기 660년 신라에 의해 멸망하였다.

고구려는 중국의 강북으로부터 불교를 받아들였으나, 백제는 강남의 동진東晉으로부터 불교가 전래되었다. 동진은 당시 불교를 가장 깊이 신봉한 효무제대(孝武帝代: 373~396)로 불법이 성행하였다. 백제에 불교가 전래된 때는 침류왕(15대) 원년인 서기 384년이었다.

2) 《삼국사기》 백제본기
침류왕 원년(384), 9월에 호胡의 승려 마라난타(인도의 승려라고 함)가 진나라에서 들어오자 왕이 그를 맞이하여 궁중에 머물게 하고 예경하니 불법이 이로부터 시작되었다. **침류왕 2년**(385), 2월에 한산(漢山 : 경기도)에 절을 세우고 10명의 승려를 두었다.

3) 《삼국유사》
아신왕 원년(17대: 392) 2월에 왕이 교지를 내려 불법을 숭상하고 믿어 복을 구하라고 명하였다.

◆ 백제는 침류왕이 불법을 맨 처음 받아들였으며, 그 아들인 아신왕도 부왕의 영향을 받아 불교에 대하여 적극적인 지원을 아끼지 않았다. 백제도 불교의 전래 당시는 왕실에서 적극적으로 보호 지원하고 민중에게 권장하였으니, 초기의 성행을 가히 짐작할 만하다. 그러나 초기에는 백제와 고구려 사이에 전란이 계속되었고, 475년에는 고구려에 의해 도읍지였던 한성이 함락되어 도읍을 지금의 공주로 옮겨야 했다. 이러한 상황에서 민심은 안정될 수 없었을 것이고, 불교 역시 성행하기 어려웠을 것이다. 백제 초기의 불교에 대한 사료가 빈약한 것도 그 시대의 정황을 반영하는 것으로 볼 수 있다.

3. 신라의 불교 전래

1) 신라(B. C. 57~A. D. 935 : 56대 992년)

신라는 박혁거세朴赫居世가 6개 부족 촌장의 추대로 왕위에 올라 건국하였다. 무열왕대(29대 : 654~661)에 국가의 총력을 기울여 통일의 대세를 마련하고 문무왕대(661~681)인 660년 백제를 침몰시켰고, 668년에는 고구려를 무너뜨렸다. 그 후 당나라의 세력도 축출(676)하여 완전한 삼국통일을 이룩하였으나, 서기 935년 고려에 합병되었다.

신라에서 불교를 국가적으로 공인하여 받아들인 때는 법흥왕(23대) 14년인 527년이라고 한다. 이는 이차돈의 순교를 계기로 이루어진 것이다. 그러나 불교가 공인된 이전에 신라사회에 불법이 행해지고 있었다는 기록들이 곳곳에 전해져 온다.

《삼국유사》에 의하면 소지왕 10년(488)에도 궁중의 내전에 향을 피우며 수도하는 스님이 있었다고 전한다. 특히《삼국사기》<법흥왕조>에는 김대문의《계림잡전》을 인용하여 불교 전래 초기의 상황을 이렇게 전해 주고 있다.

2) 《삼국사기》<법흥왕조>

앞서 눌지왕(417~458) 때에 묵호자라는 스님이 고구려로부터 일선군(지금의 선산)에 오니, 이 군에 사는 모례라는 사람이 자기 집에 토굴을 짓고 그를 모셨다. 그 때 마침 양나라에서 사신을 신라에 보내어 의복과 향을 주었다. 여러 신하들이 그 향의 이름과 쓰임새를 알지 못하여 사람을 시켜 향을 가지고 돌아다니며 물었다.

묵호자가 이를 보고 말하기를,

"이것을 사르면 향기가 아름답게 퍼져 신성神聖에게 정성을 통할 수 있을 것이다. 이른바 신성이란 삼보三寶에서 더 벗어날 것이 없으니, 삼보는 첫째 불타佛陀요, 둘째 달마達磨요 셋째 승가僧伽다. 만일 이를 사르면서 축원을 드리면 반드시 영험이 있을 것이다."라고 하였다.

이 때 마침 왕의 딸이 갑자기 병으로 위독하여 왕이 묵호자로 하여금 향을 사르고 축원을 올리게 하였더니, 병이 얼마 있지 않아 낫게 되었다. 왕이 매우 기뻐하며 예물을 후하게 주었다. 묵호자는 나와서 모례에게 얻은 선물을 주면서 말하기를,

"나는 이제 갈 곳이 있다."하고 작별을 청하더니 얼마 되지 않아 간 곳을 모르게 되었다.

소지왕(479~500) 때 이르러서는 아도라는 스님이 시자 3명과 더불어 역시 모례 집에 왔었는데 그의 모습이 묵호자와 비슷하였다. 수년 동안 돌아다니다가 앓지도 않고 입적하였다. 그의 시자 3명이 남아 있으면서 경과 율을 강독하니, 종종 신도가 생기게 되었다.

3) 신라불교와 이차돈의 순교

세월이 흐른 후에 법흥왕(514~540)도 또한 불교를 일으키려 하니, 여러 신하들이 믿지 않고 입으로 떠들기만 하므로 왕은 주저하였다. 이때 가까운 신하 이차돈(성은 박씨, 법흥왕의 종질)이 말하였다.

"청하오니, 신의 목을 베어 여러 사람들의 의론을 정하소서." 하니, 왕이 말하기를,

"본래 도를 일으키려 함인데 죄 없는 사람을 죽일 수는 없다"고 하였다. 이에 이차돈이,

"만일 도가 행해질 수 있다면 신은 죽어도 여한이 없소이다."

라고 하였다.

왕은 이에 여러 신하들에게 물으니 모두 말하기를,

"지금 보건대, 승려들은 머리를 깎고 이상한 옷을 입고 말하는 것이 기이하며 거짓스러워 보통의 도가 아니옵니다. 지금 만일 이것을 그대로 둔다면 혹 후회가 있을지 모릅니다. 신들은 비록 중죄를 입을지라도 감히 어명을 받들지 못 하겠습니다"라고 하였다.

그러나 이차돈만은 홀로 말하기를,

"지금 여러 신하들의 말은 옳지 못합니다. 대개 비범한 사람이 있은 연후에 비상한 일이 있는 법입니다. 듣건대 불교는 그 뜻이 깊다 하오니 가히 믿지 않을 수 없습니다."라고 하였다.

왕이 말하기를,

"여러 사람들의 말은 깨뜨릴 수 없고 너 혼자 의론이 다르니, 둘 다 쫓을 수는 없는 일이다"라고 하였다. 드디어 그를 형리에게 맡겨 장차 목을 베려 하니 이차돈이 죽음에 임하여 말하기를,

"저는 불법을 위하여 형을 받겠으나 부처님이 만일 신령함이 있다면 제가 죽은 뒤에 반드시 이상한 일이 있을 것입니다"라고 하였다.

정말 그의 목을 베니 잘라진 곳에서 피가 용솟음치는데 핏빛이 젖과 같이 희었다. 여러 사람들이 보고 괴상히 여겨 다시는 불사佛事를 반대하지 않았다. 법흥왕 16년(529) 령을 내려 살생을 금하게 하였다.

4) 가락국(42~562)의 불교

《삼국유사》 〈가락국기조〉

『시조 김수로왕의 8대손 질왕이 시조모始祖母 허황후를 위해 452년 수로왕과 허황후가 결혼한 곳에 절을 짓고 왕후사王后寺라

하였다.』

◆ 신라는 불교를 공인한 전후의 시대에 삼국간의 견제와 국내 세력 간의 갈등으로 인해 정치 사회적으로 불안한 상태였다. 이러한 상황에서 불교의 도입은 안으로는 문화와 사상의 재창출을 시도하는 계기가 되고, 밖으로는 당나라의 원조를 얻어 정치적 안정을 도모할 수 있는 절호의 기회였다.

그리하여 많은 유학 승려들을 통해 새로운 문화와 다양한 불교사상을 도입하는데 매우 적극적이었다. 결국 신라 불교는 국가의 정치 사회적 안정에 기여하여 삼국통일의 기반을 마련하는 역할에 크게 공헌하였다. 이와 같이 국가와 민중의 신뢰 그리고 승단의 정진 속에 신라 불교는 인류 역사에 빛나는 문화와 사상을 창조할 수 있었던 것이다.

제2절
한국의 종파 형성

1. 교학敎學의 오종五宗시대

　석가모니 부처님은 B. C. 623년 4월 8일 중인도 가비라국에서 탄생하시고, 29세 되던 해, 2월 8일 출가하셨다. 31세에 견성하시고, 35세 되던 해, 12월 8일 성불하셨다. 그 후 일체 중생의 안락을 위해 법을 전하시다 B. C. 544년 2월 15일 구시나국에서 열반하셨다.

　부처님이 성도하신 후 삼칠일(21일) 동안 깨달음의 지혜를 드러내신 《화엄경》을 설하시고, 녹야원을 시초로 12년 동안 《아함경》을 설하시고, 8년 동안 《유마경》, 《사익경》, 《승만경》 등 방등경을 설하시고, 21년 동안 반야경을 설하시고, 8년 동안 《법화경》, 최후의 1일 1야에 《열반경》을 설하셨다.

　불교는 삼국의 어느 나라든지 왕실의 공인으로 도입되어 위로는 국가의 보호를 받고, 아래로는 민간신앙과 접목되면서 친근하게 되어 점차 이국적 이질성을 극복해 나갔다. 그리하여 기존의 문화와 사상에 변화를 일으키며 곳곳으로 전파되었다. 특히 신라는 삼국통일을 전후한 시기에 교학이 크게 발전하였는데, 도의道義선사가 중국으로부터 귀국(821년)하여 선종이 전해지던 시기까지 지속되었다.

　대개 신라시대부터 고려 중기까지 존속하고 성행하던 교학을 일반적으로 5교五敎라고 부른다. 그런데 이 5교라는 다섯 학파의 이름을 말하는 데는 여러 가지 주장이 있으나, 대각국사 의천(義天, 1055~1101)의 묘지명에는 이렇게 기록되어 있다.

『당시의 불교를 배우는 것에 **계율종**戒律宗 · **법상종**法相宗 · **열반종**涅槃宗 · **법성종**法性宗 · **원융종**圓融宗 · **선적종**禪寂宗이 있는데, 국사는 이 6종을 모두 연구하고 배워 극치에 이르렀다.』라고 하였다.

이러한 내용으로 보아 고려 중기 당시에 선종인 선적종을 제외한 위의 다섯 학파를 5교라고 불렀던 것으로 보인다. 고려는 신라 불교의 대부분을 받아들였기 때문에 5교 역시 신라에서부터 지속적으로 이어져 온 학파다. 신라에서 교학이 성행하던 시기는 시대적으로 이미 소승과 대승 경전 및 종파형성이 완성되었던 시기다. 더욱이 당시의 중국 불교계에는 13개 종파가 있었다고 하므로 대부분 도입되어 연구하였을 것이라는 점은 의심할 여지가 없다.

그러나 여기서 말하는 5교는 신라시대부터 지속되어 오면서 고려 중기 당시에 성행하던 종파를 대표적으로 가리키는 것이다. 그러므로 이 외의 밀교, 정토종 혹은 일시적인 학파 등이 없었다고 말할 수는 없다. 또한 5교는 교단을 형성한 조직적 종단이 아니라 교학적 학파를 분류한 것이다.

아무튼 신라시대부터 고려 중기까지 지속되고 성행한 학파를 5교라고 부르게 되었으며, 그것이 일반적으로 계율종 · 법상종 · 열반종 · 법성종 · 원융종이라 말하고 있다. 5교는 교종教宗으로서 선종禪宗에 상대해서 부르는 말이다.

교종은 부처님이 말씀하신 경전의 가르침을 내용별로 분류하여 연구하고 그들이 따르는 경전에 의거하여 수행하는 각 학파의 부류들을 말한다. 하나의 가르침 아래 여러 종파가 형성되었다고 하지만 그것은 각기 근기가 다른 중생들을 위하여 부처님의 진정한 뜻을 전하고자 연구하고 탁마한 수행의 결실이라고 해야 할 것이다.

2. 선종禪宗의 구산선문九山禪門

신라시대는 교학의 성행에 이어 당나라로부터 선법이 전해진 이후 선종禪宗이 발전하게 되었다. 이 선종이 뿌리를 내려 산문山門을 형성한 아홉 곳의 이름을 들어 구산九山 혹은 구산선문九山禪門이라 부른다. 신라에 선법을 최초로 전한 것은 법랑法朗 스님이 제4조 도신(道信, 580~651)으로부터 전법하여 온 것이라 하나, 그 전기가 명확하게 전해지지는 않는다.

그리하여 신라 선종 성립사를 말할 때는 도의국사道義國師로부터 출발한다. 도의국사는 선덕왕 5년인 784년에 당나라에 들어가 구족계를 받고, 마조도일의 문하인 강서 홍주 개원사開元寺 서당지장(西堂智藏, 735~814)으로부터 심인心印을 받았다.

그 후 백장회해(百丈懷海, 720~814)를 참견한 후 헌덕왕 13년인 821년에 귀국하였다. 도의국사가 당나라에 머문 것은 40여년이나 되었다. 도의국사는 귀국하여 교학에 몰두하고 있는 불교계의 현실에서 뜻을 펴지 못하고 은거생활을 하다가 염거화상(?~844)에게 법을 전하였다. 도의국사의 귀국 후에도 여러 선사들이 선법을 전해 와서 산문을 개창하였는데, 다음과 같은 구산선문이 대표적이었습니다.

■ 구산선문 ■
1. 가지산(전남 장흥 보림사) 개조 : 도의국사
서당지장 스님에게서 도의국사가 법을 전해 받고 염거화상(?

~844)에 이어 체증(804~880)이 861년 개산開山.

2. 실상산(전북 남원 지리산 실상사) 개조 : 홍척

서당지장스님으로부터 홍척스님이 심인을 받고 흥덕왕(826~836) 때 귀국하여 828년경 개산. 한국불교 최초의 선문 개산이라고 볼 수 있다. (개산조가 홍척스님의 제자인 증각대사라고 하는 견해도 있음.)

3. 동리산(전남 곡성 태안사) 개조 : 혜철

혜철(785~861) 스님은 814년에 입당하여 서당지장 스님으로부터 심인을 받고 839년에 귀국하여 개산. 문하에 풍수지리설로 유명한 도선국사(821~898)가 있다.

4. 봉림산(경남 창원 봉림사) 개조 : 현욱

현욱(787~868) 스님은 824년에 입당하여 마조도일의 문하인 장경회운 스님의 법을 이어 837년에 귀국하였다. 제자 심히 스님이 개산.

5. 사자산(강원도 영월 흥령사) 개조 : 도윤

도윤(798~868) 스님은 825년에 입당하여 마조도일의 문하 남천보원스님의 법을 이었다. 847년에 귀국하였고, 제자 절중스님이 개산.

6. 사굴산(강원도 강릉 오대산 굴산사) 개조 : 범일

범일(810~887) 스님은 흥덕왕대에 입당하여 마조도일의 문하 염관제안 스님의 법을 이어 847년에 귀국하여 851년 개산.

7. 성주산(충남 보령 성주사) 개조 : 무염

무염(800~888) 스님은 821년경 입당하여 마조도일의 문하 마곡보철 스님에게서 심인을 받고 845년에 귀국하여 847년경 개산.

8. 희양산(경북 문경 봉암사) 개조 : 도헌

도헌(824~882) 스님은 입당하지 않았으며, 제4조 도신 · 법랑 · 신행 · 혜은 · 지선 스님으로 이어지는 법맥이다. 881년 봉암사를

창건. 제3조가 되는 경양스님이 935년 봉암사를 중창하여 크게 선풍을 떨쳤다.

9. 수미산(황해도 해주 수양산 광조사) 개조 : 이엄

이엄(870~936) 스님은 896년에 입당하여 동산양개의 문하인 운거도응 스님의 법을 이어 911년에 귀국하였다. 932년 고려 태조가 광조사를 지어 주석케 하니. 여기서 수미산의 개산이 이루어졌다.

◆ 구산선문은 도의국사가 귀국한 821년부터 수미산문이 개창된 932년(고려 태조 15년)까지 약 112년간에 걸쳐 여러 선사들이 선풍을 진작하려는 신념과 실천으로 성립되었다. 그러나 신라시대부터 고려시대로 이어지는 선종의 성립은 구산선문만 있었던 것은 아니다.

중국에서 나누어진 선종의 여러 계파로부터 선법을 전수하여 귀국한 후 구산 외에 여러 곳에서도 선문을 개창하였다. 그러나 신라 하대 선종의 성립단계에서 역사적인 사실과 규모, 그리고 당시의 성행을 고려하면 구산선문이 선종 성립사의 중심에 위치하였음은 부인할 수 없다. 그러나 구산선문 개산시기와 개산조에 대하여는 여러 다른 의견들이 있다.

돌이켜 보면 신라불교 발전은 결국 밖으로는 민족문화와 사상의 차원을 한층 드높였고, 안으로는 불교의 두 축이 되는 교리와 실천, 그리고 선교禪敎의 의미와 방향을 분명하게 제시하였다. 그리하여 신라불교는 오교구산五敎九山이라는 이름을 뚜렷하게 남기게 되었다.

3. 오교五敎 양종兩宗시대

신라시대 교학이 성행한 이후 고려 중기까지의 불교를 통칭하여

오교구산五教九山이라 불러 왔다. 5교 9산은 교종의 오교와 선종의 구산선문을 일컫는 것이다. 그런데 고려 중기 이후에는 다시 오교양종五教兩宗이라 부르게 되었다.

오교양종이라는 말은 고려 원종(1259~1274) 이후에 많이 사용하게 되었다. 이 시기는 이미 대각국사 의천(義天, 1055~1101)이 천태종天台宗을 성립시켰으며, 보조국사(1158~1210)가 수선사修禪社를 창설(1200년)한 후대였다. 그렇다면 이러한 시기에 부르게 된 오교양종은 무엇을 말하는 것일까? 물론 교종과 선종을 함께 지칭하는 것이겠지만 구체적으로 어떠한 종파를 가리키느냐 하는 것이다.

여기서 고려 중기에 새롭게 등장한 천태종에 대해서 알아볼 필요가 있다. 천태종은 대각국사 의천스님이 성립시켰으나 스스로는 그 사상을 널리 펴지 못하고 독립된 종파로 탄생한(1099~1101년 경) 후, 얼마 있지 않아 스님이 입적(1101)하게 되었다.

이로부터 100여년이 지난 후 요세(1063~1245) 스님이 전남 강진의 만덕사지에 백련사를 중창하고(1211년) 천태종의 수행도량으로 운영하면서 다시 법을 전파하게 되었다. 그 후 천인·원완·천책 스님으로 이어지면서 교학과 실천을 널리 보급하였다.

천태종은 《법화경》의 회삼귀일會三歸一 사상을 근거로 하여 교학과 선문을 동시에 체계화 하였다. 교학적인 면에서는 화엄종과 대등하게 체계화하고 실천에 있어서는 조계종과 대등한 선문으로 하여 교관일치教觀一致 사상을 본지本旨로 성립되었다. 그러므로 교학의 체계화에 치중한 교종이나 불입문자不立文字를 표방하는 선종과도 구별된 체계였다.

천태종의 이와 같은 특징 때문에 기존의 오교와는 다르게 인식되었으며, 오히려 선종과 대등하여 성립 초기에는 선종의 승려들이 대부분 천태종으로 옮겨 가는 상황이 초래되기도 하였다. 당시의 천태종이 강력한 세력을 구축하고 있었던 점을 미루어 보면, 오교양종에서 말하는 양종이란 천태종과 조계종을 가리키는 것으로 보아야 할 것이다.

선종으로서의 조계종 역시 구산선문이 대체된 명칭이거나 보조국사의 수선사修禪社를 지칭하는 것으로 보아서는 안 되며, 그렇다고 중국의 육조 선맥을 말하는 것도 아니다. 조계종은 당시에 성행하던 선종의 통칭으로 보아야 한다. 결국 고려시대에 말하는 오교양종五敎兩宗은 기존의 계율종·법상종·열반종·법성종·화엄종(원융종 포함)의 다섯 교종과 새롭게 등장한 천태종, 그리고 선종으로서의 조계종을 가리키는 것이다.

결론적으로 오교양종은 신라시대 교학이 성행하던 시기부터 지속되어 온 교학의 오교五敎와 고려 중기에 선교를 통합하고자 성립되었던 천태종天台宗, 그리고 선종으로서의 조계종曹溪宗이니, 고려 중기 이후의 불교를 통칭하는 대명사라 할 수 있다. 이 오교양종의 상황은 천태종의 성행과 더불어 조선 초기까지 지속되었다.

4. 선교禪敎 양종兩宗시대

1) 조선 태종대(1401~1418)의 통폐합

조선시대 최초로 배불정책을 단행한 사람은 태종이다. 1405년부터 불교탄압을 실시하였는데, 승려의 환속·사찰 내 노역·하층민의 군정소속·사찰 토지 및 전답의 국유화·도첩제실시·왕사·국사제도의 폐지, 왕릉에 사찰을 세우는 관습폐지 등이었습니다.

《조선왕조실록》을 살펴보면 불교탄압의 실상을 자세히 알 수 있다.

2) 《조선왕조실록》 태종 6년(1406) 3월 27일

『의정부에서 선종과 교종의 각 종파를 합쳐서 남겨 둘 사찰을 정하자고 요청하였다. 보고한 내용은 다음과 같다.

"본 부府에서 일찍이 지시 받은 것은 고려 《밀기密記》에 기록되어 있는 비보사찰과 지방 각 고을의 《답산기踏山記》에 실려 있는 사찰 가운데 새 수도와 옛 수도에서는 오교五敎 양종兩宗에 각각 하나씩을, 지방의 목牧과 부府에는 선종과 교종 각각 하나씩을 그리고 군郡과 현縣에는 선종과 교종 가운데 하나씩의 사찰을 잘 가려서 남겨두도록 하라"는 것입니다…… (중략) 그리고

조계종曹溪宗과 **총지종**摠持宗을 합하여 70개 사찰,

천태소자종天台疏字宗과 **천태법사종**天台法事宗은 합해 43개 사찰,

화엄종華嚴宗과 **도문종**道門宗은 합하여 43개 사찰,

자은종慈恩宗은 36개의 사찰,

중도종中道宗과 **신인종**神印宗은 합하여 30개의 사찰,

남산종南山宗과 **시흥종**始興宗은 각각 10개의 사찰을 남기도록 하십시오."…… (중략) 』

◆ 위의 내용으로 보면 조선 초기 당시에 오교 양종에 11개 종파가 있었는데, 불교개혁을 계기로 이들 가운데 232개의 사찰만을 중심 도량으로 남겨 두기로 건의하였다. 여기서 고려 중기부터 사용해 오던 오교 양종이라는 용어는 조선 초기까지 지속되었으며, 그 동안에 천태종의 성행과 분파 그리고 기존 종파의 쇠태와 새로운 종파의 성립을 단편적으로나마 알아 볼 수 있게 한다.

3) 《조선왕조실록》 태종 7년(1407) 12월 2일

의정부에서 전국의 유명한 사찰로써 여러 고을의 자복사(資福

寺 : 각 고을에서 복을 비는 절)로 삼기를 요청하자 그대로 따랐다. 보고한 내용은 다음과 같다.

『지난해에 사찰을 혁파할 때 삼국시대 이래의 가람들이 도리어 없애버릴 사찰 명단에 들어 있는가 하면, 퇴락된 사찰에 주지를 임명하는 일도 간혹 있었으니, 승려들이 어찌 원망하는 마음을 품지 않겠습니까? 만일 경치 좋은 곳의 대가람을 택하여 퇴락한 사찰을 대신하게 한다면 승려들도 대체적으로 거주할 곳을 얻게 될 것입니다.』라고 건의하였다. 그리하여 여러 고을의 자복사를 모두 명찰로 대체하게 되었다.

◆ 《조선왕조실록》의 내용을 구체적으로 살펴보면 당시에 **자복사**라는 이름을 빌어 중심 도량에서 제외되었던 사찰을 종파별로 추가로 선정하여 구제하였다는 것이다. 그리고 이때는 지난해와 달리 11개의 종파가 다시 개편되어 7개의 종파명만 남아 있으니, 그 사이에 종파를 축소한 것으로 보인다.

남아있는 7개의 종파는 조계종·천태종(소자종·법사종)·화엄종(화엄종·도문종)·자은종·중신종(중도종·신인종)·총남종(총지종·남산종)·시흥종입니다. 태종대의 타율적이고 무력적인 불교탄압은 불교의 상식도 갖추지 못한 채, 종교의 자율권을 유린하는 행위로 종파의 통폐합을 제멋대로 행하고 사찰로부터 승려들을 쫓아내는 일을 수없이 자행하였다.

4) 세종대(1419~1450)의 선교양종

태종대에 이어 세종대에도 불교 종파의 통폐합은 계속되었다. 세종대에 이르러서는 그 강도가 더욱 심하여 모든 종파는 선종과 교종 즉 선교양종禪敎兩宗의 이름 안에 귀속되었다. 그러므로 이때부터 구체적인 종파명은 사라지게 되었다.

《조선왕조실록》을 통해 그 과정을 살펴보겠다.

5) 《조선왕조실록》 세종 6년(1424) 4월 5일
『예조에서 아뢰었다.

"불교에는 선禪·교敎 양종만 있었을 뿐인데, 그 후 정통으로 이어오거나 방계로 내려오면서 각각 하는 일에 따라 7종으로 나누어졌습니다. 잘못된 것을 전하고 이어 받는 동안에 근본에서 멀어진 탓에 아래로 내려 갈수록 더욱더 여러 갈래로 분파되었으니, 실로 그 스승의 도에 부끄러운 노릇입니다.

또 서울과 지방에 사찰을 많이 조성하여 각 종파에 포함시켰는데, 그 수효는 엄청나게 많지만 승려들은 여기저기 흩어져서 절을 비워 놓은 채 살지도 않고 계속 수리도 않으므로 점차 허물어져 가고 있습니다.

바라옵건대, 조계종·천태종·총남종 3개 종파를 합쳐서 선종으로 하고, 화엄종·자은종·중신종·시흥종 4개 종파를 합쳐서 교종으로 만드십시오. 서울과 지방에서 승려들이 거처할만한 곳을 가려서 36개의 사찰만 두고, 모두 두 종파에 나누어 소속시키십시오, 토지를 넉넉히 주고 거기에 있을 승려들을 적당히 배정하며, 대중생활의 규칙에 맞춰 불도를 정밀하게 닦게 할 것입니다.

또 승록사(불교의 제반 사무를 관장하던 기관)를 없애는 대신에 서울에 있는 흥천사興天寺를 선종도회소禪宗都會所로 삼고, 흥덕사興德寺를 교종도회소敎宗都會所로 삼을 것입니다. 나이도 많고 행실도 점잖은 승려를 뽑아서 두 종파의 행수(行首 : 대표자)와 장무(掌務 : 총무역할)로 삼고 승려들 내부의 일을 살피게 할 것입니다."라고 하였습니다.』

◆ 세종이 위의 요청대로 따르니 종파의 통폐합이 단행되었다. 조선 초기까지 오교양종의 11개 종파는 태종대에 이르러 7개 종파로 축소되고, 다시 세종대에는 선교양종 두 종파만 남게 되었다. 그러므로 조계종 혹은 화엄종이라 하여도 이름에 맞는 명분을 가질 수 없게 되었다. 종파의 가르침과 법맥이 실재한다 하여도 제도와 형식상에는 오직 선종과 교종 두 이름만 있을 뿐이었다.

수행의 중심 도량도 태종대의 232개 사찰 및 각 지방의 자복사資福寺를 포함한 것에 비하면 비교가 되지 않는다. 전국의 사찰 가운데 선종 18개, 교종 18개만을 중심 도량으로 정하고, 나머지는 이 사찰들의 지배하에 두도록 하였으나, 사실은 관청의 관리를 받게 되었다. 이로 인해 자율권이 박탈되었을 뿐만 아니라 지방관청의 감독과 횡포는 두말할 여지가 없었다. 이와 같은 불교에 대한 자율권 박탈, 억압의 상황은 조선조 말까지 계속되었다.

6) 선조대(1568~1608)의 총섭시대

1592년(임진) 임진왜란이 일어나자 서산대사를 선교16종도총섭禪敎十六宗都摠攝으로 임명하였다. 그 후 남한산성과 북한산성에 총섭을 나누어 두었으므로 이것을 남북한총섭이라 불렀다. 이 총섭은 불교승정佛敎僧政을 통합하기 위하여 설치하였다는 것보다는 전국의 승병을 통할하기 위하여 둔 것이었다.

당초 동기야 군정에 있었던지 승정에 있었던지 총섭이 전국 승려들을 총지휘하는 것만은 사실이었다. 이때부터 선교양종은 이름뿐이고, 조선불교는 통합된 체제가 되었다.

서산대사(청허휴정, 1520~1604)는 호를 '겸판선교 대선사兼判禪敎大禪師' '판대화엄종 사판대조계종사' '팔도16도총섭'이라 하였다. 이러한 법풍은 조선 후기까지도 계속되어, '선교양종규정도

총섭' '선교양종정사禪敎兩宗正事' '조계종사화엄강백' 등으로 호칭하였다. 이는 조선불교가 무종파의 통불교通佛敎였음을 말해 주는 것이다. 이를 부종수교扶宗樹敎라 부르기도 한다.

5. 선교禪敎 통합시대

1) 원종圓宗 창립

1908년 3월 6일 서울 원흥사元興寺에 원종 종무원이 설립되었다. 각 사찰 대표지 52명이 모여 원종 종무원을 설립하고, 이회광을 대종정으로 추대하였다. 원종의 의미는 원융무애라는 뜻이라 하기도 하고 선교겸수종문을 표방한 것이라고도 하였으나, 뚜렷한 근거를 찾을 수는 없다.

2) 임제종臨濟宗 선언

1910년 원종의 이회광이 일본의 조동종과 연합을 시도하자 승단에서 크게 반대하였다. 마침내 반대 측에서 범어사·쌍계사·송광사 등을 중심으로 결합하여, 1911년 1월 임제종을 선언하고 송광사에 임시 종무원을 설치하였다. 그리고 이회광 일파에 대항하여 강렬하게 반대운동을 벌였다. 관장에 김격운 스님을 선출하고, 관장 대리는 한용운 스님이 맡았다.

3) 조선불교 선교양종

원종과 임제종 측의 대립이 계속되다가 1912년 6월 17일부터 6월 22일까지 개최된 각 본산 주지회의에서 종지宗旨 및 칭호의 단일화 안건을 의결하였다. 이 결과 조선불교의 칭호를 '조선불교선교양종'으로 결정하였다. 원종과 임제종은 6월 21일 종무원의 문패를 동시에 철거하였다.

이후 30본산은 모두 '조선불교선교양종'에 소속되었으며, 1912년 6월 26일 내무부장관은 각 도의 장관에게 공문을 보내 사찰의 종지 및 칭호를 함부로 내세우지 못하게 하였다. 이 체제는 1941년 '조선불교 조계종'이 탄생할 때까지 지속되었다.

6. 대한불교 조계종

1941년 북한산 태고사를 지금의 수송동으로 옮기고 조선불교 총본산으로 삼았다. 6월에는 '조선불교조계종'으로 개칭하였다.

1945년 9월에는 다시 조선불교라 하였다.

1946년 5월 28일 조선불교교헌을 제정 공포하고, 5월 30일 조선불교 제1대 교정敎正에 박한영 스님이 취임하였다.

1948년 4월 8일 박한영 교정이 내장사에서 원적하시니, 6월 30일 방한암 스님을 제2대 교정으로 추대하였다.

1951년 3월 22일 방한암 교정이 상원사에서 원적하시니, 6월 20일 만암 송정헌 스님을 제3대 교정으로 추대하였다.

1954년 5월 21일 이승만 대통령은 '사찰을 보존하자'라는 유시를 통해 '가정을 가지고 사는 스님들은 사찰서 나가 살 것'을 지시하는 유시문을 발표하였다. 이때부터 비구승과 대처승간의 분규가 시작되었다. 5월 23일 태고사의 현판을 조계사로 개명하였다.

1954년 6월 20일에는 대통령의 유시문 발표에 힘을 얻은 비구승 측의 대세로 조선불교교헌을 개정하여 교단 명칭을 '대한불교 조계종'이라 하였다. 양측의 대립이 심하게 되자 정부는 비구승

측을 지원하여 11월 4일, 11월 20일, 12월 8일 등 총 4회에 걸쳐 유시문을 발표하였다.

1961년 5월 16일을 기하여 군사정부가 수립된 후에 비구 대처 양측이 화합하여 통합종단을 구성하고 종헌을 제정하여 선포하기에 이르렀다. 이로써 명분상으로는 비구 대처간의 분규를 종식하고 화합종단으로써 1962년 3월 25일 **대한불교조계종 종헌**을 제정 공포하였다.

1) 종헌 선포문
(원문이 일반적으로 어렵다고 생각되어 요지만을 쉽게 풀이하여 통합종단이 제정한 최초의 종헌을 이해할 수 있게 하였다)

『우리의 종조宗祖 도의국사께서 조계의 정통법인을 이어 받으시고 가지산迦智山 영역에 종풍의 깃발을 드날리심으로부터 구산선문이 줄지어 열리고, 오교파가 나란히 세워져 선풍교학이 이 땅에 가득하였다. 고려의 쇠퇴와 함께 교세가 약해지려 하니, 태고국사太古國師께서 제종파를 모두 포함하여 조계의 단일종을 공칭하시니, 이는 우리나라 불교의 특색이라 세계만방에 자랑할 만한 역사적 사실이다.

우리의 종宗은 이조 오백년의 배불훼석排佛毁釋의 정치적 법난에도 불구하고 실낱같은 혜명을 이어 오면서, 정혜쌍수定慧雙修와 이사무애理事無碍를 제고하며 대승불교의 성불도생成佛度生을 실천하여 온 것이다. 이래 종명宗名을 공칭하고 종헌을 제정하여 계법戒法을 존숭하고 이판理判을 장려하여, 안으로는 정법안장正法眼藏을 비밀히 전하여 끊어지지 않게 하고, 밖으로는 도생문호度生門戶를 활짝 열어 교화활동을 향상케 하니 선과 교가 나란히 빛나는 것이 여기서부터 시작된다 하겠다.

《중략》

1962년 3월 22일 제정. 1962년 3월 25일 공포
(비구 대처 양측 각15명 대한불교조계종 불교재건 비상총회구성)』

◆ 통합종단의 종헌이 선포된 후 1970년 1월 15일 한국불교태고종이 창립되어 5월 8일 문화공보부에 등록하였다. 그러나 1962년 명분상으로는 통합종단의 구성에 합의하였지만, 이미 내면적으로는 갈등이 존재하고 있다가 분립한 것에 불과하다.

2) 전통계승의 조계종

신라의 교학시대로부터 구산선문을 거쳐 조선말기 선교 양종시대까지 이어온 한국불교는 1908년 원종이 창립되고, 1911년 임제종의 선언이 있었으나 1912년 선교양종으로 다시 통합되었다. 그리하여 전국에 설치된 31본산은 모두 조선불교 선·교 양종에 귀속되었다.

1941년 6월 조선불교조계종으로 개칭하고 1945년 해방 이후에는 다시 조선불교라 하였니. 1954년 정화운동 과정에서 대한불교조계종이라 하였으며, 1962년 3월 통합종단을 구성한 후에도 역시 대한불교조계종이라 하였다.

지금까지 한국불교의 종파형성 과정과 통합종단으로서의 조계종에 이르는 역사를 살펴보았다. 그러나 신라의 선문이 성립할 당시에 애당초 선문은 불전과 불탑을 세우는 등 교종의 가풍을 수용하는 선교통합성을 안고 출발하였다.

아무튼 조계종은 신라의 오교와 구산선문 이후 고려시대의 선교

융합 조선의 선교총섭시대를 거쳐 해방 후 선교통합의 전통을 계승한 종단이다. 이는 한국불교가 걸어 온 교단사적 역사과정에서 형성된 정체성正體性이며 특수성이라 할 수 있다.

7. 경율론과 수행문

1) 경율론經律論 삼장三藏

불교의 일체 교리와 실천의 근거는 경율론經律論 삼장三藏이다.

<경>은 부처님의 말씀이란 뜻이며, 고뇌와 죄장으로 불안해하는 중생을 이끌어 안심과 지혜를 얻고 고통으로부터 벗어나 즐거움과 희망의 세계로 인도하는 내용이다. 전체적으로는 그러하지만 부처님은 근기와 욕망과 성품의 다름에 따라 말씀하신 교의가 차별이 있기 때문에 부처님의 말씀을 대기설법對機說法이라고도 한다.

<율>은 역시 부처님의 말씀이며 불교를 믿고 따르는 자가 **신·구·의**(身·口·意)**로 지켜야 할 계율**로써 종교적인 것과 일반 사회적인 것을 포함하고 있다. 계戒는 자율적이고, 율律은 교단으로부터의 구속력을 지니고 있다. 계율에는 출가자와 재가자가 구분되어 있다. 출가자는 10계 250계 등이 있고, 재가자는 5계 48경계인 보살계 등이 있다.

<논>이란 선지식이 부처님의 말씀을 알기 쉽도록 풀어 놓은 것이며, 대개 깨달음을 성취한 보살의 지위에서 설한 것을 말한다. 불교의 가르침은 부처님이 직접 설하신 경전 외에도 부처님 제자의 설법, 천인의 설법, 신선의 설법, 광명과 하늘의 음악 새들의 법음 등 화생의 설법을 포함하여 말하는데, 이를 오종인설五種人說이라고 한다. 모두 다 부처님의 지혜와 자비 안에서 설해지기 때

문에 수용하여 불설로 간주한다.

불설佛說이란 본래 부처님의 말씀이란 뜻이지만, 부처님이 직접 설하신 경전과 부처님이 열반하신 후 오랜 세월을 거치면서 완성된 것도 있다. 대승경전의 대부분은 후자에 속한다. 뒤에 편집되었다 하여도 부처님의 근본사상과 깨달음에 의지하여 설해진 것이므로 불설이라고 하여 믿고 따르는 것이다.

불설의 의미는 부처님의 말씀이란 뜻 외에도 부처님에 대해서 설하신 것, 깨달음에 이르는 길을 설한 것이라는 뜻을 가지고 있다고 말한다. 부처님에 대해서 설한 것이란 전기 및 사상 혹은 《화엄경》처럼 부처님의 깨달음의 내용을 설한 것 등이다.

<경>의 이름은 대개 그 설하신 내용이나 뜻을 함축적으로 표현하는 경우가 많다. 그러므로 <경>의 제목만 보아도 무엇을 말씀하시는지 대강 짐작할 수 있다. 《대방광불화엄경》《묘법연화경》《금강반야바라밀경》《마하반야바라밀다심경》 등이 모두 그러하다.

정토문은 《무량수경》《관무량수경》《아미타경》, 그리고 세친스님의 《왕생론》을 합하여 **《3경 1론》**이라 부르며, 사상과 실천의 전거로 삼는다. 전통적으로는 그러나 여기에 원효스님의 《무량수경종요》와 《아미타경소》를 더하여 살펴보면 정토문의 심오한 뜻을 깊이 이해할 수 있을 것이다.

2) 수행문修行門

지금 한국 불교계는 여러 종파가 형성되어 있기는 하지만 일반적으로 통불교의 성격을 지니고 있다. 이러한 까닭에 한 종파에서 다양한 수행문을 수용하여 실천한다.

깨달음을 향하여 들어가는 문門과 그 실천방법은 대개 이렇다.

정토문(염불문: 정토종)

(1) 나무아미타불...... 칭명염불. 관상염불(觀象, 觀想, 實相)

(2) 약사여래불...... 칭명염불

(3) 관세음보살...... 칭명염불

(4) 지장보살...... 칭명염불

(5) 진언...... 진언지송(육자진언, 광명진언, 능엄주 등)

선문(경절문: 선종)

(1) 간화선...... 화두

(2) 염불선...... 아미타불 화두

(3) 묵조선...... 묵조관

(4) 위빠사나...... 사념처관

간경문(원돈문: 교종)

(1) 《화엄경》, 《법화경》, 《금강경》, 《능엄경》 등

제3절
정토문의 가르침

1. 근본 경전

대승불교의 수많은 경전들 가운데 아마 정토와 아미타불에 대한 말씀이 가장 많은 비중을 차지하고 있을 것이다. 우리나라 팔만대장경 대소승 경전 총 940여부 가운데 1/4이나 되는 270여부가 정토 혹은 아미타불에 대한 말씀을 설하고 있다 하니 가히 짐작할만하다. 이 가운데 《무량수경》《관무량수경》《아미타경》, 이 셋을 정토신앙의 근본경전으로 삼는데 혹 《정토삼부경》이라고도 부른다. 이 세 경전의 내용을 간략히 살펴보겠다.

1) 《무량수경無量壽經》
우리가 현재 독송하는 《무량수경》은 252년 조조가 세운 위나라 때 인도의 승려인 강승개가 번역한 것이다. 석가모니 부처님이 왕사성 밖에 있는 기사굴산(영취산)에서 설하셨다. 그 곳에 모인 청중은 덕 높은 비구 1만 2천명이 함께 하였다. 이들 중에는 요불제존자 등 31인의 제자, 보현보살 등 대승보살, 현호보살 등 16인의 재가보살, 선사의보살 등 14인의 출가보살들도 함께 하였다.
부처님은 이 때 과거 53불, 법장비구가 48원을 세운 인연, 아미타불의 광명과 수명, 정토의 성중, 정토의 장엄한 모습, 삼배 중생의 왕생, 정토의 안락, 삼독, 오악 등을 말씀하셨다. 그리고 번뇌와 죄악으로 물든 세계를 버리고 정토에 태어나기를 간곡히 권하셨다.

《무량수경》 48대원 가운데 제18원을 '염불왕생원'이라고 부르는데 여기서 『만약 제가 부처가 되어도 시방의 중생들이 지극한 마음으로 믿고 즐거워하며 저의 나라에 태어나고자 하여 십념十念 하여도, 만약 태어나지 못한다면 저는 부처가 되지 않겠습니다. 다만 오역죄와 정법을 비방한 사람은 제외합니다.』하였는데, 이를 염불왕생의 전거로 삼고 있다.

이 경의 마지막에 부처님은 미륵보살에게 『미래 세상에 경의 진리가 다 멸한다 하여도 나는 자비로써 불쌍히 여겨 특히 이 경(염불법)을 100년 동안 더 머물게 할 것이니라. 그래서 중생들 가운데 이 경을 만난 사람은 생각하는 대로 모두 득도하게 할 것이니라.』하셨다.

이 《무량수경》을 대경大經이라 하고, 이에 반해 《아미타경》을 소경小經이라 부른다.

2) 《관무량수경觀無量壽經》

우리가 현재 독송하는 《관무량수경》은 송나라 원가(연호: 424~453) 중엽에 인도의 승려 강량야사가 번역한 것이다. 석가모니 부처님이 영축산에서 1천 2백 50인의 제자와 3만 2천의 보살들을 상대로 말씀하신 경전이다.

왕사성에서 아사세라고 부르는 태자가 있었는데, 제바닷다의 속임수에 빠져 아버지인 빈비사라왕을 유폐시키고 국왕이 되는 사건을 무대로 말씀하셨다. 왕후인 위제희 부인도 결국 유폐되었을 때 부처님께 간절히 극락정토에 왕생할 수 있기를 원하니, 부처님은 정토를 관상하는 방법을 말씀하셨다.

여기서 정토 및 아미타불 그리고 성중 등을 관찰하는 방법으로 일상관, 수상관을 비롯하여 16가지 관법과 그 이익을 말씀하셨다.

정토의 경계를 觀관하는 전체 16관법 중에서 제13관까지는 마음을 고요히 하여 정토의 장엄한 모습을 관하는 방법을 설하신 것인데, 정선定善이라고 부른다. 정선은 마음을 고요히 한 상태에서 최상의 선행인 염불을 실천한다는 뜻이다. 이는 자력에 해당하는 관법이라 할 수 있다.

제14관은 상배생상上輩生想, 제15관은 중배생상中輩生想, 제16관은 하배생상下輩生想이라 하여 삼배 구품의 중생들이 염불하고 왕생하는 법을 말씀하셨다. 이는 일상생활 가운데서 선업을 닦으며 염불하게 하므로 정선에 상대하여 산선散善이라 부른다.

산선은 바쁜 일상생활 가운데서 최상의 선행인 염불을 실천한다는 뜻이다. 정선이 자력적인 관법인데 반하여, 산선은 부처님의 명호를 부르는 칭명염불을 행함으로써 부처님의 본원력에 의지하여 왕생하는 길이다.

구품산선九品散善에서는 염불하는 자의 마음가짐, 염불자로서 당연히 지켜야 할 삼복三福 등을 구체적으로 말씀하셨다. 그리고 죄악으로 물든 범부들에게 칭명염불을 권하고, 관법이 아니라도 정토에 태어날 수 있다는 확신을 심어주고 있다.

끝으로 부처님은 "염불하는 사람은 마땅히 알아야 할 것이니 사람들 가운데 분다리꽃(백련화)이니라. 관세음보살과 대세지보살은 그의 수승한 벗이 되어 주니, 마땅히 수도하는 도량에 앉아 모든 부처님의 집이 되는 극락정토에 태어날 것이니라." 하셨다.

3) 《아미타경阿彌陀經》

우리가 현재 독송하는 《아미타경》은 402년 진나라에서 인도의 승려 구마라집이 번역한 것이다. 석가모니 부처님이 가비라국 사위성 남쪽 기원정사에서 설하셨다. 이 때 모인 청중은 1천 2백 50십 인의 비구들과 문수보살 등 대보살과 제석천을 비롯한 많은 하늘의 선신들이 함께 하였다.

부처님은 이 때 정토의 장엄한 모습, 정토에 왕생하기 위한 1일 내지 7일의 염불행 등을 말씀하셨다. 그리고 육방의 모든 부처님이 아미타불의 불가사의한 공덕을 찬탄하시고 염불왕생법을 증명하신다고 말씀하셨다.

이 경의 마지막에 『사리불아, 마땅히 알아야 하느니라. 내가 오탁악세에서 이렇게 어려운 일을 행하여 아뇩다라삼먁삼보리를 얻고 일체 세간을 위하여 이 믿기 어려운 법을 말하는 것, 이것은 진실로 어려운 일이니라.』라고 하셨다.

《아미타경》은 작은 분량의 내용이지만 아미타불의 정토인 극락세계의 장엄한 모습을 함축적으로 잘 표현하여 보여 준다. 깨달음의 세계요, 부처님의 세계를 설하신 《화엄경》의 축소판이라고 할만 하다.

2. 정토淨土의 뜻

정토라는 말의 뜻을 풀이 하면 **'청정한 국토'**와 **'국토를 청정히 한다.'**라는 두 가지 의미가 있는데, 여기서는 청정한 국토를 뜻한다. 정토는 넓은 의미로는 모든 부처님이 머무시는 세계다. 좁은 의미의 정토는 동방 약사여래의 유리광세계, 남방 보승여래의 환희세계, 북방 부동존불의 무우세계, 중방 비로자나불의 화장세계 그리고 서방 아미타불의 극락세계, 이 밖에 미륵보살의 도솔

정토 관세음보살의 보타낙가정토 등이 있다.

지금은 정토를 말하면 서방 극락세계를 가리키는 것으로 통용하고 있다. 극락은 산스크리트어 스구바티(su-khavati)를 번역한 것인데 '**즐거움이 있는 곳**'이라는 뜻이다. 정토교의 근본경전인 《무량수경》에서는 안락安樂이라 하고, 《관무량수경》과 《아미타경》에서는 극락極樂이라 이름 하였다.

정토는 자연과 생명이 청정하여 마음이 편안하고 즐거운 세계며, 자연과 중생의 청정성이 확보되고 스승과 수행의 환경이 만족하게 갖추어진 곳이다. 이곳에 태어나는 자는 누구든지 수행의 궁극을 성취하여 성불에 이르게 된다. 정토에는 괴로움이 없을 뿐 아니라 지옥·아귀·축생의 삼악도라는 이름조차 들을 수 없다. 청정하고 아름다우며 부족함이 없는 곳으로 천상의 세계와는 비교가 되지 않는다.

왜냐하면 정토는 삼계육도의 세계를 벗어난 곳이며, 영원한 생명과 자유를 얻는 곳이기 때문이다. 정토는 여러 뜻을 함축하여 '안락정토安樂淨土'라고 부르는데, 즉 '**자연과 생명이 청정하여 마음이 편안하고 즐거운 세계**'라는 의미다. 저 안락하고 청정한 극락정토의 장엄에 관해서는 근본경전에 자세히 말씀되어 있다.

이와 같은 정토를 말할 때 대두되는 문제는 마음 안에서 정토를 구하는 유심정토냐, 사바세계를 떠나 존재하는 타방정토냐 하는 것이다. 그러나 마음 안에서 구하든지 타방에 있다고 하든지, 현재 번뇌로 가득한 범부의 마음속에는 부처님이 말씀하신 정토가 없으며 현실적으로도 정토 안에서 삶이 영위되지 못하고 있다. 그러므로 정토가 타방인 것만은 엄연한 현실이다.

체험하지 못한 정토의 경계에 대해서는 부처님의 말씀을 믿고 행할 것이지, 번뇌로 가득한 범부가 의심하여 헤아린다고 이해될 것이 아니다. 이러한 문제는 교학의 깊은 연구와 더불어 염불을 실천하여 혜안이 열리면 봄볕에 눈 녹듯 자연스럽게 해결될 것이다. 정토신앙에 있어서 정토는 아미타불이 계시는 서방정토 극락세계를 대상으로 한다. 그래서 정토와 아미타불을 대상으로 생각하고 관하는 염불법은 '마음을 정토에 두는 도'라고 부른다.

정토는 번뇌를 완전히 소멸하고 태어나는 곳이 아니라 번뇌가 남아 있는 상태로 태어나는 곳이다. 이는 염불하는 중생은 누구든지 버리지 않고 섭취하겠다는 부처님의 본원이 그러하기 때문이다. 염불인은 바로 이 본원력(本願力)에 힘입어 왕생을 성취한다.

깨달음에 이르도록 펴 보이신 지혜 방편이긴 하지만 본원력에 의지한다는 의미에서 타력의 수행이라고 말할 수 있다. 그러나 불교가 부처님의 지혜에 대한 믿음을 근본으로 실천한다는 점을 생각하면 타력적인 요소가 전혀 배제된 수행이란 있을 수 없다.

정토신앙에 있어서 또 하나 명심해야 할 점은 정토에 태어나는 것이 목적이 아니라 정토에 태어난 후 보살도를 실천하여 성불에 이르는 것이 궁극 목적이라는 점이다. 이는 보리심을 씨앗으로 신심을 일으켜 염불을 실천함으로써 안심을 얻고, 정토에 왕생한 후 부단한 정진력으로 보살도를 실천하여 성불하게 하는 대승불교의 완벽한 수행체계라 할 수 있다.

결국 정토는 복락만을 누리는 곳이 아니라 보리심을 일으켜 넓고 깊이 실천하는 보살활동의 무한한 영역을 말한다. 이러한 의미에서 **정토는 깨달음의 세계**라고 말한다. 염불행이 깊어지면 정토의 경계에 대한 믿음과 이해가 더욱 견고해질 것이다.

3. 아미타불阿彌陀佛의 뜻

아미타불은 서방정토 극락세계에 계시면서 정토를 염원하여 염불하는 중생들을 그 곳에 태어나도록 이끌어 주시는 부처님이다. 산스크리트어 **'아미타'**는 **'한량이 없음'** 즉 무량無量이라는 뜻이다. 아미타불을 **무량수불, 무량광불**이라고도 부르는 것은 아미타가 원래 아미타유스(Amitayus : 무량수) 및 아미타브하(Amitabha : 무량광)라는 두 뜻을 포함하고 있기 때문이다.

본래 범어의 아(a)는 무無, 미타(mitra)는 량量의 뜻을 가지고 있다. 아미타불은 여러 뜻이 있지만 그 핵심은 무량광명과 무량수명의 덕성을 지닌 부처님이며, 염불하는 일체 중생을 구원하는 부처님이다. 아미타불을 말할 때면 타방정토를 말할 때처럼 불교의 불성론과 세계관을 들어 의혹을 일으키는 경우가 있다.

그것은 일체중생이 불성을 소유한 까닭에 자신의 마음속에 부처가 있으므로 자성미타이지, 자신을 떠나 어느 곳에 부처가 존재하느냐 하는 것이다. 그러나 번뇌와 욕망으로 가득한 범부의 삼업은 부처님의 자비행과는 거리가 멀 뿐 아니라 오욕에 물든 악업의 연속일 뿐이다. 근원적으로는 불성을 소유하고 있다 하여도 중생의 행은 부처님의 행과 거리가 멀기 때문에 부처님은 언제나 타방에 계실 뿐이다. 그러므로 부처님은 우리가 귀의하고 의지하는 신앙의 대상일 수밖에 없다.

아미타불을 말할 때 또 하나 의혹을 가지는 것은 불교가 자력의 깨달음을 표방하는데 어떻게 타력의 수행이라 하느냐 하는 것이다. 그러나 수많은 중생의 근기는 한결같지 않으며, 더욱이 오탁악세 범부의 근기는 열등하여 자력으로 깨달음을 얻기 힘들다. 이러한 번뇌구족의 범부들을 구원하기 위하여 아미타불이 출현하신 줄 알아야 한다.

아미타불뿐만 아니라 다른 여러 불보살이 중생의 귀의 대상이 되고 의지처 역할을 하는 것은, 그 위신력과 가피력이 중생에게는 타력으로 여겨질 수밖에 없기 때문이다. 염불수행에 있어서도 아미타불은 중생의 저 편에 계시며, 중생은 그 본원과 위신력을 의심 없이 믿는데서 출발한다. 그러므로 그 어느 수행체계보다 신심을 강조하는 것이다.

그래서 <경>에 말씀하시기를, 석가모니 부처님이 믿기 어려운 법을 설하셨다고 하셨다. 법이 어려운 것이 아니라 중생의 의혹이 그토록 깊음을 염려하신 것이다. 자성미타와 서방정토 그리고 자력과 타력을 아무리 논쟁하더라도, 정토신앙에 있어서는 서방정토에 태어나기 위해서 반드시 자력이 아닌 아미타불의 본원을 믿고 염불수행을 실천하도록 한다.

범부가 스스로 욕망을 채우고자 하는 일은 제 뜻대로 되기 어렵지만, 정토에 태어나는 일은 아미타불의 원력에 실려지기 때문에 가능한 것이다. 우리가 자력이라고들 하지만 자신의 근기와 현실적으로 이루어지는 행위에 대하여 진실로 한번 돌이켜보아야 할 것이다.

우리가 말하는 염불은 '나무아미타불' 여섯 자 명호를 부르며 부처님의 세계를 염원하는 근본 신앙행위요, 종교적 실천이다. '나무'는 귀의한다는 뜻이니, 모든 일의 성취 여부와 생사까지도 부처님의 뜻에 맡기고 자신은 그 가르침대로 능력껏 실천하기만 하면 되는 것이다.

염불하는 중생은 누구든지 아미타불의 광명에 의해 번뇌가 소멸되고 복과 지혜가 증장된다. 염불하는 중생은 죄악의 범부를 막론하고 그 누구든지 윤회로부터 해탈하는 정토에 태어난다.

이것은 시방세계에 광명을 비춰 염불하는 중생을 버리지 않고 섭수하겠다는 부처님의 본원이 그러하기 때문이다. 신심으로 '**나무**'하고, 정토를 염원하여 일심으로 '**아미타불**'을 생각하고 부르며, 무량한 자비광명에 대한 **결정신심**決定信心을 성취하여 안심安心을 얻어야 한다.

자비광명에 대한 결정신심을 성취하여 윤회로부터 벗어난다는 확신으로 안심을 얻으면 이미 생사 해탈이다. 정토왕생과 더불어 성불의 희망이 보장되기 때문이다. 아미타불은 일체 중생에게 안심과 희망을 부여하며 정토로 인도하는 대원력의 부처님이다.

석가모니 부처님은 아미타 부처님의 원력을 빌어 일체중생을 제도하리라 하신 서원을 성취하고자 하신다. 그러므로 세존의 지혜와 자비가 아미타불의 본원력에 모두 실려 있다.

오탁악세의 중생을 제도하고자 하기 때문에 삼신불三身佛의 일체 지혜와 일체 방편을 모두 드러내 보인다. 이 부처님이 곧 아미타불이다. 염불 정진으로 아미타불에 대한 믿음과 이해가 점차 깊어지기를 간절히 바란다.

4. 정토문의 근원

용수(龍樹: Nagarjuna 150~250년경. 인도출생. 출가승) 보살은 공空 사상으로 대승불교의 기초를 확립하고 선양한 선지식이다. 후학들은 그를 대승불교의 아버지, 8종宗의 조사, 대승보살로 칭송하며 받들었다. 저서에는 《중론中論》4권, 《대지도론大智度論》100권, 《십주비바사론》17권, 《십이문론十二門論》1권, 《회쟁론廻諍論》등이 있다.

용수보살은 부처님이 해인삼매海印三昧의 경계를 설하신 《화엄경》을 바다 속 용궁에서 얻어 외웠다면서 서술하고, 밀교의《금강정경》을 남천축의 철탑을 열고 가져온 것이라 하며 세상에 유포하였다. 그러나 오늘날까지 누구도 그것을 의심하지 않는다. 범부의 마음을 훨씬 뛰어넘는 보살의 경지에 올라 넓고 깊은 불법대해를 자유자재하게 유행하고, 중생의 마음을 헤아려 근기 따라 이익 되게 하였기 때문이다.

용수보살은 《중론》에서 일체 현상의 연기緣起를 낱낱이 밝힘으로써 공사상을 확립하고, 불교의 모든 종파는 공의 바탕 위에 건립되어야 함을 천명하였다. 공空 무아無我사상을 바탕으로 전개한 용수의 불교관은 대승불교의 모든 종파에 깊은 영향을 끼쳤다. 또한, 인식의 범주를 진제眞諦와 속제俗諦로 분별하고, 진리란 세속적 인식을 전제로 성립되는 것이며, 인간의 인식을 초월하는 것을 논의 대상으로 삼아서는 안 된다고 하였다.

용수보살의 수행관 역시 후대에 큰 영향을 끼쳤다. 그는 《십주비바사론》에서 불법문중에 들어와 반드시 성취해야할 지위는 불퇴전지不退轉地이며, 여기에 이르는 데는 **근행정진**勤行精進과 **신방편이행**信方便易行의 두 문이 있다고 천명하였다. 이로써 대승불교는 부처님의 지혜에 대한 믿음을 근본으로 실천하되, 공사상과 정토사상이라는 2대 조류로 나누어지게 되었다.

정토문의 조사들은 대개 용수보살의《십주비바사론十住毘婆沙論》에 의거하여 믿음의 방편으로 쉽게 행하는 정토문淨土門에 일체중생을 구제하고자 출현하신 부처님의 근본 뜻이 담겨져 있다고 역설하면서 가르침을 전개하였다 한다.

여기 <논>의 내용을 살펴보면서 정토문을 열게 한 근원을 확인하고 믿음을 더욱 견고히 해야 한다.

《십주비바사론》《이행품》의 신방편이행

《십주비바사론十住毘婆沙論》은 《십지경十地經》에 대한 해설서인데, 비바사(vibhasa)는 널리 해설한다는 뜻이다. 35품으로 구성되어 있는데 1~27품은 초지에 대하여, 28품 이하는 2지에 대하여 해설하고 3지 이상에 대한 해설은 없다. 이 가운데서 이행도와 정토문의 근거로 삼은 부분만 살펴보겠다.

《십주비바사론》 이행품 제9. (대정장26. p41 중)
佛法有無量門 如世間道 有難有易
陸道步行則苦 水道乘船則樂 菩薩道亦如是
或有勤行精進 或有以信方便易行 疾至 阿惟越致地者

『불법의 바다에 들어가는 데에는 수많은 문이 있습니다. 마치 세상의 길에 어려운 길이 있고 쉬운 길이 있는 것과 같습니다. 육지의 길에서 걸어가는 것은 힘들고, 바다의 길에서 배를 타는 것은 즐거운 것이니, 보살의 길도 역시 이와 같습니다. 혹은 '부지런히 행하여 정진하는 길'이 있고, 혹은 '믿음의 방편으로 행하기 쉬운 길'로 속히 **아유월치의 땅**에 이르는 자도 있습니다.』

《십주비바사론》 이행품 제9. (대정장26. p41 중)
若菩薩 欲於此身 得至 阿惟越致地
成就 阿耨陀羅三藐三菩提 應當 是十方諸佛 稱其名號

『만약 보살이 이 몸으로 **아유월치의 땅**에 이르러 아뇩다라삼먁삼보리를 성취하고자 한다면 응당히 바로 시방의 모든 부처님, 그 명호를 불러야 합니다.』

《십주비바사론》 이행품 제9. (대정장26. p42 하)

『아미타불阿彌陀佛 등의 불佛 및 제대보살諸大菩薩의 명호名號를 외고 일념一心으로 염念하면 불퇴전不退轉을 얻습니다.』

《십주비바사론》 제업품 제10. (대장정26. p45 상)
『다만 아미타불阿彌陀佛 등의 제불諸佛을 억념憶念하고 나머지 보살들[餘菩薩]을 염念하면 아유월치阿惟越致를 얻습니다.』

아유월치阿惟越致**는 불퇴전**不退轉이라고 번역하는데, 다시는 선근을 끊지 않고 악도에 떨어지지 않는 지위다. 무상정등정각을 성취하려면 맨 먼저 이 불퇴전의 지위에 올라야 하는데, 여기에 근행정진勤行精進과 신방편이행信方便易行의 길이 있다는 것이다. 이것은 세존의 일대 교법을 난행도難行道와 이행도易行道로 나누고 염불법을 열어 보인 근원이 되었다.

난행도는 공사상을 바탕으로 육바라밀 등을 열심히 행하여 번뇌를 소멸하고 깨달음을 성취하는 '스스로 닦음'이다. 이행도는 믿음의 방편으로 아미타불 및 불보살의 명호를 일념으로 부르고 생각함으로써 본원력에 힘입어 정토에 왕생한 후 생사해탈하는 '자비광명에 의지함'이다.

불퇴전지不退轉地에 곧장 오르는 데는 세 부류가 있다. 첫째는 초지보살이요, 둘째는 십해초발심주요, 셋째는 염불로 성취하는 구품왕생이다. 십해초발심주十解初發心住는 보살계위 제11위로써 범부를 뛰어넘어 대승의 관문을 통과하는 지위다. 공관空觀이 확립되어 연기緣起의 도리를 이해하고 순리발심順理發心한 경지를 말한다.

불퇴전지에 오르기 위해 "어떤 문을 선택해야 하는가?"는 자신이 불퇴전지를 성취했는가, 성취할 수 있는가의 여부에 따를 것이다. **불퇴전지는 믿음이 바르게 결정되어 선근을 끊지 않고 다시**

는 악도에 떨어지지 않는 **정정**正定**의 지위**다.

정정正定은 삼계윤회를 벗어날 뿐 아니라, 보살행을 실천하는 지위다. 정토문은 신방편이행으로 정정에 올라 대승불교가 추구하는 보살행을 실천하고자 한다.

5. 정토문의 조사祖師

· **용수보살**(150-250?, 인도)은 대승불교의 아버지라 불리는데, 《십주비바사론十住毘婆沙論》에서 불법문중에 들어와 반드시 성취해야할 지위는 **불퇴전지**不退轉地라 하고, 여기에 이르는 데는 **근행정진**勤行精進과 **신방편이행**信方便易行의 두 문이 있다고 천명하였다.

이로써 대승불교는 부처님의 지혜에 대한 믿음을 근본으로 실천하되, 공사상과 정토사상이라는 2대 조류로 나누어지게 되었다. 공문空門은 대개 육바라밀 등을 열심히 행하여 정진하는 **스스로 닦음**이요, 정토문淨土門은 믿음의 방편으로 쉽게 행하는 **자비광명에 의지함**을 말한 것이다.

어떤 문을 선택해야 하는가는 자신이 불퇴전지를 성취했는가, 성취할 수 있는가의 여부에 따를 것이다. 불퇴전지는 '선근을 끊지 않고 다시는 악도에 떨어지지 않는 정정正定의 지위'다. 이 정정은 삼계윤회를 벗어날 뿐 아니라, 보살행을 실천하는 지위다.

정토문은 신방편이행으로 정정에 올라 대승불교가 추구하는 보살행을 실천하고자 한다. 정토문의 조사祖師들은 '깨달음과 보살행'을 중심으로, 정토와 그 위치, 근기의 분별, 왕생의 인因, 왕생시기, 염불법 등을 정의하고 체계화하는데 끊임없이 노력해 왔다.

· **세친**(世親, 5세기경, 인도) 스님은 《왕생론往生論》을 지어 정

토의 경계를 허공과 같이 광대무변하게 펼쳐 보이고, 그 곳에 왕생하는 법을 예배禮拜, 찬탄讚歎, 작원作願, 관찰觀察, 회향廻向의 **오념문**五念門으로 열어 보였다. 찬탄은 칭명염불이며, 작원과 관찰은 **사마타 비파사나**라고 부르는 지관행止觀行으로써 마음을 고요히 하여 정토의 경계를 관찰하는 것이다. 제5문인 회향은 정토에 왕생한 후에 그 공덕을 베푸는 보살행을 말한다. 이 오념문의 수행은 자력과 타력을 포함하고 있으며, 왕생하는 곳도 서방정토만을 가리키는 것은 아니다.

・**담란**(曇鸞, 476~542, 양나라) 스님은 세친의 《왕생론》을 공사상으로 이해하여 해설한 《왕생론주》를 저술하였다. 용수보살의 설을 이어 불퇴전에 이르는 두 문을 **난행도**難行道와 **이행도**易行道로 분별하여 정토문은 불퇴전에 이르기 쉬운 길이라 하였다.

・**도작**(道綽, 562~645, 당나라) 스님은 《안락집安樂集》을 지어 불법을 **성도문**聖道門과 **정토문**淨土門으로 분별하고, 교법이 시대와 근기에 상응해야 공덕을 성취하기 쉽다고 하였다. 말법시대의 범부는 현성賢聖의 지위에 오르는 성도문이 진실로 어렵기 때문에 본원력에 힘입어 정토에 왕생하는 정토문만이 유일한 교법이라고 주장한 것이다.

・**선도**(善導, 613~681, 당나라) 스님은 《관무량수경소觀無量壽經疏》를 지어 정토의 긴요한 문은 **정선문**定善門과 **산선문**散善門이라 하였다. 정定이란 생각을 쉬고 마음을 모으는 것이요, 산散이란 악을 버리고 선을 닦는 것이다. 부처님의 일대 교설을 성문장聲聞藏과 보살장菩薩藏, 점교漸教와 돈교頓教로 나눈 가운데서 정토교는 보살장 돈교에 속한다고 하였다.

말법시대 범부란 염불문 가운데 자력적 지관止觀 수행인 관찰문을 행하기 어렵기 때문에 오로지 칭명염불에 의지하여 정토에 왕생함으로써 생사 해탈해야 한다고 하였다. 중국에서는 대개 선도 스님을 따르는 부류가 성행하여 주류를 이루었다. 그리고 혜원(334~416) 스님과 같은 부류는 《반주삼매경》을 중심으로 관불삼매를 성취하는 염불행을 닦았고, 이와 비슷한 자민(680~748) 스님과 같은 부류가 있었으나 지속되지는 못하였다.

· **원효**(元曉, 617~686) 스님은 대소승 경론을 두루 섭렵하고, 불법의 대의는 "하화중생下化衆生 상홍불도上弘佛道"라 역설하며, 일심이문一心二門의 신행체계를 정립하여, 모든 교법이 일심의 바다로 향하도록 다툼을 화해하고 회통하는 논리를 전개하였다.

원효스님은 정토문의 염불수행을 밝힌 《무량수경종요無量壽經宗要》에서 불자는 "부처님의 공덕을 우러러 생각하고, 그 지혜를 한결같이 엎드려 믿어야 한다[仰信]."고 하며, 그 믿음의 궁극은 **"일체 경계는 일심인 지혜"**라 하였다. 또한 《아미타경소阿彌陀經疏》를 지어 칭명염불의 바른 길을 인도하였다. 원효스님의 정토문은 칭명稱名이든 관행觀行이든 다 함께 일심으로 나아가는 한 문이니, 정토는 곧 **일심정토**다.

원효스님의 정토문은 선오후수문先悟後修門으로써, 불지佛智에 대한 믿음을 근본으로 "안심 → 정각 → 보살행 → 일심증득"이라는 신행체계가 정립되어 범부와 현성을 다 함께 대도大道에 오르게 하는 수행문이다. 다만 근기에 따라 칭명稱名과 관행觀行을 행하고, 그 이익을 얻는 시기가 다를 뿐이다.

아미타불의 달빛을 머금은 염불의 강물은 맑거나 탁하거나 어떤 줄기를 막론하고 흐르고 또 흘러 마침내 일심의 바다에 도달한다. 이것이 원효스님의 **일심정토** 사상이다.

정토문에는 수많은 조사가 있지만 그 사상이 대동소이하거나, 수행체계가 《정토삼부경》과는 다른 것들이 많다. 그러나 위에서 말한 용수보살로부터 원효스님에 이르기까지의 조사들은 대소승 경전에 박학할 뿐 아니라, 한결같이 《정토삼부경》에 의거하여 신행체계를 정립하였다.

이 가운데서도 원효스님의 사상과 신행체계가 단연 으뜸이다. 원효스님은 **일심정토** 사상을 바탕으로 일체 중생을 **일심광명**의 세계로 인도함으로써 부처님이 근본 뜻을 충실히 실천하였던 것이다.

6. 정토문의 지위

불교는 부처님이 대각의 지혜로써 말씀하신 경전에 의거하여 그 가르침을 실천하고 깨달음을 성취하여, 그 공덕을 회향하고자 하는 종교다. 그런데 부처님은 처음부터 끝까지 획일적인 교리를 말씀하시지 않고 설법을 듣는 대중과 시대에 따라 다르게 설하셨다.

이러한 불교의 차별적인 설법을 대기설법對機說法, 또는 시기상응時機相應의 법法이라고 부른다. 이러한 점은 불교의 특징인 동시에 이해하는데 어려움 중의 하나이기도 하다.

부처님이 시대와 근기에 따라 달리 말씀하신 법문을 하나의 범주 또는 기준을 가지고 정리하여 조직하고 수행의 체계를 세우는 것을 교상판석敎相判釋, 또는 교판敎判이라 부른다. 이는 자신이 믿고 실천하는 가르침의 지위를 밝히는 것이기도 하다. 이와 같은 교상판석에 의해 자신들이 신봉하는 가르침을 널리 선양하고 내세우며 종파가 형성되어 왔다.

교상판석에 의하여 부처님의 일대 교법이 소승과 대승으로 구별되고 소승과 대승 역시 여러 종파로 나누어 졌다. 교상판석으로 인해 자신의 종파를 내세우고 다른 종파를 얕게 보는 경우도 있기 때문에 그것이 고정불변한 진리라고 생각해서는 안 된다. 교상판석의 예로써 소승과 대승, 돈교와 점교, 천태지의가 주장한 오시팔교五時八教, 화엄종의 법장이 주장한 오교십종五教十宗 등이 있다.

정토와 아미타불을 신앙의 대상으로 삼아 염불행을 실천하는 가르침을 정토교淨土教 혹은 정토문 또는 염불문이라고도 부른다. 이미 이 가르침을 따라 염불행을 실천하여 정토왕생을 근본 뜻으로 삼는다는 의미에서 정토종淨土宗이라고도 부른다. 이 정토종에서도 다른 교법과 구별하여 교상판석을 정립한 예가 있는데, 바로 [난이이도] [성정이문] [돈점이교]의 교판이다.

1) 근행정진勤行精進과 신방편이행信方便易行

용수보살(150~250, 인도)이 《십주비바사론》〈이행품〉에서 불퇴전不退轉에 이르는 데에는 근행정진勤行精進과 신방편이행信方便易行의 길이 있다고 밝혔다.

부처님의 말씀을 실천하여 깨달음(불퇴전)에 이르는 길에는 스스로 닦으며 열심히 정진하는 길과 믿음의 방편으로 행하기 쉬운 길이 있다고 말한 것이다. 자력으로 깨달음을 얻는 길은 육지를 걸어가는 것과 같아서 온갖 고행이 필요하고, 부처님의 지혜를 의심 없이 믿는, 말하자면 믿음의 방편에 의지하는 것은 배를 타고 바다를 건너는 것과 같아서 행하기 쉬운 길이라는 것이다.

2) 난이이도難易二道

담란(476~542, 중국) 스님은 용수보살의 학설을 이어서 이 세계에서 깨달음을 얻고자 보살도를 실천하는 것은 행하기 어려운 난행도難行道이며, 염불행으로 아미타불의 본원력에 힘입어 정토에 태어나 불퇴전에 이르는 길은 행하기 쉬운 **이행도**易行道라고 주장하였다. 이것이 정토교에 대한 최초의 교판이다.

3) 성정이문聖淨二門

도작(562~645, 중국) 스님이 맨 처음 주장하였는데, 부처님의 일대 교설을 성도문聖道門과 정토문淨土門이라는 두 가지 문으로 구분한 것이다. 이는 실천하는 행위의 난이도보다 시대와 근기를 문제 삼아 구분하였다. 성도문은 가르침과 행과 증득이 갖추어진 정법시대에 자력으로 깨달음을 얻을 수 있는 길이라는 것이다.

그리고 말법시대요, 오탁악세에 근기가 낮은 범부들은 부처님의 본원력에 힘입어 정토에 왕생하는 정토문만이 유일한 교법이라고 주장하였다. 도작스님은 가르침이 시대와 근기를 쫓는다면 닦기 쉽고, 근기와 가르침과 시대를 어긴다면 닦기 어렵고 들어가기 어렵다고 하였다.

4) 돈점이교頓漸二教

선도(613~681, 중국) 스님은 도작스님의 사상을 이어받았으며, 부처님의 일대 교설을 성문장聲聞藏과 보살장菩薩藏 돈교頓教와 점교漸教로 나누고, 정토교는 보살장 돈교에 속한다고 주장하였다. 돈점이교의 구별은 수행으로써 얻어지는 과보, 즉 깨달음 또는 불퇴전지에 이르는데 있어서 빠르고 느림이라는 관점에서 말하는 것이다. 선도는 돈오頓悟의 근기는 뛰어난 것이지만 번뇌를 모두 끊어야 하기 때문에 점교이며, 정토문은 번뇌를 끊지 않고도 정토에 태어나 보살의 지위에 오르게 되므로 돈교頓教라고 주장하였다.

5) 선오후수문先悟後修門

원효(617~686) 스님은 《무량수경종요》에서 『이 경은 보살장

교菩薩藏敎의 격언格言이요, 불토인과佛土因果의 진전眞典이다.』라고 하였다. 말하자면 보살의 삶을 가르치는 긴요한 말씀이며, 부처님의 세계에 태어나는 인과를 보인 참된 경전이라는 것이다.

여기서 말하는 보살은 10해解 초발심주 이상의 수행계위를 말하는 것이며, 불토란 깨달음으로 보살행을 실천하는 곳이다. 스님은 정토문의 가르침을 선오후수문先悟後修門으로 파악하였으니, 부처님의 근본 뜻으로써 그 핵심을 바로 보인 것이라 할 것이다. 돈오와 점수의 논쟁이 아니라 먼저 깨달아야 함을 강조할 뿐이다.

보조국사(普照國師, 1158~1210)는 《절요(節要:법집별행록절요병입사기)》에서 "효공曉公법사 또한 미타증성게가 있는데 지난 과거 모든 부처님의 선오후수지문先悟後修之門을 깊이 밝힌 것으로 지금 세상에 성행하고 있다."하고 증성게의 두 절을 실었다.

이로써 한국의 정토종은 일대 부처님 교설의 주류인 선오후수문임을 더욱 명확히 하고 있다.

결론적으로 정토교는 이 시대를 살아가고 있는 범부가 행하기 쉬운 염불행을 실천함으로써 다시는 물러섬이 없는 불퇴전의 도량 정토에 태어나는 이행도다. 또한 금생에 번뇌를 끊지 않고도 정토에 왕생하여 윤회로부터 해탈하고 보살도를 성취할 수 있는 보살장 돈교에 속한다.

더욱이 일대 교설의 주류인 선오후수문이다. 이것이 정토교를 다른 교법과 구별하는 교상판석이며, 부처님 가르침 가운데 위치한 정토교의 지위地位다.

제4절
정토문의 수용

1. 전통신앙의 이해

　대개 새로운 문명의 창조 및 철학, 사상의 발생 등은 기존의 질서와 문화를 바탕으로 그와 관련하여 비판, 보완, 수정작업을 통해 일어난다. 그리고 전개과정에서도 마찬가지로 주변의 문화현상과 관련되어 부흥하거나 쇠퇴한다.
　불교 역시 인도의 일반적인 철학적 사유 형태와 종교문화 현상에 대한 비판과 자각을 통해 발생하였다. 특히 범아일여梵我一如 사상을 바탕으로 흥행한 우파니샤드 철학과 깊이 관련하여 발전한 것으로 본다. 불교가 성립된 이후 세월이 흐르면서 종파가 형성되고 전개하는 과정에서 흥기하고 쇠퇴하는 원인도 모두 주변의 사회현상 및 종교문화 현상과 관련되어 있었다.
　신라시대 불교의 대중화를 위해 전개한 정토신앙이 발전하고 흥행한 것도 기존의 전통신앙이라는 종교문화 현상과 결코 무관하지 않기 때문에 토속신앙 혹은 전통신앙의 형태를 살펴 볼 필요가 있다.

　1) 정령신앙(Animism)
　대개 원시종교 형태로 특징지을 수 있는 것 중의 하나가 정령신앙精靈信仰이다. 애니미즘(animism)이라고 하는데 영혼을 의미하는 라틴어 아니마(anima)에서 유래된 것이다. 정령신앙은 생명 또는 무생물에 불사불멸不死不滅하는 영혼靈魂 곧 정령精靈이 내재하고 있다는 관념을 기본으로 한다. 그러므로 정령신앙이라고 부른다.

이 정령은 생명의 활동이나 삶에 영향을 주며, 외부로 빠져 나가기도 한다. 정령은 사람이 죽으면 몸 밖으로 나와 공간을 떠돌아다니기도 하고 죽은 자와 관계있는 개인 또는 집단에게 영향을 미치기도 한다. 이 정령(영혼)은 육체를 떠나서도 인격적 자기동일성을 가지고 다른 생명체 혹은 물질에 의탁하여 재생되거나 우주에 배회하기도 한다. 이러한 정령精靈을 대상으로 인간은 그와의 관계를 화해하거나 위로하고 복을 빌기 위하여 공물을 바치는 등의 의례를 행사하였다.

2) 자연물숭배신앙

정령신앙을 기본으로 하여 발생한 또 하나의 종교형태가 자연물숭배신앙自然物崇拜信仰이다. 이를 토테미즘(Totemism)이라 부른다. 이는 원시 공동사회에서 혈연적 지연적 집단이 자신들과 동식물 혹은 자연물이나 그 현상 사이에 공통의 기원, 혈연, 결합 관계가 있다고 믿으면서 그것을 숭배하는 원시종교 형태다.

3) 주력신앙(Shamanism)

정령신앙과 자연물 숭배신앙 외에 원시종교 형태의 또 다른 하나는 주력신앙呪力信仰이다. 이를 샤머니즘(Shamanism)이라고 부른다. 주력신앙은 정령신앙보다 발전된 단계로 우주에 내재한 초자연적인 어떤 힘 혹은 신성한 힘이 존재한다고 믿는 관념을 기본으로 한다. 이 불가사의한 힘을 주력呪力이라 부른다.

주력은 정령보다는 인간에게 영향을 미치는 힘(Energy)의 범위와 강도가 광범위하고 강하다. 주력은 비인격적인 힘으로서 주체적인 의지를 갖고 있지 않으며, 어떤 조건이 주어졌을 때만 작용한다. 말하자면 인간과 신령스런 힘[呪力] 사이에 주술呪術이라는 매개체를 통해 영향을 미친다는 것이다.

재앙을 막거나 복을 비는 의식에서도 언제나 주술을 사용함으로써 주력이 활동하여 영향을 미치게 된다. 여기서 주술을 담당하는 자를 사(Shaman) 즉 주술사呪術師라 부른다. 주술사는 황홀 또는 망아忘我의 경지에서 신성神聖한 힘을 접하고 신비적 교감이나 체험을 세속인에게 전해 준다. 때로는 세속인의 요구를 이행하는 신탁 업무를 수행하고, 영혼의 천도, 병을 고치는 일, 점을 치거나, 예언 등을 하기도 한다.

지금까지 살펴 본 것처럼 불교가 유입되기 전에 민간의 전통신앙 가운데는 이와 같은 정령신앙, 자연물숭배신앙, 주력신앙 등이 행해지고 있었다. 여기에는 선업을 닦거나 공물을 바치고 주술을 행함으로써 하늘나라에 태어날 수 있다는 생천사상生天思想도 내재하고 있었다.

오늘날 불법문중에서 행하고 있는 신앙행위 가운데는 고대 원시신앙 형태와 다를 바 없는 사례들이 너무도 많다. 과연 자신의 신앙행위가 원시적 신앙 형태를 벗어나 깨달음과 생사 해탈을 지향하는 불법의 가르침을 따르고 있는지 이 기회에 다시 한번 살펴볼 일이다.

2. 정토문의 수용 배경

신라는 기존의 종교 사회문화 현상 위에 새로운 불교를 받아들였으나 초기의 불교가 귀족화되고 있었으므로 불교의 대중화를 위해 노력해야만 했다. 그 묘안으로 선각자들은 정토문을 열어 전개하였는데 이를 수용한데는 몇 가지 배경의 요인이 작용하였다. 즉 불교교단의 내적 요인, 사회적 요인, 민중 가운데 뿌리내린 전통신앙과 사상의 공통점 등이다.

첫째는 불교 교단의 내적 요인이다. 신라불교는 통일시기(668년)를 전후하여 교학이 성행한 결과 여러 종파가 형성되었다. 그 가운데서도 원효스님과 의상스님 등에 의한 화엄종을 비롯하여 계율종·법상종·열반종 등이 성행하였다. 특히 화엄사상은 우주법계의 현상과 본질을 연기법緣起法에 의하여 해설하는 철학적 사유방식이다.

부처님이 성도하신 후 깨달음의 세계를 직설한 법으로 중중무진重重無盡한 법계 현상을 설하지만 일반적으로 이해하기 어렵다. 화엄학 뿐 아니라 사변적思辨的이고 난해한 교학은 귀족층이나 지식층에 한정될 수밖에 없었으므로 불교의 대중화에는 한계가 있었다. 이러한 상황에서 불교의 대중화를 위해 가장 적절한 교법은 바로 정토문이었던 것이다.

미혹한 민중들은 복잡한 논리체계로 이루어진 교학이나 돈오적인 깨달음에 대한 관심보디는 부처님의 원력에 의지하여 극락세계에 태어나는 것이 훨씬 쉬운 길일 수밖에 없다. 더욱이 당시에 성행하던 화엄사상에서 설하는 비로자나불의 화장세계는 깨달음의 세계이니, 부처님의 나라로써 아미타불의 극락세계와 다를 것이 없었다.

그리하여 당시의 화엄사상을 바탕으로 구원과 해탈을 위한 실천으로써 아미타불을 부르고 정토를 염원하는 정토신앙은 민중에게 권하기 가장 알맞은 교법이 되었다. 민중을 교화하는 데는 시대와 근기에 상응하는 교법을 사용해야 한다는 깨달음으로 정토문을 선택했던 것이다.

둘째는 사회적 요인이다. 통일을 전후한 시기에 민중은 수많은 전쟁을 겪고 불안정한 사회현상을 체험하면서 정신적인 귀의처를 갈망하게 되었다. 이러한 민중의 욕구에 부응한 가르침이 바로 아미타불의 정토문이었다. 염불행만으로 현세에는 업장이 소멸될 뿐 아니라 죽어서는 극락세계에 태어날 수 있다 하였으니, 민중에게는 더없는 위안과 안심처가 되었을 것이다. 더욱이 일상생활에서도 실천하기 쉬운 교법이어서 우매한 민중을 설득하기에 알맞았다.

이러한 이유 때문에 정토신앙은 민중의 의지처가 되어 하류층으로부터 호응을 얻게 되니, 불교의 대중화는 성공적으로 이끌어 갈 수 있었다. 정토문의 흥기는 현실 세계를 정토화하고자 하는 사상까지 일어나게 되었으니, 그만큼 희망적인 교법으로써 민중들 사이에 전파되었음을 증명하는 것이다.

셋째는 기존의 전통신앙과 공통점이 있다는 것이다. 정토문은 정토에 태어나기를 염원하여 일심으로 아미타불의 명호를 생각하고 부르는 염불행을 실천한다. 그리고 그 대상이 자연적 현상인 정토와 인격적인 신성한 힘과 원력을 소유한 아미타불이다. 더욱이 일심으로 명호를 부르는 염불행을 실천하여 번뇌가 멸진되지 않은 상태로 정토에 태어날 수 있다.

이러한 정토문의 사상과 실천은 전통신앙인 정령신앙과 자연물 숭배 그리고 주력신앙을 수용하면서 불교의 법(法 : dharma)으로 이끌어 깨달음으로 인도할 수 있는 법이 되었다. 왜냐하면 정토문이 기존의 전통신앙과 본질은 다를지라도 사상과 의식 실천행 등에서 공통점을 가지고 있었기 때문이다.

정령신앙의 영혼설과 윤회설, 자연물숭배와 정토의 장엄한 모습들, 주력신앙의 주술과 일념칭명의 염불행, 생천사상과 극락왕생 등은 전통신앙과 정토문이 공통분모를 취하고 있다. 이러한 동질적인 면으로 인해 민중에게는 새로운 불교의 한 면인 정토문이지만 친근하게 느껴졌을 것이다. 그러나 정토문의 본질은 근본적으로 애니미즘(animism)적 사고로부터 해방되어 있다.

자아는 실체가 없지만 현실적으로 번뇌구족의 범부임을 자각하여 염불의 실천으로 광명의 마음 광명의 세계를 지향한다. 또한 샤머니즘(Shamanism)적 형태를 극복하여 단순한 주문을 반복하는 행위나 주술사의 매개를 거부한다. 그리하여 스스로 신심을 일으켜 깨달음의 세계인 정토를 염원하는 마음으로 신구의 삼업의 염불행을 실천한다.

정토문은 이러한 특징 때문에 기존의 전통신앙 형태를 수용하여 비슷한 형식을 취하면서도 그 본질은 심오한 사상을 바탕으로 깨달음을 향하여 나아가게 하는 장점을 지니고 있다. 지금까지 살펴본 것처럼 정토신앙이 불교의 대중화에 커다란 역할을 담당한 것은 교단의 내외 사정과 민중의 요구가 복합적으로 작용했다.

그 가운데 무엇보다 전통신앙과 사상의 공통점으로 인해 민중이 친근감을 갖고 받아들인 것이 크게 작용했을 것으로 본다. 아무리 고매한 사상 혹은 종교라 하더라도 기존의 문화 풍토와 괴리감이 있으면 뿌리를 내리는데 쉽지 않을 것이다.

그럼에도 불구하고 우리는 지금 토양에 알맞은 씨앗은 두고 외래 종교만을 쫓고 있으니, 안타까운 일이 아닐 수 없다. 한국적 전통문화의 창달과 전통수행법의 계승에 힘을 기울여야 하겠다.

3. 정토문의 선지식

한국에서 발전된 정토문은 한국의 전통 수행법이 되었다. 그 특징을 말하자면, 첫째 비록 거대한 종파를 형성하지는 못했지만 대승불교 국가 어디에서도 찾아 볼 수 없는 독창적인 수행체계를 갖추고 있다. 둘째, 불교 전래 이후 민중 가운데 가장 뿌리 깊게 자리 잡은 신앙이요, 수행문인 동시에 승속이 다 함께 실천하며 끊이지 않고 이어왔다. 셋째 원효스님의 독창적인 정토사상은 종파를 형성하는 바탕이 되고도 남음이 있다.

이러한 의미에서 한국 정토문의 근원을 밝히고 확고히 세워 염불법이 민중의 땅에 쉼 없이 흐르게 하는 것은 전통과 정법을 계승하는 불사라 할 것이다. 그러나 한국에서 정토문이 언제 누구로부터 열려지게 되었는지는 확실하지 않다.

초기의 상황을 전하는 기록들을 종합하면 신라 진평왕대(597~631)에 **혜숙스님**이 미타사를 창건했으며, 636년 당나라에 유학을 갔다가 643년 귀국한 **자장율사**가 《아미타경소》와 《아미타경의기》를 저술하였다고 전하지만 현존하지는 않는다.

이 후에는 **원효스님이** 가장 뛰어났다. 그 외에도 정토문을 전개한 선지식들이 많이 배출되었고, 저술도 여러 종류가 있었다고 전하지만, 현존하는 정토문의 저술은 아래와 같은 것들뿐이다.

원효(617~686)스님의 《무량수경종요》《아미타경소》《미타증성게》

법위(원효스님과 동시대 인물?)스님의 《무량수경의소》(복원본)

현일(748년 이전 인물)스님의 《무량수경기》 2권 중 상권

경흥(661~680년에 생존한 인물)스님의 《무량수경연의술문찬》

의적(의상의 제자)스님의 《무량수경술의기》(복원본)

이와 같이 현존하는 저술은 7부에 불과하다.

이 밖에 의상스님, 태현스님 등도 정토문의 선각자로서 저술하고 활동한 것으로 전한다. 신라에서 아미타불의 정토신앙이 사상적으로 활발한 연구가 시작된 것은 문무왕대(661~680)이며, 신라사회 민중들 사이에 널리 전파되어 본격적인 신앙 활동으로 전개된 것은 경덕왕대(742~765) 이후인 듯하지만, 그 자료의 부족으로 상세히 알 수가 없다.

다만 《삼국유사》의 기록들과 원효(617~686)스님의 행적 등을 통해 당시의 성행을 짐작할 뿐이다. 그러나 이 정도의 자료가 남아 있는 것도 무척 다행한 일이며, 원효스님의 사상이 온전히 전해진 것은 더없이 기쁜 일이다. 이것만으로도 후학이 정토문의 근원을 밝히는데 아쉬운 대로 근거를 삼을 만하다.

원효스님은 의상스님과 함께 당나라에 유학을 가다가 중도에 깨우친 바 있어 돌아와 경주 분황사 등에서 저술에 힘썼으며, 민중속에 뛰어 들어 실천하기 쉬운 염불법을 펴 보이며 불교의 대중화에 가장 적극으로 활동하였다.

정토 사상에 관한 저술은 현재 위의 3권이 남아 있고 《아미타경통찬소》 2권, 《무량수경사기》 1권, 《무량수경과간》은 현존하지 않는다.

지은이 : 정목(正牧) 스님

1987년 금정산(金井山) 범어사(梵魚寺)에서
　　　벽파(碧坡) 대선사(大禪師)를 은사로 사미계 수지
1990년 자운(慈雲) 대종사(大宗師)를 계사로 비구계 수지
1991년 범어사 승가대학 수료, 강원 강사 역임
1992년 정토문으로 회심하여 정진 중 염불삼매를 얻음
1998년 중앙승가대학교 졸업
1998년 하안거 정진 중 관불삼매를 얻음
1999년 2월~2004년 4월. 소양강변에서 전수염불과 저술
2004년 한국정토학회 이사
<현재> 양산 정토원에서 전수염불로 정진하고 있음

저서 : 《바라밀》, 《붓다의 대예언》, 《염불신행의 원리와 비결》, 《정토에 태어나 성불합시다》, 《도로아미타불》, 《원효의 새벽이 온다》 《윤회는 없다》 등

http://cafe.daum.net/amitapa